高等学校“十三五”规划教材
公共管理类专业实践教学系列
后小仙　总主编

公共预算管理实训教程

主　编　后小仙
副主编　程　瑶　王聆聆

西安电子科技大学出版社

内 容 简 介

本书充分反映了新《预算法》实施以来我国公共预算改革及其实践成果，可有效地解决理论与实务脱节的问题。本书强化对公共预算的编制、执行、决算、审计监督和国库支付等预算管理方面的实训，让读者更好地体会实际部门的业务流程，有利于培养既有理论素养又懂实务操作的应用型预算管理人才。

本书可作为财税类专业与公共管理类专业预算管理实验教学的首选教材。

图书在版编目(CIP)数据

公共预算管理实训教程 / 后小仙主编. —西安：西安电子科技大学出版社，2018. 2

ISBN 978-7-5606-4798-2

Ⅰ. ① 公… Ⅱ. ① 后… Ⅲ. ① 国家预算—预算制度—研究—中国 Ⅳ. ① F812.3

中国版本图书馆 CIP 数据核字(2017)第 315821 号

策划编辑 高 樱

责任编辑 高 军 雷鸿俊

出版发行 西安电子科技大学出版社(西安市太白南路 2 号)

电　　话 (029)88242885 88201467 邮 编 710071

网　　址 www.xduph.com 电子邮箱 xdupfxb001@163.con

经　　销 新华书店

印刷单位 陕西天意印务有限责任公司

版　　次 2018 年 2 月第 1 版 2018 年 2 月第 1 次印刷

开　　本 787 毫米×1092 毫米 1/16 印 张 11.5

字　　数 263 千字

印　　数 1 ～ 3000 册

定　　价 25.00 元

ISBN 978-7-5606-4798-2 / F

XDUP 5100001-1

总　序

我国高等教育已进入大众化发展阶段，普通高等学校要更加强调复合型和应用型人才的培养，在秉承“厚基础、宽专业、重应用”的原则下，应充分体现新常态下经济社会发展对人才的需求，更加注重培养学生的实践能力与创新能力。实践教学是高等教育实现上述人才培养目标的重要环节，它不仅有利于培养学生的动手能力、分析和解决问题的能力，更有利于培养他们的独立思考意识、创新思维和创新能力。《国家中长期教育改革和发展规划纲要》明确提出，高等教育要强化实践教学环节，更新人才培养观念，创新人才培养模式。教材建设是高校教学基础建设的重要组成部分，是深化高等教育教学改革、提高教学质量、培养创新人才的重要保证。

根据教育部最新本科专业目录(2015)，公共管理类专业主要涵盖了公共事业管理、行政管理、劳动与社会保障、土地资源管理、城市管理等本科专业，这些专业具有很强的时代性、应用性与实践性。社会经济发展对公共管理人才需求的不断增加，要求我们在强调基础理论知识传授的同时，更要注重加强学生实践能力的培养。然而，受教育观念、教学资源等多方面条件的制约，目前，在国内高校公共管理类专业教学中，普遍存在着重知识性与理论性，轻操作性和实践性的问题，公共管理人才培养的实践教学短板依然存在。如何将实践教学创新地落实到人才培养之中，是当前我国高校公共管理类专业教学迫切需要解决的关键问题。建构主义的学习理论指出学习是与一定的情境相联系的。在传统的课堂理论教学中，由于不能提供实际情境所具有的生动性和丰富性，难以提取长时记忆中的有关内容，因而不利于学生对知识的建构。实践教学则有利于构建情境体验，并促进知识、技能和经验的连接。国外知名高校在公共管理人才培养方面非常注重实践教学的开展，英国、美国、法国、加拿大等国家高校在公共管理类专业实践教学方面有着丰富的课程设置与多样的实训项目，哈佛大学等知名高校更是因重视实践教学并取得良好的教学效果而闻名于世，这些成功经验值得我们借鉴。结合国外公共管理类专业人才培养的经验，国内学者呼吁加强国内公共管理类专业实践教学的必要性和紧迫性，指出在公共管理类专业实践教学中应该树立实训化与创新化的理念，强调公共管理类专业教育中理论教学与实践情境的关联，强化实践教学环节，培养实践创新能力。

教材建设是课程建设的重要内容，教材是课程目标和教育内容的具体体现，是教师和学生开展教学活动的主要媒体，也是学生成长发展的基本知识来源。实践教材是实践教学运行的载体，是师生进行实践教学的根本依据。实践教学教材建设是保证实践教学质量，提高学生基本技能的有效基本途径，其质量关系到高校学生实践能力和创新精神的培养质量。构建公共管理类专业实践教学教材必须打破传统的教材建设模式，注重加强纵向与横向联系，吸引各方力量共同编写实践教材。教育部《关于全面提高高等教育质量的若干意见》(教高 [2012] 4 号)文件要求，高校必须加强实践教学管理，优化和改革现行的实践教学标准，增加实践教学比重，加强实践教学的教材建设，组织编写一批优秀的实践教材，提高实践教学的质量。在教材建设中，普通专业基础课和专业课教材建设走在了前面，相比较而言，实践教学教材建设相对滞后，无法满足当代多元社会和市场经济的人才需求。只有强化实践教学，通过专门的实践教学课程设置和教材建设，改变教学模式，才能培养出社会所需要的应用型人才。

由南京审计大学公共经济学院院长后小仙教授任总主编的高等学校“十三五”规划教材公共管理类专业实践教学系列教材，汇集了国内多所高校和实践部门学者与专家的智慧。本套教材具有以下几方面特色：

第一，强调理论知识与实践训练的高度融合。美国课程理论家施瓦布(J. J. Schwab)提出实践课程范式理念，主张专业课程的教学从追求理论转向实践兴趣的探索，认为专业教学的内容要面向学生的整个生活与现实世界，而不是把学科知识、学科结构强化为核心内容。施瓦布的实践课程范式理论为公共管理专业实践教学提供了理论基础，公共管理类专业的学科特点及专业技能的应用环境，决定了其实践实训环境的特殊性。高校无法让学生有足够的时间在真正的公共部门全过程实习，真实的实验环境也非常难以构建，而学生在学习过程中又必须有一个与实际工作环境相仿的实验实训环境，这一矛盾是目前公共管理类专业实践教学面临的最大困境。本套实践教材中实验项目的规划与设计将理论知识与实际技术进行适当的综合，理论与实践进行合理的关联，仿真与现实进行有机的融合，从项目的选题、实施的难易度、实施计划的制订、验收评价、成果展示等方面进行综合遴选，注重基础理论和实践应用的辩证关系，活化基础理论知识，强化其在实践中的应用，把解决实际问题的过程上升到理性思维的高度。教材中的典型范例和训练将有助于学生全过程、多视角、全面理解和建立创造性的概念，深化基础理论的掌握。

第二，重视高等学校与实践部门的共同参与。实践教学课程的仿真性一直是实践教学追求的目标。公共管理类专业的实践教学要始终体现公共管理活动的真实性特点，实践教材的知识体系要全面反映本学科专业课程要求的主要知识点和方法论，适合学生自主学习，符合学生认知规律，引导学生分析问题、发现问题和解决问题，通过多种实践课程交织体现公共管理的综合性、广泛性和价值管理特点，实现仿真性优化。本套公共管理类专业实践实训教材不是仅仅局限于某一门课程，而是打破传统的专业界限，将相近学科、相近专业、相近课程的内容统筹考虑，相互融合，互相贯通，组织相关任课教师与实践部门共同参与，系统化、多元化地开发系列教材。

第三，体现实践教学教材建设的系统性与创新性。实践教学教材为实践教学提供了标准和依据，是教学改革成果的体现，能够保证实践教学的基本水平。公共管理类专业具有多学科和多专业交叉的特点，使得公共管理教育既要强调实践教学，又同时面临实践教学所处的环境和要求各不相同的复杂性。公共管理类专业实践教学教材建设以提高学生的实践能力、职业能力以及综合能力为目标，需要对实践教学的内容进行整合与重构。公共管理实践教学的特点决定了实践教材应具有系统性与创新性等特点。本套教材突出理论对实践的指导作用，在实践中检验学科理论的有用性和有效性，启发学生理性思维，培养学生实践创新能力，充分体现实践教材的实用性、系统性、创新性和动态性。

本套高等学校“十三五”规划教材公共管理类专业实践教学系列教材以最新修订的高等学校公共管理类专业核心课程目录为基础，覆盖公共管理相关课程，主要包括《公共预算管理实训教程》《公共危机管理实训教程》《电子政务实务实训教程》《公共管理研究方法教程》《社会保险实务实训教程》《公文写作实务实训教程》《公共人力资源管理实训教程》《公共部门绩效管理实训教程》等。期望本套教材能在促进我国公共管理类专业人才培养的同时，也为我国公共管理学科发展起到补充作用。真诚希望社会各界能为本套教材多提宝贵意见，以便我们及时做好教材的修订与改版工作，更好地为我国的公共管理类专业教育做出更大的贡献。

编　者

2017 年 2 月

前　言

公共预算管理是公共管理类专业的核心课程之一，主要阐述公共预算的基本理论和具体操作实务，具有突出的专业性和实务性。近年来，随着公共预算改革进程的推进和社会对加强预算管理要求的不断提升，对既有理论素养又懂实务操作的公共预算管理应用型人才的培养提出了更高的要求，高等院校加强公共预算管理的实验实训教学也显得尤为重要，现在这一课程已成为公共管理类专业实验实训课程建设的重要组成部分。然而，在传统的公共预算管理教学中，存在只注重理论教学、实践教学方法单一、理论教学和实务操作缺乏整合等现实问题，影响了复合型应用型人才培养目标的实现。有鉴于此，南京审计大学通过与杭州新中大软件股份有限公司和财政部门、审计机关等多部门合作，共同策划编撰了本实验教材，以期克服以往公共预算管理实践教学过程中存在的诸多不足，着眼促进教学部门与实务部门的智力融合，以便更好地服务于公共管理类专业人才培养，提高教学质量，增强学生的实务操作能力。

本书在章节设计上借鉴了国内外优秀实验教材的经验，尽可能做到从简单到复杂、从具体到抽象，技术路线清晰、层次结构合理。全书共分为六章，主要包括公共预算概述、公共预算编制与审议、公共预算执行、公共预算决算、国库制度与运作、预算会计等内容。本书不仅有丰富的实务操作内容，可反映实际部门的业务流程，而且对相关理论知识进行了补充，能够让读者更好地体会公共部门如何编制预算，掌握预算审批与调整的核心要素等。

在本书的编写过程中，编者们投入了大量的时间和精力。本书由南京审计大学公共经济学院后小仙教授担任主编，具体分工如下：第一章由后小仙教授编写，第二、三、四章由王畛畛博士编写，第五、六章由程瑶博士编写。全书由后小仙教授统编并定稿。特别感谢西安电子科技大学出版社高樱老师为本书出版做出的努力。在此，笔者对给予本书帮助与支持的相关人员表示真挚的感谢。

由于编者能力所限和时间仓促，书中可能还存在一些疏漏之处，恳请各位同仁和读者给予批评指正，以便再版时进行修订和完善。

编　者

2017 年 10 月

目 录　Contents

第一章　公共预算概述

第一节　公共预算的内涵及特征

预算管理是公共管理的核心和关键，是促进公共政策三个一般性目标——增长、平等和稳定的工具。从这三个一般性目标出发，预算管理的关键目标是总量控制、资源在部门/规划间的有效配置、管理效率、合规性以及财政风险控制，为了实现这些目标，预算管理必须与良好的公共治理结合起来。

一、公共预算的内涵

预算作为一个名词使用，它具有两层含义：一是与可支配货币量有关，指一定时期货币支出的计划或估算；二是一国收支的年度政府报告。因此，预算是一个含义广泛的概念，家庭、企事业单位、行政机关，乃至政府和国家都可以有经过一定程序核定的，反映特定主体未来一定时期活动内容的收支计划或报告。在阅读相关文献和实际工作中，我们时常会发现公共预算、国家预算、政府预算等概念混用的问题。正确认识三者之间的区别与联系，对于我国的预算改革和公共财政框架的构建，具有十分重要的意义。

站在一般理解的角度，国家预算、政府预算、公共预算这三个概念并无太大区别，甚至可以认为三者内涵大致相同。对国家预算的一般定义为：国家预算也称政府预算，是按照一定的法律程序编制和执行的国家(政府)的基本财政收支计划。对公共预算的概念界定为：公共预算是经立法程序批准的年度全部公共收支计划，是存在于市场经济中并且与公共财政相适应的国家预算类型。从一般的定义来看，三者的落脚点都在预算，是各级政府、公共部门依据法律和制度规定编制并经法定程序审核批准后成立的以财政收支为主要内容的年度财力配置计划。但在学术研究过程中，一直存在着关于三者的概念争论，不同的学者有不同的观点和倾向。

1. 政府预算与国家预算

在 20 世纪 90 年代中期以前，我国财政学研究和实务工作中，基本上使用的是“国家预算”的概念。直到 1998 年，在财政部每年修订一次的预算收支科目表中，将原来的“国家预算”改为“政府预算”，但当时以及此后的文献中并未对这种变化的原因加以说明。此后的研究中，使用政府预算概念的逐渐多了起来，但仍有一部分学者沿用着国家预算的概念。从官方的解释中，我们至今无法找到对这种称谓变化的权威解释。但通过文献的考察，我们可以发现，“政府预算”和“国家预算”在研究客体方面并没有显著的区别。但对同一研究对象，为什么会有两种不同的称谓呢？是仅仅出于使用者习惯上的差异，还是有其他深层次的原因呢？对此学者们也做过不同的解释。倾向于采用“国家预算”的学者认为，国家预算比政府预算的内容、范围更加广泛，包括社会保障和国有资本经营预算等，国家预算不仅是各级政府的预算，其学科范围还应该包括部门预算和单位预算，国家预算的运行不仅是在政府行政领域内，还包括预算的立法审批，因此采用国家预算的说法更为贴切。倾向于采用“政府预算”的学者认为，之所以采用“政府预算”一词，是因为“政府预算”的提法比“国家预算”更科学、更规范、更符合实际。从预算资金运行的内涵来看，它是与政府有着本质联系的，它是为政府职能服务的，是实现政府职能的财力保证，体现政府事权与财权的统一，体现以政府为主体的财政分配关系，它规定政府活动的范围和方向。但这种仅仅从用词规范角度所做的解释，似乎还不能说明这种称谓转变的真正原因。其实，从“国家预算”到“政府预算”不只是一种称谓习惯的改变，这标志着我国的财政学和预算管理的研究，已发生了一场静悄悄的变革。为了进一步分析“政府预算”与“国家预算”的关系，我们有必要就二者的定语，即“政府”与“国家”的关系加以比较。在日常用语中，国家和政府往往交叉使用，并且基本上是同一个意思。在不少研究著作中，也往往将国家与政府归为同一个概念，这恐怕是造成政府预算与国家预算概念混淆的主要原因。其实，在现代政治学和国际法意义上，国家与政府是两个彼此联系的范畴，国家是由社会公众、政府和领土组成的有机整体，而政府仅仅是组成国家的三大构成要素之一。在国家的三个构成要素中，政府与社会公众构成了现代国家中相互对立统一的重要范畴。在计划经济体制下，国家包揽了社会生活中的诸多事务，在生产上实行强制的指令性计划，在分配上实行严格的工资控制，在消费上实行全方位的票证制度，在流通中实行全面的价格管制。在这种“全能型”国家模式下，社会只有一个经济主体，即政府，几乎没有什么相对独立于政府之外的个人利益，政府与社会公众之间的委托代理关系也难以确立，在这种状况下，可以说“国家”与“政府”是没有什么区别的，这也是长期以来用“国家预算”代替“政府预算”的原因所在。

而在社会主义市场经济条件下，国家三要素中的社会公众与政府利益“一元化”的模式得到了根本性的改变，公众的个人利益日益受到重视，而政府作为社会公共服务的提供者，其主要功能在于不断为公众提供各种公共产品与服务，并受社会公众的监督。在这种委托代理框架下，如果我们再以国家预算的概念涵盖政府与公众这两个要素，就不符合市场经济的要求。因为国家预算即使可以包含政府预算，但无论如何是无法包容公众的“家庭预算”的。可以看出，国家预算是与计划经济相对应的，而政府预算则是与市场经济相对应的，从“国家预算”到“政府预算”概念的演变，是计划经济走向市场经济、传统财政模式走向公共财政模式的客观要求。

2. 政府预算与公共预算

在国外文献的检索中，我们可以发现另一个与政府预算关系密切的概念：公共预算。在一些西方学者的著作中，公共预算与政府预算的含义是基本相同的，是与家庭和商业预算相区别的一种预算形式。需要注意的是，一些民营非盈利组织从事公益事业，其预算资金筹集与运用也需要编制相应的预算，这些公益事业在一定程度上是为了满足公共需求，但这些民营非盈利组织不属于政府部门，因此其预算不能编入政府预算，但鉴于其组织公益性的特点，西方的学者也将其并入公共财政预算。因此，从某种程度上来说，公共预算的范围比政府预算更宽泛。

我国的社会主义市场经济体制在不断地完善，国民经济在不断地发展，我国的财政改革也在不断前行。随着构建公共财政框架这个目标在改革中的逐步深化，“公共预算”的思想也应运而生。公共财政理论建立在市场失灵的基础上，在市场失灵的区域需要政府相应的干预和调节。因此在公共财政体制下预算资金的使用，要求能够调节市场经济，改善资源配置效率，提高整个社会的福利。当然这也是各级政府应该追求的服务型政府，使得行政成本最小化，办事效率最大化，将大部分的预算资金用到需要干预的公共领域上来。由此可以看出，“公共预算”是居民个人利益受到重视的体现，是财政资金规范使用的要求，也是财政体制改革的目标。

综上可见，预算管理在实质上是一种体现民意的制度安排，是集中和分配社会资源的主要手段，这种概念争论体现了社会对预算制度的关注和重视，探讨的目的在于进一步完善预算制度，从而使其更符合当今时代的社会经济发展需要，探讨的过程也是预算理论进一步发展的过程。因此，不同观点的存在是常态，没有绝对的对错评判，不同观点之间的碰撞交融是预算理论发展的强大动力。“国家预算”是与计划经济相对应的范畴，在计划经济背景下，国家与政府涵盖范围的一致性导致了“国家预算”与“政府预算”的混同；“政府预算”是与市场经济相对应的，它突出了政府与公民之间的委托-代理关系；“公共预算”是随着公共财政体制的不断完善，预算资金使用的不断公共化而出现的一个概念，“公共预算”是“政府预算”的发展目标与方向。《中华人民共和国预算法》(2014 年)将预算范围界定为：一般公共预算、政府性基金预算、国有资本经营预算、社会保险基金预算。新《预算法》将预算分为一般公共预算及其他类别，是基于公共预算的概念对预算进行具体划分的。

二、公共预算的特征

公共预算是经法定程序产生的政府年度收支计划，反映执政党对社会经济发展的目标和方向，同时也是限制政府收支的手段。公共预算作为一个独立的财政范畴，在其发展演变过程中逐步形成了与税收、公债等财政范畴不同的基本特征。

1. 预测性

预测性是指通过编制公共预算可以对预算收支规模、收入来源和支出用途作出主观的预计和设想。无论是发达国家还是发展中国家，无论是市场经济国家还是计划经济国家，都需要对未来年度的预算收支作出预测，编制出预算收入计划和预算支出计划，并进行收支对比，以便从宏观上掌握计划年度预算是收入大于支出，或者是支出大于收入，进而进行对策研究。至于这种预测是否符合实际，最终是否能够实现，一方面取决于预测的准确性、科学性，另一方面则取决于预算执行中客观条件变化后的应变措施及预算管理水平。当然随着预算管理手段的现代化，对信息收集、传递、分析利用的速度加快，都有利于这种预测准确性的提高。

2. 完整性

财政收支都应在公共预算中得到反映，传统预算的编制范围仅限于预算内收支。改革后的部门预算编制范围则涵盖了预算部门的全部收支，既包括一般预算收支，又包括基金预算收支。在一般预算收支中，既包括预算内资金收支，又包括预算外资金收支和其他收支。这种范围上的区别，决定了预算的完整程度。对于实现预算管理的所有关键目标而言，预算的完整性是一个基本前提。

3. 法定性

公共预算的产生过程必须严格按法定程序，而且公共预算的收支范围和方向均有相应的法规依据。公共预算的法定性原则要求在预算管理的各个环节都必须遵循法定程序，经立法机关批准，受立法机关约束。经法定程序审批后的公共预算，即成为具有法律效力的文件，预算部门必须无条件执行，不得随意更改。如遇特殊情况需要调整原定预算，同样必须遵循法定程序，不得在法律范围以外调整或变更预算。

4. 时效性

时效性原则要求公共预算应该按财政年度编制，不得有间断。设立财政年度的理由主要有两个：一是明确立法责任，立法机关是按年度来审核预算的，预算收支的合法性(法律效力)需要有一个时间界限，并不是任何时候都有效；二是出于统计需要，如果忽视时间因素，所有的统计数据就没有意义，也没有可变性。财政年度又称预算年度，系指财政收支的有效起讫期限。在期限之内，政府财政收支才被认为具有合法性。虽然有些国家在编制 1 年期预算的同时，也编制多年期预算，但只是 1 年期预算才需要提交立法机关审批。预算年度的规划根据各个国家的具体情况而定。根据起讫期间的不同，预算年度区分为历年制和跨历年制。历年制的预算年度从公历 1 月 1 日起至 12 月 31 日止，大多数国家都采用这种年度制，我国的预算年度也采用这种历年制。跨历年制跨越了两个日历年度(仍是 1 年)，通常是为了与国家领导人换届相一致。大致可分为三种主要跨历年制预算年度：① 从当年 4 月 1 日起至次年 3 月 31 日止，英国、加拿大和日本等国采用这一预算年度；② 从当年 7 月 1 日起至次年 6 月 30 日止，瑞典、澳大利亚等国采用这一预算年度；③ 从当年 10 月 1 日起至次年 9 月 30 日止，这种预算年度以美国为代表。

5. 透明性

透明性原则受到国际机构的高度重视，是评价一国是否符合市场经济特征的重要标尺。公共预算的透明性不仅是政府清正廉明的要求，而且也便于公众监督和提高预算效率。预算透明强调向社会公众公开预算收支计划的制订、执行以及决算的全过程。一般通过政府向权力机构提交预算报告的形式阐述预算编制的依据、执行过程中采取的措施以及如何保证政府预算的实现等，同时报告上一年度政府预算的执行情况(即决算报告)，审议通过后再通过新闻媒介向全体公众公布，接受公众监督。

第二节　公共预算的流程及分类

一、公共预算的流程

公共预算的科学性需要以合理的预算流程为保证。预算流程通常包括预算规划与决策、预算编制与审批、预算执行与决算、预算控制与监督、预算审计与评价等五个基本环节，如图 1-1 所示。

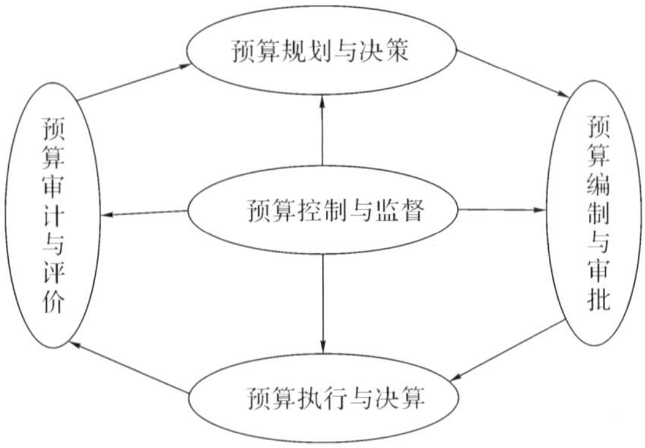

图 1-1 公共预算管理流程图

1. 预算规划与决策

1) 中央政府下达编制预算的指示

为编制国家的经济社会发展规划，中央政府需召开省级地方政府行政主管及各部部长会议，并在经济工作会议上确定下年度经济社会发展的基本目标，据此，财政部向省、直辖市、自治区政府和中央部门下达编制下年度预算草案的指示，提出编制预算草案的基本原则和要求。

2) 财政部门测算预算收支指标

《中华人民共和国预算法》规定，中央预算和地方各级政府预算应当依据上一年度的预算执行情况和本年度的收支预测进行编制。通过总结、分析和预测，掌握财政收支及业务活动的变化情况，找出影响本期预算的各种因素，剔除上年一次性或临时性因素，了解本年度国家经济社会发展规划对预算的要求，分析本年度经济社会发展及国家有关政策对预算的影响。预算必须与政策目标挂钩，在预算编制前，应对预算年度的政策目标做出具体的研究与评估，排列优先次序，使预算与预测、预算与政策有机地结合起来。

3) 财政部具体部署和安排预算编制事项

财政部根据国务院有关编制下一年度预算草案的指示，部署编制预算草案的具体事项，每年第四季度由财政部制定统一的预算表格，包括财政总预算表格和单位预算表格。各预算编制单位要熟悉预算科目和表格，保证预算的统一性和规范性。各级财政部门每年要通过召开会议或发布通知、指示等形式，部署预算编制的内容、方针和任务，各主要收支预算的编制要求、编制方法、报送程序、份数与期限等等。

2. 预算编制与审批

编审预算包括编制预算和审批预算。编制预算是预算管理的起点，预算编制要坚持量力而行、收支平衡的原则，以国家的财政经济方针和有关法律法规为指导，以国民经济和社会发展规划的主要指标为基础，以上一年预算执行情况和本年收支预测为依据，积极稳妥地安排各项收支指标，做到收入稳固可靠，支出留有后备，把预算收支安排建立在科学合理的基础上。编制好的预算由政府提交同级人民代表大会审议，经人民代表大会审议批准的公共预算具有法律效力。我国预算草案在当年全国人民代表大会召开之前确定，预算编审的组织程序按“自下而上、自上而下、两上两下、上下结合”的方式进行。

1) 单位、部门提出概算

单位、部门根据预算年度工作计划、任务和收支增减因素，按财政部门规定的预算报表格式，提出由各项收支组成的概算，逐级汇总后，按规定的时间由主管部门报送同级财政部门。

2) 财政部门下达预算指标

财政部门根据政策法规、经济社会发展规划和各项收支测算所确定的预算数额，以及本级政府批准的预算外资金收支计划，自上而下按预算级次下达预算控制数或预算指标，包括预算拨款指标和预算外资金核拨数额，预算指标逐级下达直至基层预算单位。

3) 汇编预算

单位、部门根据所下达的预算指标，调整核实本单位、部门各项收支，结合单位的其他收支，按照预算编报的要求，正式编制年度预算和预算外资金收支计划。预算编制完成后，按照规定程序逐级报送预算主管部门，经预算主管部门审核汇总，形成部门预算，报送同级财政部门。财政部门对上报的部门预算审核汇总后形成本级预算草案，并将本级预算和下级预算汇编成总预算后报同级政府。省、自治区、直辖市财政部门汇总的本级总预算草案，应报送财政部。预算草案是指各级政府、各部门、各单位编制的未经法定程序审查和批准的财政收支计划。各部门负责本部门所属各单位预算草案的审核，并汇总编制本部门的预算草案，报同级财政部门审核；各级财政部门在本级人民代表大会召开前的规定时间，将本级预算草案提交人大常委会及专门委员会进行初步审查。

4) 审批预算

各级政府提交的预算草案要经同级人民代表大会按规定的立法程序审核批准，经人民代表大会审批后的预算成为当年的正式预算。财政部门要将经批准的本级预算在规定期限内向各部门批复下达，各主管部门再在部门预算的范围内批复所属各单位预算。批复下达的预算成为预算执行的依据。

实行“两上两下”的预算编报和审批程序，可使财政部门在预算编制过程中，与其他部门、单位充分交流信息，沟通情况，有利于提高预算编制的科学性和准确性。

3. 预算执行与决算

1) 预算执行

政府是预算执行的主体，财政税务部门是预算执行的主要职能机构。预算规定的收入任务，必须保证完成；预算规定的各项支出，必须及时足额地拨付。对于执行过程中必须的预算调整，超出了政府法定权限的，要报请同级人民代表大会常务委员会审批，未经批准，不得调整。各级政府有责任监督下级政府的预算执行；各级财政部门有责任监督本级各部门预算的执行，并做好预算执行情况的分析，向本级政府和上级财政部门报告本级预算的执行情况。

2) 编制决算

决算是对预算执行的检查、评估和总结。通过编制决算，一方面可以全面反映预算执行的结果，另一方面可以总结预算管理中的经验，以利于提高预算管理水平。在决算的编制中，要划清预算年度、预算级次和资金界限，做到收支数字准确，内容完整，报送及时。预算管理离不开相关信息、数据资料的掌握和分析，因此，预算管理的基础工作是预算会计、国家金库核算和财政统计。预算会计为预算管理提供基础资料，通过会计信息反映预算执行情况，通过会计监督提高预算管理水平。国家金库处于预算执行的第一线，通过国家金库的收支核算资料和定期的金库报表，可以分析检查预算收支执行情况。财政统计是财政部门信息工作的重要组成部分，通过占有和分析有关资料，可掌握财政活动各方面的情况和变化趋势，为制定和调整财政政策提供依据。

4. 预算控制与监督

预算的控制与监督是指对公共预算编制、执行、决算与评价等过程进行的控制与监督，其目的是保证公共预算的法律性与严肃性，提高预算编制与执行的效率和效益，实现公共预算的政策目标。

5. 预算审计与评价

预算审计与评价是指按照一定的财务、会计、预算规定与预算绩效评价指标对公共预算实施的结果进行检查与评价的过程。其目的是通过对预算结果与预算目标的差异、预算执行成本收益分析，及时发现问题，调整和矫正预算中的偏差，制止预算资金使用中的铺张浪费、截留挪用等问题。通过预算审计与评价可以加强预算的科学性和时效性，提高预算的政策效应。

二、公共预算的相互分离机制

科学设置机构、明确职责分工、合理配备人员，有利于从机构上保证财政职能的优化和财政资金的安全运行，提高工作效率。预算环节的分离机制是指预算编制、审批、执行、监督相分离的预算管理机制。预算管理分离机制包括内外两个层面，即外部和内部的分离机制。外部分离是指财政编制、立法审批、职能部门执行、审计监督的相互分离机制。内部分离主要是由财政内设机构分别履行不同职能而形成的相互分离机制，其基本构架如下。

1. 成立专职预算编制机构

该机构的主要职责是：拟定预算编制的指导思想、原则、措施，以及编制年度财政预算的有关文件；拟定年度收入计划并据此测算财力；制定支出政策、公用经费支出标准和定额；拟定本级财政收支总盘子草案；审核部门提出的下年度预算建议计划及财政业务主管机构提供的分管部门年度发展计划和事业发展性专项资金预算建议，汇总草拟预算，提出部门预算安排意见，按程序批准后，直接批复部门预算；负责管理预算内外资金总指标，统一办理预算追加和资金调度等事宜。此外，还要对影响预算编制的各相关因素进行调查摸底，掌握详细底数，及时提供有关情况；建立预算基础数据库和财政专项资金投放项目库；为各部门和社会有关方面提供有关预算定额、预算支出政策等咨询。

2. 成立预算审核机构

预算审核机构包括财政部门内部和外部的审核机构。外部的审核机构一般为人民代表大会。财政部门内设的审核机构主要负责对预算编制机构提出的年度预算建议计划进行审核和评定，并依托现有机构设置进行职责的细化，由主管业务机构审核部门正常人员经费和公用经费；由综合管理机构审核部门政府基金收入、行政性收费和预算外收入建议计划。预算编制机构根据审核机构的审核意见，结合本级财力统筹考虑后，提出财政收支预算建议计划并按程序上报。预算报经人大批准后，由预算编制机构直接批复到部门。

3. 成立总预算执行机构

将总预算会计职责独立并入财政的国库管理机构，成立总预算执行机构，负责办理具体的预算执行工作。其职责包括：负责管理财政预算内外资金账户，核算并拨付所有财政预算内外资金拨款，编制财政预算内外总决算，管理部门和单位的人员工资银行化工作，与部门主管机构一起负责预算的执行。各主管业务机构的主要职责是预算的执行和监督，侧重于分析、论证、筛选部门事业发展和生产建设专项资金项目。

4. 建立双重监督机制

建立专职监督与业务管理机构日常监督相结合的双重监督机制，实现对预算编制、执行全过程的监督。以编制部门预算为主线调整了财政内部机构的设置，建立预算编制、预算执行、监督检查相分离和相互制衡的预算管理制度，可改变过去由多个业务机构既参与编制预算又负责预算执行的现状，避免传统预算管理编制、执行职责界定不清，部门交叉扯皮的弊端，使得预算四个环节在工作中清楚划分，相互分离，各负其责，使各环节一脉相承但又彼此相对独立运作。

三、公共预算的分类

从世界范围看，公共预算的类型多种多样。按照不同的标准进行分类，研究分析不同类型预算的长处与不足，有利于从我国国情出发，采取适宜的预算类型，更好地实现政府公共服务的职能。

1. 根据预算的方法分类

根据预算的方法，分为基数预算、零基预算、绩效预算和项目计划预算。

预算编制与管理方法关系到预算编制的质量和管理的效率。预算编制方法的选择是与政府职能转变和市场经济发展要求相适应的，现代市场经济条件下国家运用过的预算编制方法多种多样，在这里介绍几种主要的编制与管理方法。

1) 基数预算

基数预算法是一种传统的预算编制方法，预算各项收支指标的确定，以上年度的预算执行结果为基数，再考虑影响财政收支变化的各种经济性、社会性、政策性以及其他因素，进而确定计划年度的预算数。基数预算法的优点在于方法简单，预算编制周期短，预算有历史的延续性，编制和实施中的协调管理成本较低，但基数预算法存在明显的不足：一是固化和不断放大基数小的不合理因素，造成资金分配的不均衡。因为影响基数高低的因素很多，基数法难以剔除各种非正常因素对预算指标的影响，造成地方、部门和单位预算间的不均衡；二是不能激励各地方、部门和单位努力增加收入、节约支出，收入增长过快会提高基数，节约支出会降低基数，这对具体的地方、部门和单位来年的预算安排是不利的；三是不利于优化财政分配结构，从基数出发安排预算使原有的财政分配结构难以调整，不利于利益关系的协调，并刺激争夺预算资金的博弈行为，降低资金使用效率。

2) 零基预算

零基预算是不考虑基期预算指标的实现情况，一切从零出发，根据预算年度各部门、单位的实际情况和需要确定预算方案的编制方法。按零基预算法编制预算，对各地方、部门与单位原有的各项开支都要重新审核，并测算预算年度必要和合理的资金需求。由于零基预算不受以往年度预算收支情况的束缚，故而也称为不连续预算。零基预算的编制方法源于美国，1979 年，联邦政府首先全面采用零基预算方法编制预算，随后各州政府纷纷效法。零基预算法体现了“目标、有效性和效率”三原则，上述原则相辅相成，已成为政府公共支出的基本原则。

3) 绩效预算

绩效预算是 20 世纪 50 年代在美国推行的一种预算制度。美国胡佛行政改进委员会于 1949 年建议在联邦政府中采用绩效预算。该委员会提出了两个基本问题：一是在政府预算主要的项目上，理想支出的最大数字应是多少，以便于控制支出；二是如何通过立法机关有效地执行被批准的项目。绩效预算就是政府首先制定有关的事业计划和工程计划，再依据政府职能和施政计划制定执行计划的实施方案，在“成本-效益”分析的基础上确定实施方案所需要支出的费用，并据此来编制预算。绩效预算主要包括以下内容：政府职能(经济、国防、教育等)、部门(如教育下面分为高等教育、中等教育和初等教育等)、支出费用(分列为经常支出和资本支出)、最终产品(如受教育人数、新建校舍及教育设施等)和成本与目的，然后对各项计划从其最终产品成本及目的来衡量和评估其绩效。绩效预算的特点就是按计划决定预算，按预算计算成本，按成本分析效益，然后根据效益来衡量其业绩。可见，绩效预算与效益的考核是以“成本-效益”为衡量支出标准的预算组织形式，对于监督和控制预算支出，提高支出效益，防止浪费有积极作用。绩效预算对西方各国的预算制度也产生了较大的影响，一些国家也试行以计划为中心、以“成本-效益”为考核标准的预算制度，如英国的“功能成本”、“产出预算”和“计划分析与检查”的预算制度，法国的“预算选择的合理化”预算制度，瑞典的“功能预算”制度。实行绩效预算制度，由于一些部门支出的成本效益评估难以用数字表明其预期的经济效益，所谓的“绩效”也无从考核，如国防支出的“绩效”，甚至教育的“真实绩效”就很难进行评估，致使该制度在美国并未普遍推广和应用。

4) 项目计划预算

项目计划预算也源于美国，是一种将政府目标的设计、规划和预算编制融为一体的预算模式，它以项目为中心，试图把政府的所有支出都纳入项目方式管理，按项目成本来确定预算的一种预算管理制度和方法。美国政府每年将数千亿美元巨款用于军费开支，1960 年美国学者希奇和麦克森探讨了国防经济的效率问题，建议在军事设计上应将各种可行方案的成本与效益作出比较。1961 年美国国防部采纳了他们的意见，在国防部试行计划项目预算。据报道，采取这种根据经费投入与产出的分析来编制国防预算，一年可节省几十亿美元。随后，约翰逊政府于 1965 年决定在政府其他部门也推行这种预算制度。项目计划预算是在绩效预算的基础上发展起来的，它是依据国家确定的目标，着重按项目安排和运用定量分析方法编制的一种预算制度。

2. 根据预算的形式分类

根据预算的形式，分为单式预算和复式预算。

1) 单式预算

单式预算是指将全部财政收入与支出统一编入一个收支项目安排对照表中，对各项收支的性质不区分经常性与资本性。这种预算制度的优点是能从整体上反映出财政收支的全貌，便于统筹安排运用财政资金，有利于监督和控制政府各部门的经费运用。但是单式预算不区别各项财政收支经济性质，不利于政府对复杂财政活动进行具体深入的分析和科学管理。

2) 复式预算

复式预算是指把同一预算年度内全部预算收入和支出按其性质划分，分别编成两个或两个以上的预算，形成两个或两个以上的收支对照表，各自以特定的预算收入来源保证特定的预算支出，并使两者保持相对稳定的、有对应关系的预算管理制度，通常包括经常性预算和资本性预算。经常性预算主要反映政府一般意义上的经常性收支项目，收入方以各项税收为主，支出方为各种公共服务，体现政府的社会管理职能，一般不列赤字；资本性预算主要反映政府投资性收支，收入方包括经常性预算转入的结余、国债收入和国外借款收入等，支出主要反映政府的各项资本性支出，如政府对公共项目的投资。复式预算是在单式预算的基础上演化而来的，由于它把财政收支按其经济性质分别编入不同的两个或两个以上预算之中，各项收支之间对应关系明确，能较好地反映财政收支平衡状况，便于政府合理地安排使用财政资金，有利于更好地发挥政府宏观调控职能，有利于促进经济社会的协调发展。

3. 根据预算的原则分类

根据预算的原则，分为平衡预算和差额预算。

1) 平衡预算

平衡预算是指按照收支平衡的政策原则，编制出收入与支出基本相等的预算。实际上，在编制预算时以收定支，量入为出，收支相等称为平衡预算。如果收大于支称为结余，支大于收称为赤字。这三种情况在预算编制时，都可能出现。但在预算执行中，即使是平衡预算也可能出现结余或赤字。所以在编制预算时，略有结余或略有赤字，一般都称为平衡预算。

2) 差额预算

差额预算是指收支差额较大并且这种差额被作为编制公共预算的一种政策加以执行的预算形式。差额预算按其收支对比的具体情况可以分为两种：一是盈余预算，即收入大于支出的预算；一是赤字预算，即支出大于收入的预算。

4. 根据预算的级次分类

根据预算的级次，分为中央预算和地方预算。

1) 中央预算

中央预算是指按法定程序批准的，由中央各部门(含直属单位)的预算组成的中央政府财政收支计划。我国的中央预算还包括地方向中央上解的收入数额和中央对地方返还或者给予补助的数额。

2) 地方预算

地方预算是指按法定程序批准的，地方各级政府财政收支计划的总称。它由各省、自治区、直辖市总预算组成。地方各级政府预算由本级各部门(含直属单位)的预算组成。地方各级政府预算包括下级政府向上级政府上解的收入数额和上级政府对下级政府返还或者给予补助的数额。

5. 根据预算的范围分类

根据预算的范围，分为总预算、部门预算和单位预算。

1) 总预算

总预算是指各级政府的预算，由汇总的本级政府预算和汇总的下一级政府的总预算汇编而成，不仅包括本级政府一般财政收支和特别预算，也包括下级政府的总预算。

2) 部门预算

部门预算是指由各级政府的各个部门编制的，反映各个政府部门所有的收入和支出的政府预算。各部门预算由本部门所属各单位预算组成，部门预算是政府预算的基础。

3) 单位预算

单位预算是指列入部门预算的国家机关、社会团体和其他单位的收支预算。单位预算是由行政事业单位根据行政任务和事业计划编制的，并经过规定程序批准的年度财务收支计划，反映单位与财政之间的资金领拨缴销关系和事业计划、工作任务的规模和方向，是各级总预算构成的基本单位，也是部门预算的基础。

第三节　公共预算的目标与职能

一、预算管理与公共治理

目前许多发达国家正致力推动的核心工作就是促进良好的公共治理，健全的公共预算管理是建设良好的公共治理的基石。公共治理指的是公共部门治理，即公共部门行使权力、制定和执行政策所依赖的制度环境和机制，包括如何做出决策、行使权力以及使政治家和管理者保持责任感的途径。有效的公共治理并没有统一的模式和结构，但普遍认为好的治理依赖于四个支柱：受托责任、财政透明性、可预见性和参与。

1. 受托责任

受托责任要求官员具有胜任其活动的能力。从预算管理角度讲，受托责任无论对于公共资源的“使用”，还是对于使用公共资源所产生的“结果”都是必不可少的。一般地讲，有效的受托责任包括“责任性”与“后果”两个核心的成分。责任性要求核心的预算官员和各部门人员定期地对两个相互关联的问题做出反应：“钱去了哪里?”，“取得了什么成效?”。另外，公共资源的使用有可预见的和有意义的结果——例如投入教育的公共资源是否在某种程度上提高了认知能力(如降低文盲率)和收入水平。基于良好的公共治理及其在预算管理中的应用，人们必须持有这样的观点：没有结果的受托责任仅仅是空洞的和形式上的，在强调向支出机构分权的预算管理系统中，特别需要加强外部受托责任，以此确保服务质量不会因此而下降。由于预算管理系统必须对公款的“使用”和“结果”负责，预算管理中的受托责任机制包括两个层面：内部受托责任和外部受托责任。相对于各部门就其提供的服务向公众负责而言，预算部门的预算管理活动具有很强的内部受托责任，当然，外部受托责任——就资源使用结果向公众负责，也是必不可少的。特别是随着信息和通信技术的飞速进步，以更低的成本从服务使用者和公众那里获取大量信息反馈成为可能，从而有助于改进效率和公共服务交付的有效性，信息与通信技术的革命性变化已经体现在政府预算管理的每个领域。

2. 财政透明性

透明性要求能以较低的成本获得相关信息，包括与预算管理相关的所有财政信息。财政透明性是指向公众公开政府结构与职能、财政政策取向、公共部门账目和财政筹划。在这里，“公众”被定义为包括所有与制定和实施财政政策有某种利害关系的个人和组织。财政管理不透明将导致无效率和加剧不公平。因此，财政透明性是良好的治理的关键内容，而良好的公共治理对于实现宏观经济稳定发展和高质量增长也至关紧要。财政和财务信息的透明性对于行政、立法部门和公众而言是必需品。作为基本要求，它不仅意味着必须“提供”信息，而且这些信息必须是“相关的”和“可理解的”。向公众倾倒大量粗糙的“预算原料”，对改进财政透明性不会起任何作用。

3. 可预见性

可预见性来源于法律和规章的清晰性、预先可知以及统一和有效地实施。在政府部门和支出机构准备预算时，可预见性显得尤其重要。在缺乏可预见性的情况下，由于未来可得的公共资源流量具有高度的不确定性，支出部门和机构几乎不可能编制和呈递高质量的预算。财务资源缺乏“可预见性”将破坏资源分配的战略优先性，使公共官员难以对服务供应做出规划。政府支出总量及其构成的可预见性，也是引导私人部门制定生产、营销和投资决策的路标。

4. 参与

健全的预算管理需要有公共官员、雇员和其他与政府预算具有利害关系者的适当参与。监管支出机构的营运效率和服务质量、从公共物品消费者那里反馈信息，都需要有相关人员参与。预算过程的参与需要政府提供可靠的财政信息，以及对政府活动的详细而真实的检查。

在以上“四个支柱”中，没有哪一个能够单独成立，每一个都是达到其他三个的工具，并且所有“四个支柱”共同构成实现公共治理的工具。如果没有可靠的财务信息，预算过程的受托责任机制就是空中楼阁，如果没有可预见性的结果，受托责任就是无意义的。

二、公共预算的职能

公共预算作为一个重要的财政范畴，它是在一定社会政治经济条件下形成的，并且根据国家职能发展的需要而发展。结合公共预算的本质属性，可以把公共预算的职能概括为分配职能、反映职能、调控职能和监督职能。

1. 公共预算的分配职能

分配职能是指公共预算以价值形式对国民收入的一部分份额进行有计划的分配和再分配的职责和功能，这是公共预算的基本职能。财政分配是指财政参与国民生产总值的分配和再分配，集中必要的资金，用以满足社会的公共需要。财政分配职能需要由财政部门运用预算、税收、转移支付、财政投资、财政补贴、国有企业上缴利润等一系列分配工具来实现，其中主要是通过预算进行。这是因为，公共预算是财政分配的集中体现，预算集中了相当数量的以货币表现的社会资源，国家通过税收、公债、上缴利润等分配工具把分散在各地区、各部门、各企业单位及个人手中国民生产总值的一部分集中起来，形成公共预算收入。公共预算集中资金只是手段，分配资金满足国家各方面的需要才是目的，由于公共产品的特性决定了市场不能有效供给，往往需要通过公共预算对其进行资源配置，所以国家根据社会共同需要，将集中的预算收入在全社会范围内进行再分配，合理安排各项支出，保证政府公共服务、重点建设等方面的需要，为公共产品提供必要的财力保证。因此，公共预算的收入来源和支出用途能够全面反映财政的分配活动，体现集中性财政资金的来源结构和去向用途，即公共预算收入的来源结构、数量规模和增长速度能够反映国民经济的收支结构、发展状况、经济效益、积累水平和增长速度；公共预算支出的比例结构、支出流向体现国民经济和社会发展以及政府各部门之间的比例关系。

2. 公共预算的反映职能

公共预算的反映职能是指公共预算对社会经济活动状况具有以价值形式作出反映的职责和功能。公共预算具有综合性强的特征，即预算收入可反映国民经济发展规模、结构和经济效益水平，预算支出可反映国家各项经济及社会事业发展的基本情况。而这些综合情况可通过国民经济各部门、各企事业单位、国家金库以及财政部门内部各职能单位的预算报告制度，按照一定的信息渠道及时反映到预算管理部门。也就是说，通过预算收支指标及其完成情况，可反映政府活动的范围和方向，反映国民经济和社会发展各方面的活动状况以及政府各部门的情况。公共预算的这种反映职能是由公共预算的本质属性决定的。通过公共预算可以掌握国民经济的发展趋势，发现国民经济发展中存在的问题，为决策部门提供经济信息。

3. 公共预算的调控职能

公共预算的调控职能是指公共预算以其本身所具有的特殊地位从价值量上对国民经济和社会发展进行协调、制约和引导的功能。公共预算既是国民经济计划在财力上的主要反映，又是实现经济发展、社会进步以及进行宏观调控的财力保证。预算调控职能主要从三个方面实现：一是控制社会总供求，预算收支总规模可直接或间接影响社会总供求，其中主要通过预算支出控制社会总需求，用总需求制约总供给，使之保持基本平衡；二是调节结构，通过预算支出结构来调节国民经济结构，调节产业结构，协调国民经济的重大比例关系，促进生产要素的优化配置和经济效益的提高；三是公平分配关系，预算管理体制是划分预算收支范围和预算管理权责，处理中央和地方、地方之间、行业之间财政分配关系的根本制度，合理分配各地区的财力，可适当缩小地区间的经济差距。

4. 公共预算的监督职能

公共预算的监督职能是指公共预算监督社会经济活动，使其符合客观经济规律和法律法规要求的职责和功能。这一职能是政府合理分配、正确使用预算资金的客观要求。公共预算在筹集和分配财政资金的过程中，通过预算资金对国民经济的制约作用，对国民经济各部门、各企事业单位的收支活动进行严格有效的监督和检查，以保证预算资金按照国家的方针政策取之合理、用之得当，体现客观经济规律的要求。公共预算作为实现国家职能的一个有力工具，应当在强化民主法制管理的前提下，充分发挥其监督职能，督促各级政府、各部门、各企事业单位遵守财经纪律和各项政策，依法履行其财政义务和职责，才能使财政分配活动顺利进行，否则，政府预算的其他职能就落不到实处。

第二章　公共预算编制与审议

本章主要研究的是公共预算编制中的相关问题，包括预算编制准备的基本要求、中期预算框架(MTBF)、预算编制流程以及编制审议等相关内容。

第一节　预算编制准备

作为预算过程的起始阶段，预算编制涉及了大量的准备工作，包括收入与支出预测、宏观经济政策筹划、预算限制的制定与颁布以及呈递预算草案到立法机关进行审查，这些工作主要是由政府行政部门主导的。

一、预算准备的基本要求

为了使公共预算达到预期的效果，预算编制需要进行精心的准备工作，需要满足相应的基本要求，具体来说，预算开始编制时必须要满足三个前提条件，即中期展望、早做决策和建立硬约束。

1. 中期展望

中期展望也称中期预算框架(MTBF)或中期支出框架(MTEF)，一般指的是包括本预算年度内的未来 3～5 年期的预算框架。在中期预算框架内准备年度预算的体制最早可以追溯到 20 世纪 50 年代的英国，从 20 世纪 80 年代开始，发达国家和部分发展中国家也相继采用此体制。作为一个为期 3～5 年的滚动、具有约束力的预算总量框架，MTBF 是政府和政府各部门提供各财政年度中的支出预算(申请)必须遵守的预算限额(重点是支出限额)。要成为政府财务管理的有效工具，预算过程中首先就必须建立起预算可信度，这就需要支出规划必须要在资源承受能力范围之内。因此，预算编制的起点必须是一个好的收入估计(或预测)，这也是中期预算框架(MTBF)的核心内容之一。除了进行经济预测和财政预测，MTBF 还为预算和政府政策之间建立联系提供了一个理想工具。具体来说，为了实现政府目标，预算体制必须在政府的相关政策和资源配置之间建立比较强有力的联结。而且，很多政府政策在短期内是不能被执行完毕的，准备年度预算的程序必须置于一个未来数年的框架之下。由于未来是不确定的，未来时期越长，那么政策相关性和确定性之间的平衡就越需要关注。

即使没有采纳正式的中期预算框架，考虑到政策与支出优先性的调整以及政策的可持续性评估，年度预算的某些特定支出也需要建立在中期展望的基础上。这里所说的中期展望主要涉及以下三个支出类别，即资本支出的未来(后续)资本，此类支出在许多发展中国家和转轨国家的总支出中占有很高的份额；权益性支出(如养老金和转移支付等)的资金需求，即使这方面的政府政策保持不变，由于通货膨胀、人口老龄化等其他因素的变化，使得其支出水平也可能变化；导致支出需求的有关事项，如政府的借贷担保。

2. 早做决策

预算编制过程中，由于需要将有限的资源分配到无限的选择或需求中，这就不可避免地给预算过程带来冲突，使得预算决策进行艰难。事实上，做预算的过程其实就是艰难选择，即在资源约束以及相互冲突的偏好和需求之间做出选择的过程。在许多国家，由于信息缺乏、政治干预和管理能力不够强，预算决策经常被推到预算执行中去。但这种做法并没有解决上述冲突，反而使得预算决策更加艰难，也使得预算程序缺乏效率，因此，在预算过程中，早做决策显得尤为重要。

3. 建立硬约束

自上而下地建立支出限额和支出约束，是引导支出机构在程序早期面对硬约束最为有效的办法。而且建立和尽早公布并严格实施硬约束的预算限额(其核心是支出限额)，对于确保财政的可持续性和避免脆弱性也是至关重要的。财政可持续性要求在达到政府政策目标的预算资源需求与资源的可得性之间建立平衡，只有在特定时间内，资源需求可以超过预算资源总量的可得性；财政脆弱性反映了政府在财务上承受内部或者外部冲击的能力。脆弱性评估对于那些受益于短期资本流及大规模贷款担保的国家尤为必要。在多数发展中国家和转轨国家，这些担保没有得到特别审查。

此外，要做一个好的预算，预算编制除了要满足以上三个前提条件，还需要解决两个层次的问题：一个是宏观政策，另一个是战略选择。宏观政策一般由国家经济政策顾问或财政部负责，主要是确定作为预算导向的国家政策目标并确保满足支付要求所需要的现金。由于预算是政府用以促进其社会经济政策目标(战略目标)的最基本和最重要的工具，因此为预算确定政策导向及评估资源的可得性是预算编制过程的起点。在这个起点的基础上接着在平衡资源需求与资源可得性的基础上建立预算限额，并尽早公布以利于支出部门与机构制定预算申请。根据现代预算理念，宏观政策与预算之间的联结应该是直接和高度相关的，否则就会出现很大问题。比如在美国体制中，政府主要是根据宏观经济政策来决定最高支持限额，如果对宏观经济政策理解不正确，将会导致预算编制过程的一切都失去意义。但是，宏观经济政策并不能确定各政府部门(如教育部、卫生部等)之间的战略性资源分配，这是由预算过程的第二个层次即战略选择来完成的。在战略选择层次主要是进行由下而上的预算编制——由支出机构编制并提出预算申请，预算管理的核心部门如财政部将对支出机构进行初始的预算分配，向支出机构提供与预算申请有关的技术指导，并为政治决策者提供备选的预算方案。

二、宏观经济筹划与中期预算框架

1. 宏观经济筹划

预算编制的出发点是中期宏观经济筹划，即做出中期宏观经济预测和财政预测。作为政府制定中长期预算的基础，宏观经济筹划阐明了政府的政策目标及其优先性，以及选择这些政策目标所基于的经济环境，并对可支配的总财力水平进行预测。年度预算文件中应包括一份宏观经济筹划，它应该是全面的、可靠的和量化的，并能够提供影响预算总量数据的经济假设和关键参数，如测算收入时使用的有效税率。此外，宏观经济筹划还必须阐明财政政策对宏观经济的影响，以及财政政策与其他宏观经济政策之间的协调。每个国家虽然发展宏观经济筹划的能力不同，但都应在各自的宏观经济筹划中，构造预算编制框架。具体来说，预算编制过程从开始准备宏观经济筹划，到将预算呈递到立法机关，大概需要经过以下六个阶段：准备宏观经济筹划；准备一份预算指南，以便将支出限额通知各部门，并为各部门编制部门预算提供指导方针；申请预算的部门根据这些指导方针，准备并提出本部门的预算申请；在支出部门与财政部门之间进行预算谈判；由核心机构形成预算草案；向立法机关呈递预算。在整个预算编制过程中，最为核心和重要的工作就是制定中期预算框架(MTBF)，其中包括准备并确定宏观经济筹划、财政政策报告、年度预算限额以及各部门在预算限额基础上准备本部门预算。此处中期预算框架(MTBF)的作用是用于帮助年度预算限额的准备和确定。

在宏观经济筹划基础上，预算编制过程中通常还需要一份中期或多年期滚动的中期支出框架(MTEF)，它主要用于促进年度预算限额的准备和确定，同时有助于增强部门管理的可预见性和公共支出效率。具体来说，MTEF 是一个包括了所有部门的正式和详细的支出筹划。为了规避一些复杂具体问题，中期支出框架应是指示性而非强制性的，但是在第一个规划年度 MTEF 需要与年度预算完全一致。此外，MTEF 的构造必须要根据中期或多年期宏观经济框架完成，包括安装功能和按照大的经济类别分类得到的支出总额估计数。而且，MTEF 的准备过程要与前述预算编制过程的六个阶段相一致，尤其要根据年度支出限额来加以构造。

2. 中期预算框架

作为预算编制过程中最为核心和重要的部分，中期预算框架(MTBF)早在 20 世纪 50 年代就在一些发达国家实施了，但当时只是作为鉴别项目优先性并预留资金给优先项目的机会机制。经过不断的发展，今天在全球范围内 MTBF“在公共财政的日常用语中就像夏天下午的阳光一样普遍，而过去并不是如此”。MTBF 是一个覆盖当前预算年度在内的未来 3～5 年(有些国家可能更长)的滚动、具有约束力的预算总量框架，并为政府及其各部门提供每个未来财政年度支出预算务必遵守的预算限额，尤其是支出限额。与年度预算不同，MTBF 可以清楚地反映出维持当前的政府政策以及引入新政策的跨年度成本，因而为行政部门强化受托责任和结果导向的预算奠定了基础。典型 MTBF 的内容与主要内容和特征包括：

(1) 包含 1 份财政(和经济)政策报告书以及 1 份完整的中期宏观经济和财政预测；

(2) 包含支出部门和支出机构在下个预算年度以后 2～4 年的支出估计数；

(3) 对各支出部门和支出机构的预算拨款数(限额)是硬预算约束的；

(4) 为避免产生问题，中期预算应是导向性的而非强制性的(并非一个法定的预算方案)，不需要立法机关的表决批准，但中期预算的第一个年度必须与年度预算完全一致；

(5) 中期预算由政府整体层面编制，但所有政府部门都应遵循中期预算为各部门确立的支出限额；

(6) 中期预算主要依据中期宏观经济框架编制，包括按功能和按大的经济类别(如工资、其他商品与服务、转移支付、利息和投资)分类得出的支出总额估计数。

MTBF 对于预算编制具有很强的约束力，但并不是不可调整的。事实上，在一些国家，该框架中每年的支出估计数都依据政府的决定、经济状况的改变以及各项规划的修正而做出相应的调整，然而一旦调整完毕后，支出限额便成为编制年度预算时务必遵守的界限。许多国家将各预算年度的最高支出限额划分为若干个支出领域，并向地方政府递交一份开支最高限额的通知，最终由议会通过这一最高支出限额。在美国，国会在通过政府的预算时，按照功能把开支总额划分为大约 20 项支出限额。在发达国家的示范效应下，越来越多的发展中国家和经济转轨国家也开始采纳某种形式的 MTBF。从发展趋势看，虽然实际效果各异，但从年度基础预算转向 MTBF 的国家将继续增加。

作为在政策与预算之间形成直接联系的主要机制，发达国家在最近 20 多年中纷纷引入 MTBF 方法与技术。发达国家的实践表明，与传统的年度基础预算体制相比，MTBF 能够更有效地促进政策与预算间的直接联结。就强化财政纪律而言，MTBF 的主要作用在于建立针对政府和支出部门的中期支出限额，据以对支出、赤字和债务总量实施控制。就优先性配置而言，MTBF 的主要意义在于通过严格的支出审查机制来确保预算过程受政策驱动而非收入驱动，以及促进预算资源在各项政策目标之间和规划之间作出更好的选择。对于发展中国家而言，MTBF 的另一个重要优点在于它有助于连接资本预算和经常性预算。没有这种连接和协调，预算信息的有用性就会大打折扣，并且会导致公共设施产生不充分的营运和维护成本。虽然 MTBF 的作用重大，尤其是为制订、评估和实施财政政策提供了比年度预算更好、更透明的工具，但只有当政府和财政部门真正作出可控的、透明的和未定的财政(支出)承诺时，MTBF 才会发挥应有的作用。

第二节 预算编制

准备工作完成后，即可进行预算编制。简单地说，预算编制主要是通过预算收支范围的界定和调整以及预算收支结构的变动来体现国家的方针政策。下面具体介绍我国预算编制的具体流程。

一、预算编制的一般程序

我国政府预算编制一般采取自上而下和自下而上、上下结合、逐级汇报的程序。国务院每年第四季度下达编制下一年度政府预算草案的指示，财政部根据国务院指示部署相关具体事项。国务院和财政部指示和部署的内容一般包括：编制预算方针、政策和任务；主要收支预算具体编制原则和要求；各级预算收支的划分范围和管理权限变动的使用原则；预算编制的基本方法、修订预算收支科目、制订统一的预算表格和报送期限等；中央各部门根据上述指示和部署，结合本部门具体情况，提出编制本部门预算草案的要求，具体布置所属各单位编制预算草案。中央各部门负责本部门所属各单位预算草案的审核，并汇总编制本部门预算草案；地方各级财政部门根据本级人民政府指示和上级财政部门部署，具体布置本级各部门和下级财政部门编制预算草案，并负责汇总本级总预算草案，由本级人民政府审核后，提请本级人民代表大会审查和批准；财政部将中央预算草案和地方预算草案汇编成政府预算草案，并附以简要文字说明，上报国务院审查，国务院批准后，于每年 3 月份左右提请全国人民代表大会审查和批准；各级总预算经本级人民代表大会批准后，本级人民政府的财政部门向本级各部门批复预算。各部门向本部门所属各单位批复预算；地方各级人民政府将本级人民代表大会批准的预算，报上一级人民政府备案。各级人民政府将下一级人民政府上报备案的预算汇总后，报本级人民代表大会常务委员会备案。

二、预算编制总体流程

我国公共预算的主要编制形式是部门预算。一般来说，部门预算的编制程序遵循的是“二上二下”，即预算部门两次将预算草案上报给财政部门，财政部门又两次返回预算的过程。具体来说：

“一上”是指部门编制预算建议数上报财政部。各预算单位按照有关预算编制的要求，提供与预算需求相关的基础数据和相关资料，主要包括基本支出核定相关的编制人数和实有人数，增人增支的文件、必报项目文件等，经过层层审核汇总，由一级预算单位审核汇编成部门预算建议数，上报财政部。

“一下”是指财政部门与有预算分配权的部门审核部门预算建议数后下达预算控制数或预算指标。在本阶段财政部门对各部门上报的预算建议数进行初审，再由预算部门审核、平衡，在财政部门内部按照规定的工作程序反复协商和沟通，最后由预算部门汇总成本级预算初步方案报送本级政府，经批准后向各部门下达预算控制限额。

“二上”是指部门根据预算控制数编制本部门预算报送财政部。预算单位根据财政分配的预算指标，核实调整单位各项收支，按照预算编报的要求，正式编制年度收支预算，经审核后上报财政部门。

“二下”指的是财政部门根据本级人民代表大会批准的预算草案批复部门预算。财政部门对上报的单位预算，应进行认真审核，在规定期限内批复下达部门预算；主管部门再在部门预算的范围内批复单位预算。单位预算经财政部门、主管预算单位批准后作为预算执行的依据。中央部门预算编制流程如图 2-1 所示。

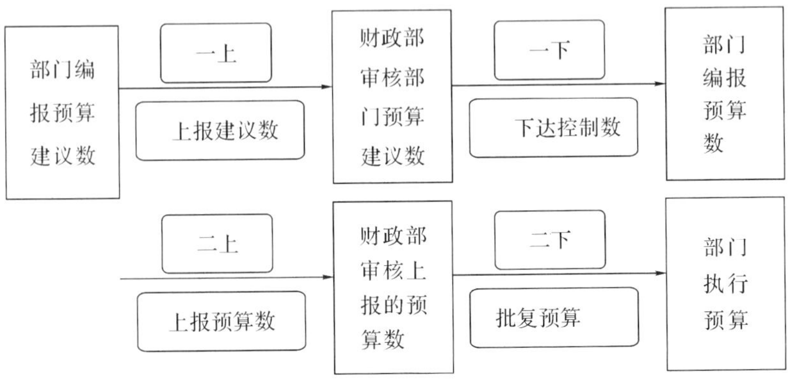

图 2-1 中央部门预算流程图

三、具体预算编制流程

1. 部门编报预算的流程

部门或单位在编报预算过程中，利用“中央部门预算表报系统”编制和上报部门预算建议数，根据预算控制数编制和上报部门预算数。部门编报预算的流程如图 2-2 所示。

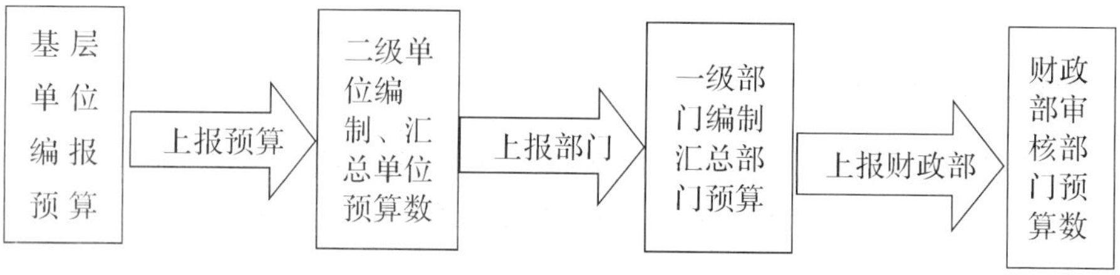

图 2-2 部门编报预算流程图

2. 财政部审核和上报预算的流程

财政部在管理部门预算过程中，根据现行管理职能将部门预算拆分给各部门预算管理司；各部门预算管理司通过预算专网在自己的权限范围内审核各部门的预算数据，向各部门下达部门预算控制限额；根据全国人大批准后的中央预算，预算司代表财政部统一向各部门批复预算。财政部审核部门预算和上报中央预算的流程如图 2-3 所示。

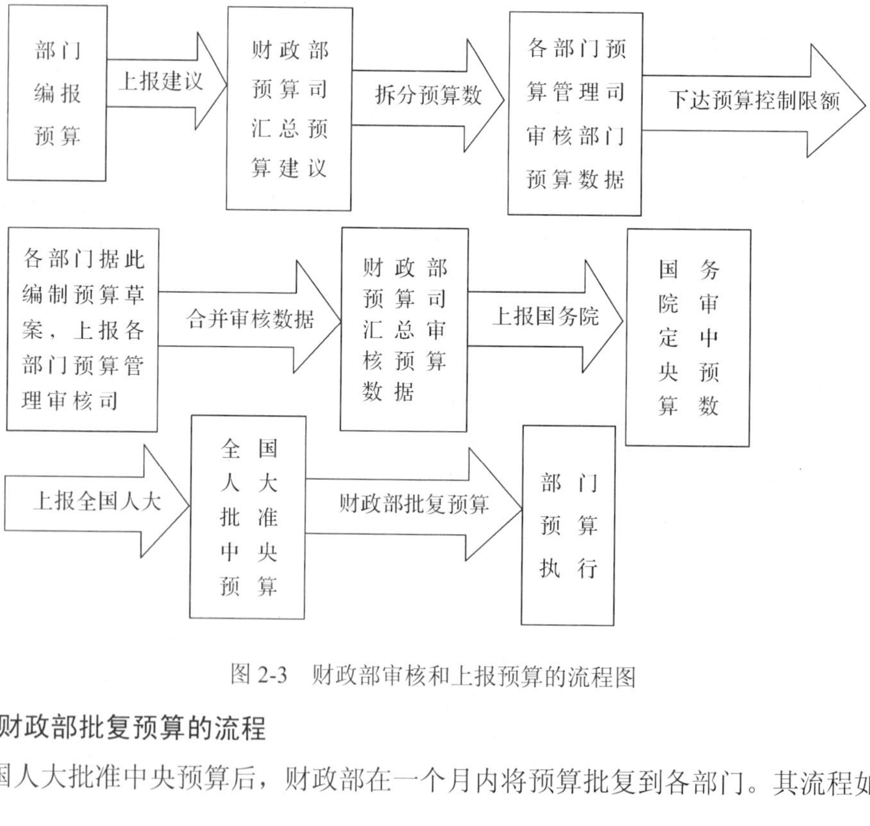

图 2-3 财政部审核和上报预算的流程图

3. 财政部批复预算的流程

全国人大批准中央预算后，财政部在一个月内将预算批复到各部门。其流程如图 2-4 所示。

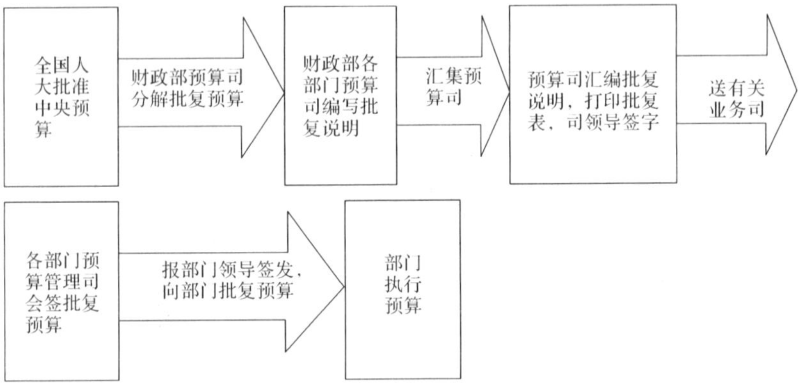

图 2-4 财政部批复预算流程图

上述预算编制流程在实际操作过程中，还需要结合预算改革要求和深化程度，对各财政年度的具体内容进行必要的调整。对于预算的具体编制程序，我们将在第四节通过相关的实务操作，详细了解预算编制的具体内容。

第三节 预 算 审 批

预算编制完成后，需要将形成的预算文件提交到专门的部门进行审批。预算审批即对预算进行审查批准，是指预算在具有法律效力之前相关部门(主要是财政部门)对预算草案进行的审查以及在此基础上立法机关对预算草案进行审查和批准的过程。立法机关审批后的预算才具有法律效力。因此本节主要侧重介绍立法机关对预算的审批。

一、预算申报和呈报

预算文件形成后，所有预算实体需要根据规定程序将预算文件提交到立法机关进行申报。呈递立法机关的预算文件中应包含所有与财政政策评估相关的因素，并根据立法控制的需要将所需拨款列示出来。预算实体提交预算申报时，也应将收入、支出以及财政结果(即之前年度的财政决算情况)一并提交。许多国家在进行预算申报时规定，重要的预算申报类别所需要的拨款需要经立法机关单独投票表决，并且获得这些拨款还需要通过拨款法案进行授权。而在其他国家，拨款可以在某个特定的支出分类(比如条目分类系统)中决定。此外，预算中所提供的各类条目的多少，不同国家各有不同，有的国家达到数千条，而有的国家可能很少。而且，预算中所包含的条目的最优数目也因国而异，具体取决于各国的具体情况。但多数国家在组织、规划以及经济类别上已经有了比较详细的年度支出计划，拨款按照这些分类进行即可。

在决定某些给定支出是归于经常性预算还是建设性预算时，通常取决于管理方面的原因为主而不是经济或者政策方面的原因。经济转轨国家更多地采用经济分类而不是管理或部门和组织分类，国家年度投资规划的范围也比一般发展中国家的“建设性”预算更狭窄，一般只包括与新增资本存量相对应的净投资。为了便于全面的评估某支出部门或者某独立机构的预算，同时申报经常性预算、资本性预算和建设性预算是必要的。

预算呈报时，一般应在财政年度开始前就要将文件呈递到立法机关，但在有些国家，预算是在财政年度开始后才呈递的。导致预算延迟呈递的原因通常包括预算编制过程中的拖延、内阁组成变动等，或者也可能是由于制度造成的。在特定的环境下，延迟呈递预算可能是有正当理由的。此环境下，法律可以授权行政部门在预算得到批准前开支公款。比如在美国，如果预算在 10 月份开始的财政年度前尚未得到批准，国会则允许每个月的开支数最多达到上年预算拨款数的 1/12。但这种授权的特殊规定在任何情况下都不得滥用，以免破坏正式的预算程序。

二、立法机关对预算的审查

将预算文件申报到立法机关后，立法机关会根据不同的标准和要求对预算进行审查。但许多国家的立法机关在资源分配方式上偏好不同，并受制于宪法的许多条款，从而在整体上导致预算辩论过程中增加开支的系统倾向。基于此，很多国家采纳程序性规则来限制预算辩论。其规则包括对预算表决的顺序和立法机关修改预算的权力。

考虑到事前财政纪律的实施，许多国家的预算需进行两阶段表决：先是就预算总量的表决，然后再对拨款和部门间资源配置的表决。通过对支出总量和收入总量一并予以审查，从而利于立法机关进行辩论宏观经济政策。

立法机关在审查预算的过程中，其修改预算的法定权利在各国是不相同的，大体上有三种模式：无约束、受约束及平衡预算。在权利无约束模式下，立法机关有能力在每个方向上变更支出和收入预算，无需得到行政部门同意。比如美国、菲律宾等总统制国家采用的就是此类模式。在权利受约束模式下，立法机关修改预算的权利常与“最多可增加多少支出，会减少多少收入”联系起来。而且其受约束程度因国家而异，如英、法等国的议会不能提议增加支出，其权利受约束程度非常高。而德国在征得行政部门同意后则允许修改。平衡预算的模式下只是在必须采取相应措施维持预算平衡的前提下，立法机关才能增减支出或收入。这种制度安排具有可调节性，立法机关对公共支出管理的影响集中在资源配置目标上。

为了对预算实施比较详细的审查，立法机关应建立强有力的专门委员会，发挥其专业技能对预算进行审查。法定预算程序中需要为相关委员会预留充足的时间进行审查，如印度是 75 天，而美国更是高达 8 个月甚至更长时间。此外，立法机关及其委员会应由独立的专家队伍对预算进行系统审查。委员会也应能得到必要的管理信息。如在德国，预算委员会要求支出部门按要求提供部门简报和支出报告。这种在立法机关委员会和行政系统之间就预算政策及其实施而加强对信息流动的管理，有助于加强立法机关审查预算的能力。

三、经验借鉴

预算编制完成后，由行政机关来承担编制预算实施或者执行预算的工作，审批预算和批准预算的工作则由立法机关处理，立法机关拥有预算的监控权，行政机关拥有预算执行权，司法机关则对公共财政活动进行审计和监察。这种由国家权力分配导致的管理范式，主要是针对发达国家的。因为大多数发达国家实行的是代议制政治体制，国家权力和权力机关彼此分立又相互制衡。这种体制在预算上的体现就是通过预算方面的立法，形成预算权力在各个权力机关间的分配，并且这种管理范式直到今天还一直在沿用。对于发达国家来说，预算决策过程本质上受到议会政体的影响。概括来说，由于预算编制和审批受到政治制度和官僚体制的影响，使得立法机关在左右政府行政部门提交的预算草案的能力在各国有很大差异。究其原因，与各国的政治体制有关。比如，美国是总统制国家，而英、德、日为内阁制国家。相对来说，联邦预算的编制由总统负全责，美国的国会拥有的预算权力是最大的，不仅在审议行政部门所提预算草案时可以自由增加或减少支出计划与经济额度，甚至可以自行起草预算案而完全无视行政部门的预算提案。美国国会这种比较强势的预算权力，很容易导致立法部门与行政部门之间的争议和冲突。而且在美国的预算过程中，立法部门在美国预算过程中处于主导地位，预算过程的运行受到大量制度安排的控制。其编制程序相当严格，主要表现为在预算审批过程中国会与总统的分权与制衡。美国总统将预算草案提交国会，国会审批后，总统仍有权对预算编制进行部分否决。若国会仍坚持自己的审议方案，就必须重新审批预算草案。对于内阁制的英、德、日，其预算编制的基本责任属于行政部门，国会的责任是负责批准政府的预算提案。而且国会在审议政府部门呈递的预算案时，如草案需要否决或进行大幅度修改，则表示对政府的预算案投了不信任票，因此国会通常会极力避免过度修改政府的预算提案。因此，对于内阁制的国家，国会对于预算的审议权具有比较大的形式意义。

第四节　预算编制实务

预算编制作为预算过程的开端，也是政府预算执行的基础。一个好的预算编制是整个预算过程的关键。目前，各单位编制本部门预算时基本上是以手工方式进行的。但手工编制预算的工作量很大，而且容易出错，从而导致工作效率比较低下。解决这些问题的较好手段是使用预算编制系统。预算编制系统提供了一个编制部门预算的软件平台，该软件平台除了具备基本的编制功能外，还可以帮助部门集中管理基础数据，自定义预算报表以及进行预算数据传出/传入转换等。本节讨论的预算编制系统主要以项目编制为核心将各单位的预算通过项目进行归集整理，可直观地反映预算部门所有收支情况。系统中的项目可能是一个虚设的项目，也可能是某个专项项目，可以根据用户的具体应用需要进行不同的处理。而且系统业务处理流程完全符合部门预算编制业务流程。该系统业务处理总流程(以下简称总流程，如图 2-5 所示)完全符合两上两下的编制程序。

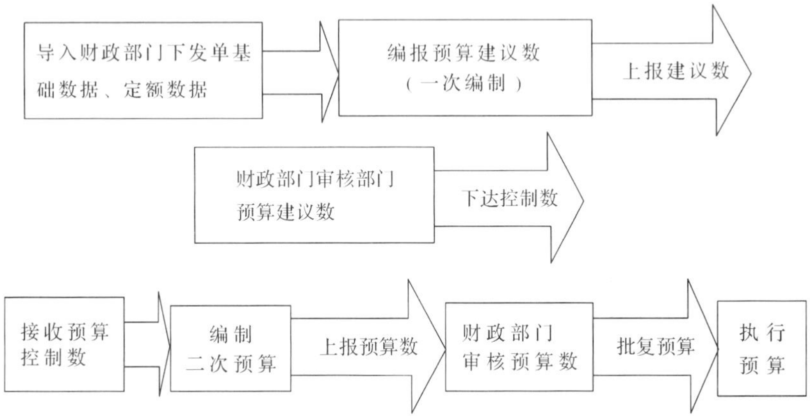

图 2-5　系统业务处理总流程图

图2-6为单位预算编制流程，单位包括政府各一级部门及其所属基层单位、二级单位。在本系统中，单位要首先编制预算建议数，系统称为一次编制。另外，单位还要根据财政业务部门或上级单位下达的预算额度编制二次预算(即调整预算)。一次编制流程与二次编制流程相同。

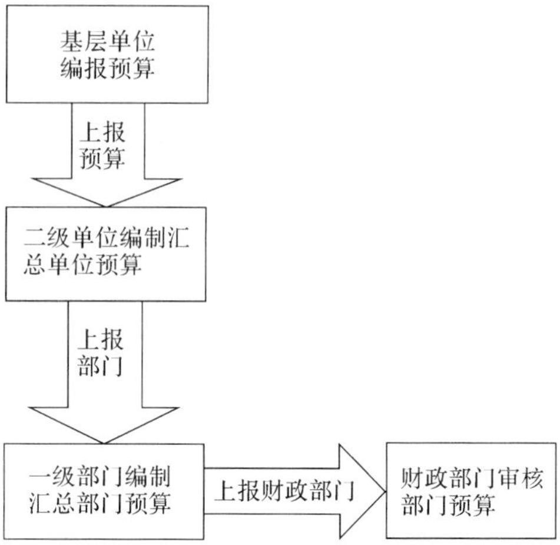

图2-6 单位预算编制流程图

一、基础设置

科目设置是用来设置部门预算的基础数据，由财政部门进行设置。具体包括编码方案、支出功能分类科目、支出经济分类科目、行政收费目录、预算单位、预算项目类型、资金来源、采购目录、单位基础数据、平衡校验设置、项目附加项、基础信息和标准定额设置。这里我们只介绍一些基本的科目设置。

1. 编码方案

编码方案包括预算部门编码方案、预算科目(指收支支出功能分类科目)编码方案、支出经济分类科目(指预算支出中支出经济分类科目)编码方案、项目类别编码方案和行政收费项目编码方案等五种。

1) 预算部门编码方案

编码级次：最多可设置10级；

级次编码宽度：(级次1+级次2+级次3+…+级次10)≤32个字节。

2) 预算科目编码方案

编码级次：最多可设置10级；

级次编码宽度：(级次1+级次2+级次3+…+级次10)≤20个字节。

3) 支出经济分类科目编码方案

编码级次：最多可设置10级；

级次编码宽度：(级次1+级次2+级次3+…+级次10)≤32个字节。

4) 项目类别编码方案

编码级次：最多可设置4级；

级次编码宽度：(级次 1＋级次 2+级次 3+级次 4)≤12 个字节。

5) 行政收费项目编码方案

编码级次：最多可设置 5 级；

级次编码宽度：(级次 1+级次 2+级次 3+级次 4+级次 5)≤16 个字节。

注意：首次设置编码方案时，预算科目和支出经济分类科目编码方案已由系统预先设置好了，不允许修改。若要修改，需要先删除系统中已有的支出功能分类科目和支出经济分类科目；在系统中根据设置的编码方案录入信息后该编码方案就不能再更改。

2. 功能科目设置

功能分类科目(原收支科目体系的预算科目)设置是设置预算系统功能类科目。系统在安装时将预置部分科目，用户可以在此基础上根据需要来设置。

1) 预算科目编辑(增加、修改、删除)

增加操作在“预算科目增加”窗口进行设置；科目代码不得修改；删除需按级次删除，从最末级开始。

- 科目代码：按级次录入，从级次 1 开始至最末级。各级次代码宽度要符合编码方案。
- 科目名称：必输项。
- 科目类型：有“一般收入科目”、“一般支出科目”、“基金收入科目”、“基金支出科目”、“债务预算支出科目”和“债务预算收入科目”六种。
- 备注：录入其他与科目相关的信息。

2) 定位

通过点击该按钮，系统可根据用户录入的科目代码快速定位至目标记录上。

3) 转换输入/输出

通过该按钮，可以方便快捷地将预算科目进行导入/导出操作，录入预算科目文件路径后，系统即可进行相应转换操作。

4) 打印“支出功能分类科目”表

〖设置打印参数〗

(1) 页面参数：如图 2-7 所示。

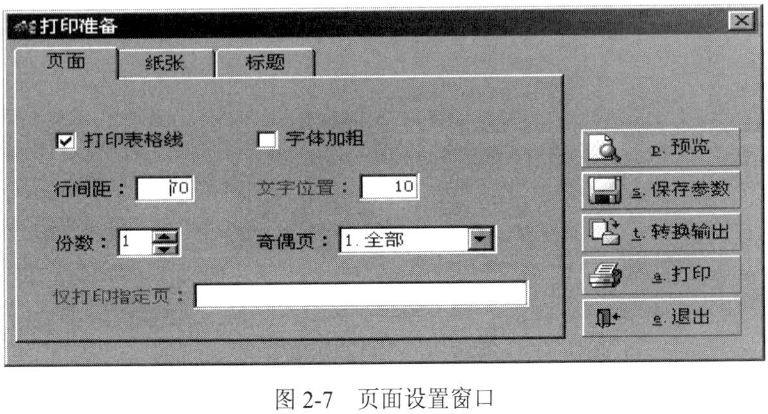

图 2-7　页面设置窗口

- 打印表格线：选中(框内出现√标志)该选项将打印“支出功能分类科目”表表格线。
- 字体加粗：选中该选项将加粗打印表中文字。
- 行间距：指两相邻水平表格线间距离。数值范围：20～200。
- 文字位置：可以改变行间距中文字顶部距离上表格线的位置。数值范围：1～60。
- 奇偶页：可以选择只打印奇/偶数页，也可以选择全部打印。
- 仅打印指定页：录入页码值后，系统只打印指定页内容。

(2) 纸张参数：如图 2-8 所示。

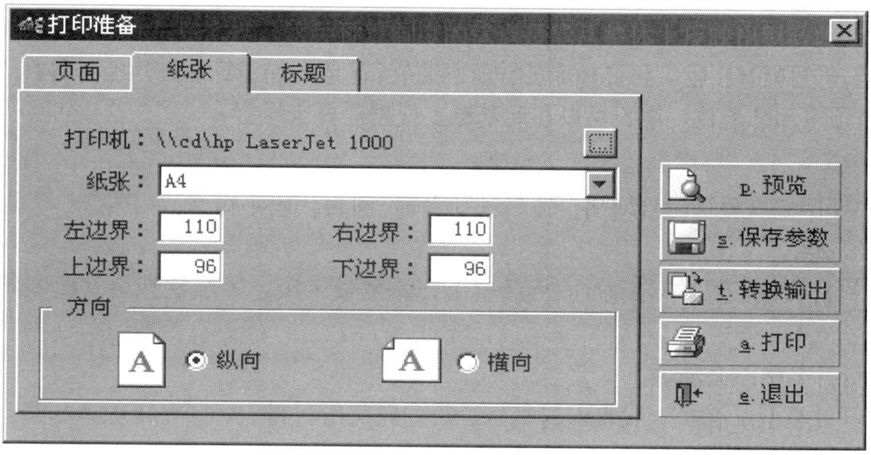

图 2-8 纸张设置窗口

- 打印机：标明打印机路径和名称。点击该数据行中 ... 按钮可以选择打印机。
- 纸张：指纸张规格。有九种规格供选择。

〖预览打印结果〗

在“打印预览”中还可调整“打印纸”、“纵向”、“横向”、“字体加粗”、“打印表格线”等参数。

比例：改变预览结果显示比例，如图 2-9 所示。

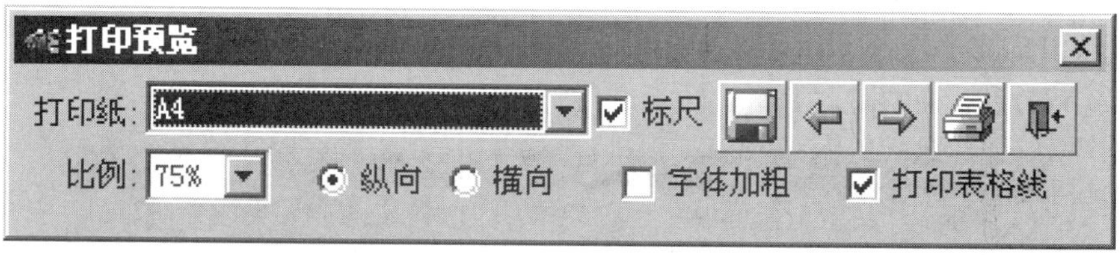

图 2-9 打印预览设置窗口

点击“比例”框 75% 内的箭头，选择比例值。比例值有：25%、50%、75%、100%。

3. 经济科目设置

系统在安装时将预置部分科目，可以在此基础上根据需要来设置有关的科目。支出经济分类科目设置请参照上述“支出功能分类科目设置”的说明内容。经济科目设置应注意以下两点：

① 支出经济分类科目类型有一般支出科目、基金类支出科目和其他类支出科目三种。

② 修改支出经济分类科目信息时，科目代码、科目类型信息不能修改。

4. 行政收费目录

行政收费目录用于设置政府部门的收费项目名称，在编制行政收费收入预算时需要录入设置的收费目录。

1) 编辑行政收费项目(新增、修改、删除)

新增操作在“行政收费项目”窗口进行；修改时，项目代码不能修改；删除需按级次删除，从最末级开始。

- 项目代码：按级次录入，从级次 1 开始至最末级。各级次代码宽度要符合编码方案。
- 项目名称：必输项。
- 说明：行政收费项目的重要说明信息。

2) 打印行政收费项目

打印参数设置和打印预览的方法请参照“支出经济分类科目(目级科目)设置”。

5. 预算单位

预算单位设置包括预算管理单位的设置和预算编制单位的设置。所有需要编制预算的单位均需要录入系统中。

1) 增加预算单位

需要编制预算的单位，其信息在“预算单位增加”窗口中录入。具体信息有：

- 单位代码：也是单位注册码，按级次录入，从级次 1 开始至最末级。各级次代码宽度要符合编码方案。
- 单位名称：必输项。
- 单位性质：有“行政单位”、“事业单位”、“其他单位”三个选项供选择，单位性质在应用时可与定额档次挂钩。
- 助记码：在预算系统直接生成指标账时需要将此处设置为前台业务系统中的单位代码。
- 单位类别：一般单位只有本系统内单位的管辖范围，下级财政适用于地市级财政管辖范围内的下级财政机构，经办机构是应用此系统的财政局或此财政局中的内部涉及预算编审的机构，经办机构允许设置具体管辖哪些单位，以确保对这些单位的数据具有操作权。单位类别在预算单位操作员管理中被调用。
- 电子邮箱：指单位接收/发送邮件的邮箱地址。
- 备注：与预算编制单位相关的其他重要信息。

2) 支出功能分类科目设置

用于分配此预算单位对应的支出功能科目，支出功能分类科目设置窗口如图 2-10 所示。

注意：

① 在编制部门支出预算时将要调用“部门支出功能分类科目”。

② 选择“支出功能分类科目”记录时，点击末级科目记录只能选中该行记录；若点

击非末级科目记录能选中该行记录及其所属所有科目记录。

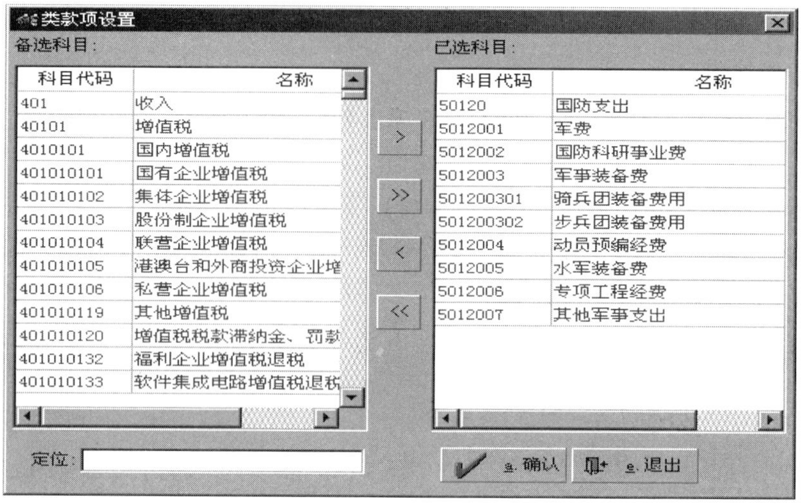

图 2-10 支出功能分类科目设置窗口

3) 收费项目

用于分配此预算单位对应有哪些收费项目，收费项目的设置可参照“支出功能分类科目设置”进行。

注意：在编制部门收入预算时，如果预算项目类型为行政收费类，则将要调用部门收费项目科目进行具体收费项目金额的录入。

6. 预算项目类型

此处用于维护系统预算项目类型信息。预算项目包括预算收入项目和预算支出项目。项目类型信息分项目属性信息和项目科目信息。项目属性信息有：类型代码、类型名称、类型属性、备注。

1) 新增预算项目类型

新增预算项目类型窗口如图 2-11 所示。

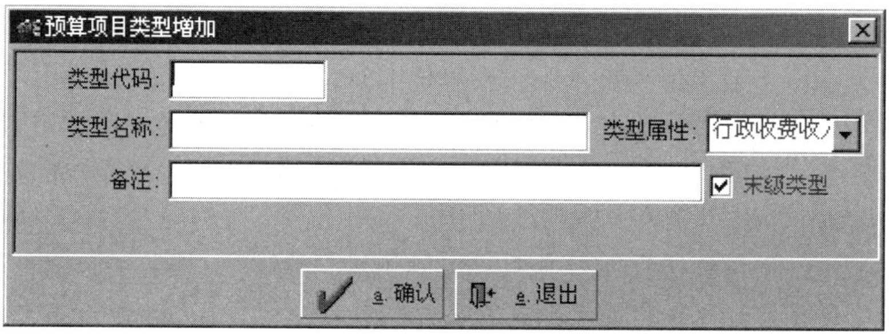

图 2-11 预算项目类型增加窗口

• 类型代码：按级次录入，从级次 1 开始至最末级。各级次代码宽度要符合编码方案。

• 类型名称：最多可录入 32 个字节，必输项。

• 类型属性：包括“行政收费收入”、“其他收入”、“基本支出”、“专项支出”

和“其他支出”五种。录入时必须选择其中一种类型。“行政收费收入”、“其他收入”预算属于收入预算，在此设置的预算项目类型将用于构建收入预算的录入模板。“基本支出”、“专项支出”、“其他支出”属于支出预算，在此设置的这些类型的预算项目类型将用于构成支出预算的录入界面，其中只有属性为专项支出的预算项目类型才能在支出预算录入时调用专项辅助功能。

2) 附加项

可针对列表中某预算项目类型制定相关的附加参考信息，如名称、数据类型和汇总设置。

3) 项目支出经济分类科目设置

编制支出预算时将调用这里设置的支出经济分类科目。项目支出经济分类科目设置方法同预算编制单位“支出功能分类科目”相同。

注：收入预算项目类型中“行政事业收费”类是用于用户登记“非税收入”明细的，其金额不属于收入预算，在收入预算金额中不计入的。系统报表中心提供单独的函数用于取数，如图2-12所示。

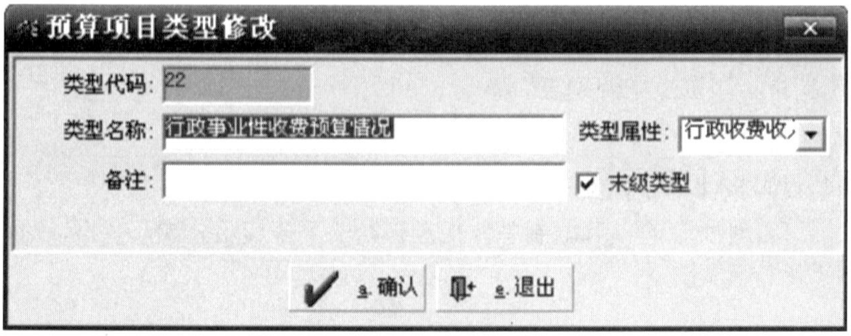

图2-12　预算项目类型修改窗口

7. 资金来源

资金来源用于设置支出项目的资金来源，其设置如图2-13所示。

图2-13　资金来源增加窗口

• 来源代码：按级次录入，从级次 1 开始至最末级。各级次代码宽度要符合编码方案。资金来源编码方案采用项目类别编码方案。

• 名称：指资金来源名称。最多可录入 32 个字节。必须录入。

• 对应收入预算项目类型：本系统支持以支定收，即根据支出预算的支出金额，自动生成相应预算收入项目的收入金额，方便录入。在这里就是用于设置对应关系，一个支出资金来源可以对应设置一个收入项目类型，则在收入预算编制时这个资金来源的支出金额就可以自动生成相应收入预算项目的收入金额。注意：一个支出资金来源最多只能对应设置一个收入项目类型。

• 可核项：资金来源中的可核项是用于在支出预算中录入的此资金来源的金额是正式的预算金额还是用于对比备查的金额。如果资金来源是可核项表示这是正式的金额，此资金来源的金额将在支出预算编制时当做有效数字计入预算金额。相应如果此资金来源是非可核则在预算编制时此数字将被当做备查数字，只显示但不会计入预算金额。

操作提示：

① 修改资金来源信息时，资金来源代码不得修改。

② 删除资金来源信息时，已被其他子模块引用的资金来源信息不能删除。

③ 系统支持打印资金来源列表。

8. 平衡校验设置

平衡校验设置指的是设置预算数据的平衡关系，用于检验预算编制单位的预算是否平衡。财政部门可以对所有的预算编制单位指定公共的平衡校验公式，也可以对特定的单位设置相应的平衡校验设置。

1) 新增平衡校验

新增平衡校验(预算平衡设置)窗口如图 2-14 所示。

图 2-14 预算平衡设置窗口

• 名称：指平衡校验名称，要求简单明了。

• 左表达式：指平衡校验公式中“运算符”左侧的数据取数公式。

• 右表达式：指平衡校验公式中“运算符”右侧的数据取数公式。

• 运算符：指平衡校验公式中的逻辑运算符，有<、≤、=、>、≥五种。

• 单位：指预算编制单位，单位可以用@表示，这样系统会自动根据平衡校验时选择的单位自动匹配。

• 备注：与平衡校验相关的重要信息。

2) 表达式

平衡校验表达式可利用如图 2-15 所示的公式编辑窗口输入与编辑。

• 函数大类：分两大类。一是预算函数；二是系统函数(详细介绍了系统函数体系)。

• 子类：指函数大类的子类，其中预算函数包括属性函数、定额函数、预算金额函数和数量函数四个子类函数。子类函数窗口(显示函数名称及函数描述信息)中显示选中子类中函数信息；若子类中填入“所有函数”则子类函数窗口中显示所有子类函数信息。

• 函数描述：动态显示子类函数窗口中选中函数的参数及参数录入顺序。

• 参数：不同的子类函数参数信息不同。参数数据行按“函数描述”顺序(从左到右)从上到下排列以提示用户按要求录入参数信息。

• 公式：显示平衡验证左右侧取数公式。

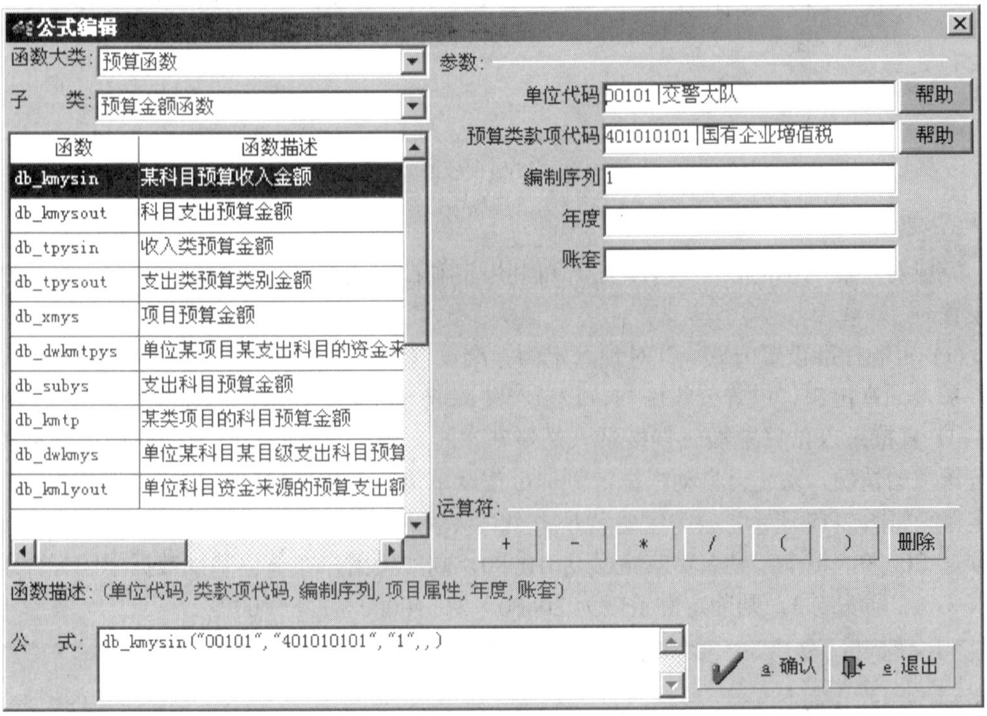

图 2-15　公式编辑窗口

在图 2-15 中设置公式步骤为：第一步，选择子类函数；第二步，依次设置参数行信息；第三步，先将光标移至公式中已设置好函数末尾，然后点击运算符按钮在光标处录入运算符号；第四步，执行第一步、第二步操作设置子类函数参数；第五步，根据需要重复第一步至第四步的操作直至公式设置完成。

9. 标准定额

标准定额在预算编制中非常重要，是财政规范预算单位预算填报，减少预算单位填报工作量，减少预算单位错报、乱报的有效工具。实际使用过程中，财政对定额的使用非常广泛，但其控制的明细程度是有区别的。有些的定额规定的非常细，根据这些定额项目可直接生成支出预算中的预算项目数据作为上报数，而且不允许用户修改；有的定额只是一种控制数，但这种控制数的具体数目是由政府的相关规定与单位某些基础数据共同决定的，这种控制数是规范填报单位填报预算数据的一种重要手段。例如某地规定某些预算单位每人的工资预算定额为 50000.00，但其具体的资金来源财政并不控制，只要工资预算填报数不超过定额 × 编制人数即可。本系统的定额功能方便灵活，针对不同的情况设置的定额标准可以直接作为填报数据也可以作为控制标准，用于规范用户填制。

1) 定额名称设置

定额名称用于设置各种定额项目的名称，是设置相应定额项目级别的前提，其设置窗口如图 2-16 所示。

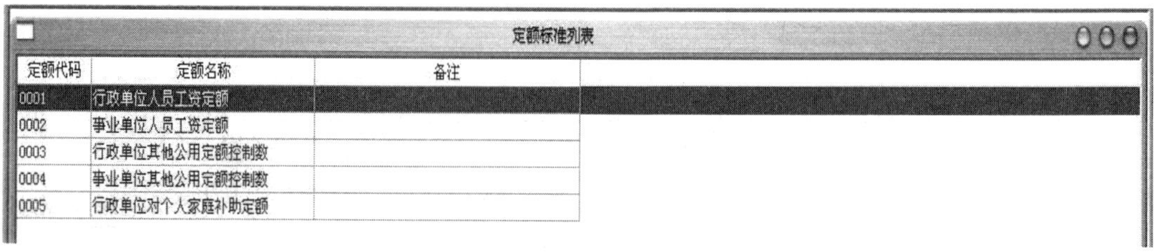
定额标准列表

定额代码	定额名称	备注
0001	行政单位人员工资定额	
0002	事业单位人员工资定额	
0003	行政单位其他公用定额控制数	
0004	事业单位其他公用定额控制数	
0005	行政单位对个人家庭补助定额	

图 2-16　定额名称设置窗口

2) 定额设置

完成对定额名称的设置之后，用户可利用定额设置菜单对具体的标准预算定额级别进行设置。

(1) 定额标准设置方式。针对预算定额标准设置的多样性，系统扩展提供了多种方式，直接录入预算定额、设置分段函数、设置模块间取数函数、设置定额标准间比例公式等。

① 直接录入预算定额。直接录入是最基本的定额设置方式，针对用户明确知道相应的定额值的情况，系统会自动根据定额标准值及单位基础数据的值进行计算得到相应的预算定额。如图 2-17 所示，办公经费就是一个直接录入的标准定额，每个行政编制的人员其定额是 20000，每个工勤人员其定额是 10000，则如果用户在单位基础数据中的行政编制录入 3，工勤编制 3，则此定额数就为 $20000 \times 3 + 10000 \times 3 = 90000$。

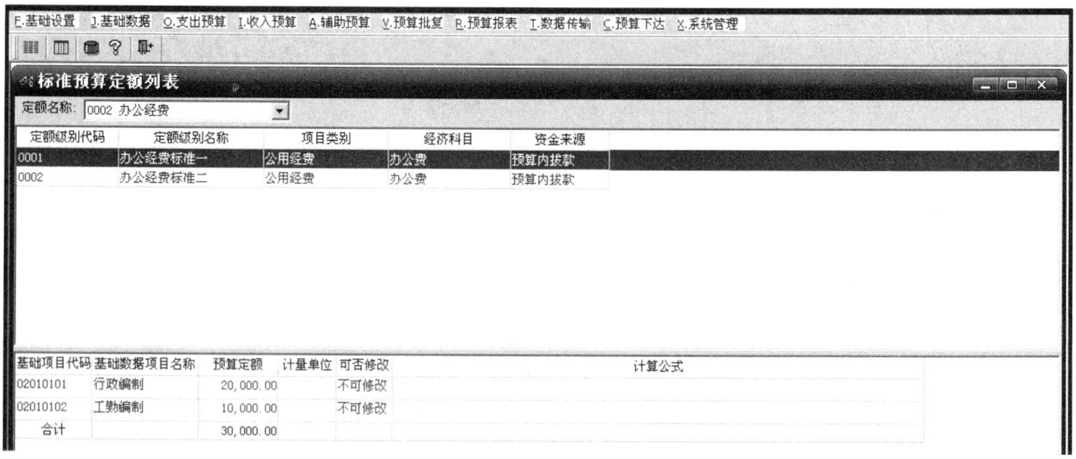

定额级别代码	定额级别名称	项目类别	经济科目	资金来源
0001	办公经费标准一	公用经费	办公费	预算内拨款
0002	办公经费标准二	公用经费	办公费	预算内拨款

基础项目代码	基础数据项目名称	预算定额	计量单位	可否修改	计算公式
02010101	行政编制	20,000.00		不可修改	
02010102	工勤编制	10,000.00		不可修改	
合计		30,000.00			

图 2-17　定额标准设置窗口

② 设置分段函数。这种定额设置方法针对定额值是明确的，但定额的标准会随着某项基础数据的变化而有所区别的情况。比如，单位行政编制人数小于等于 5 人时，每个行政人员的岗位津贴定额标准为 1000，人数大于 5 人时每个行政人员的岗位津贴标准则为 1200。

具体设置如图 2-18 所示，注意公式类型选择中请务必设置为标准类型。

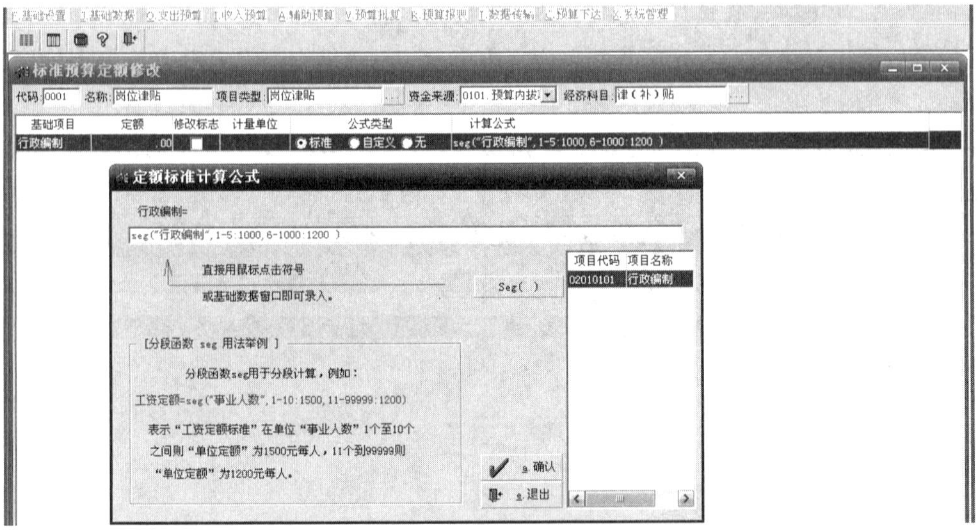

图 2-18　分段函数设置窗口

③ 设置模块间取数函数。这种定额设置方式主要用于单位的定额没有明确的数值，定额标准是根据其他模块的发生情况而确定的。如本年预算单位的人员工资预算是根据上一年的相应人员工资发放情况来确定的，新中大预算编制系统根据上述情况，提供了相应的模块间取数函数(10.0 版本中提供了获取统发工资、预算指标、预算编制等模块的函数)，如图 2-19 所示。

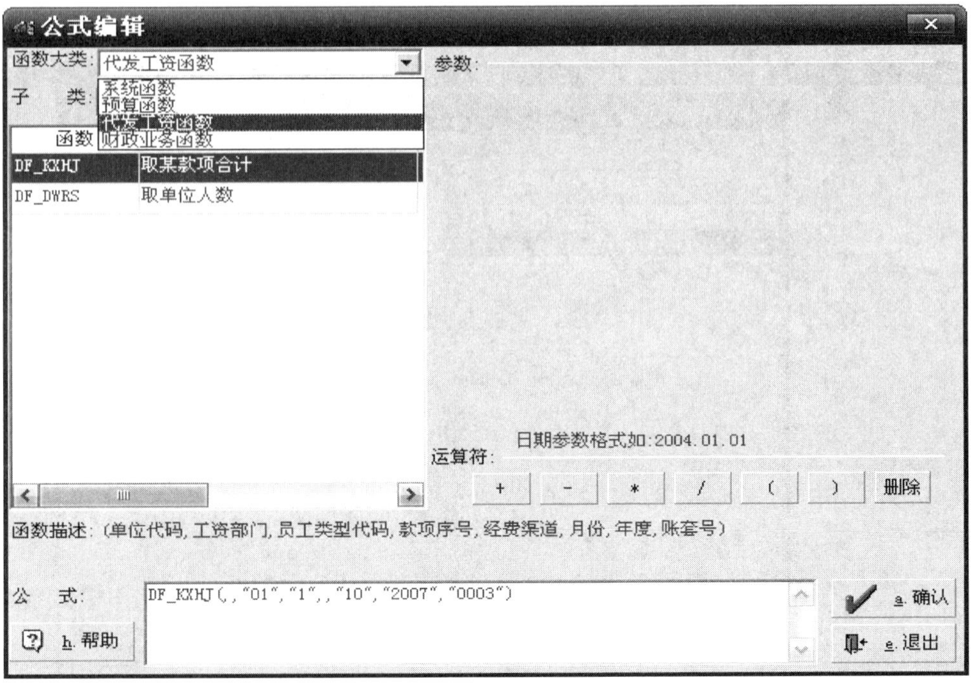

图 2-19　模块间取数函数设置窗口

举例说明功能用法，需取某单位统发工资模块 10 月份的基本工资 × 12 作为本单位下年度预算数，如果取数函数是统发工资或者财政指标时首先需要进行基础数据对应关系的设置，最好把上年度的统发工资恢复到本年度账套中，否则无法设置对应关系，如图 2-20 所示。

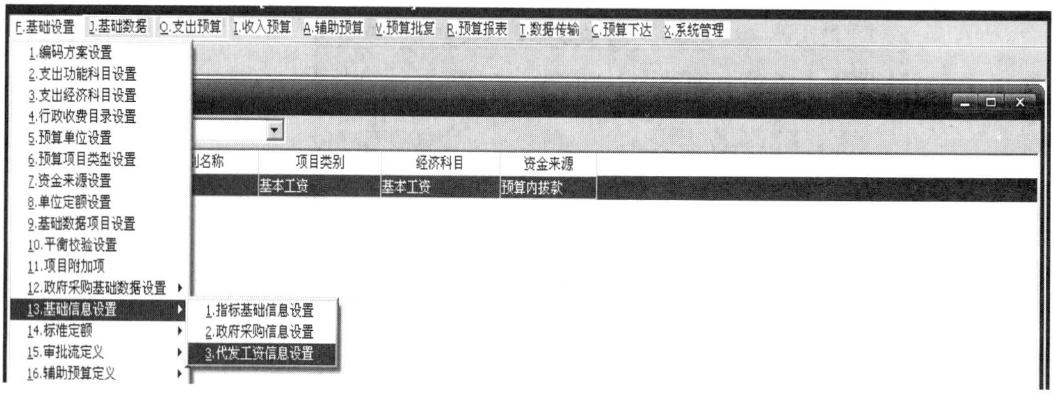

图 2-20　基础数据设置窗口

具体设置如图 2-21 所示，注意公式类型选择中请务必设置为自定义类型。针对模块函数类型的定额项，其基础数据项一般设为一个固定值，基础数据项就是一个与其他单位基础数据不同的“工资取数固定值”，当然具体名称情况用户可以根据需要自行决定。

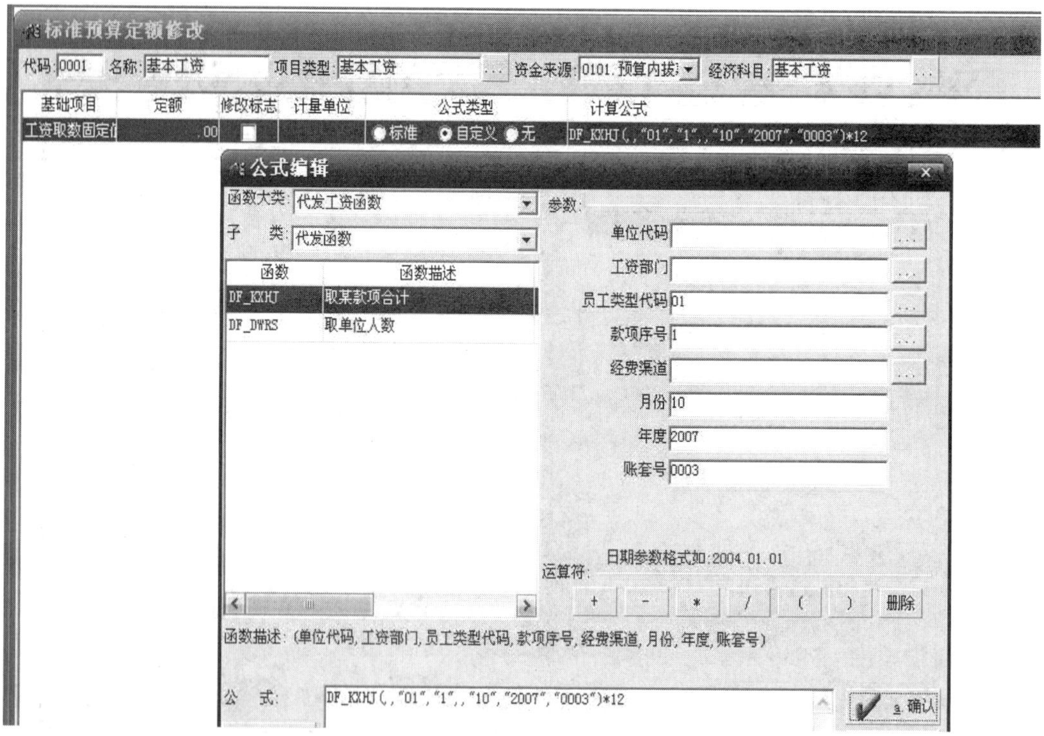

图 2-21　定额修改窗口

针对这种公式模块取数定额，必须只能设置一行。并且公式计算只能在财政版中奏效，申报版定额刷新时是不会重新计算的，所以一般而言的用法是财政部门把这些预算数据处理好后，随同预算基础数据一起下发给相关单位，相关单位导入基础数据再导入财政部门下发的预算数据，再进行其他预算项目的编制，如图 2-22 所示。

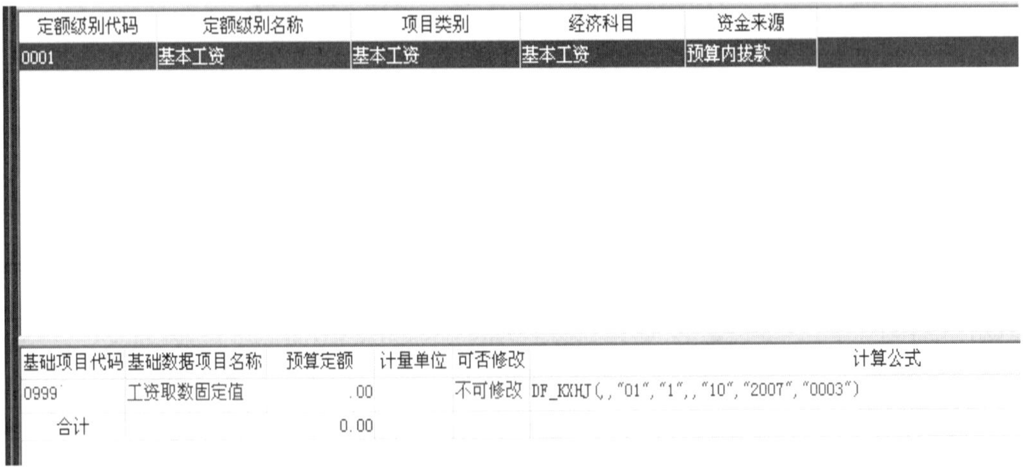

定额级别代码	定额级别名称	项目类别	经济科目	资金来源
0001	基本工资	基本工资	基本工资	预算内拨款

基础项目代码	基础数据项目名称	预算定额	计量单位	可否修改	计算公式
0999	工资取数固定值	.00		不可修改	DF_KXHJ(,,"01","1",,"10","2007","0003")
合计		0.00			

图 2-22　定额取数设置窗口

④ 设置定额标准间比例公式。这种主要用于某定额项是基于其他定额项的相和、相差或成比例的等。如图 2-23 所示，计划生育奖的定额标准是 0.5 的岗位津贴+0.3 的工作考核奖。

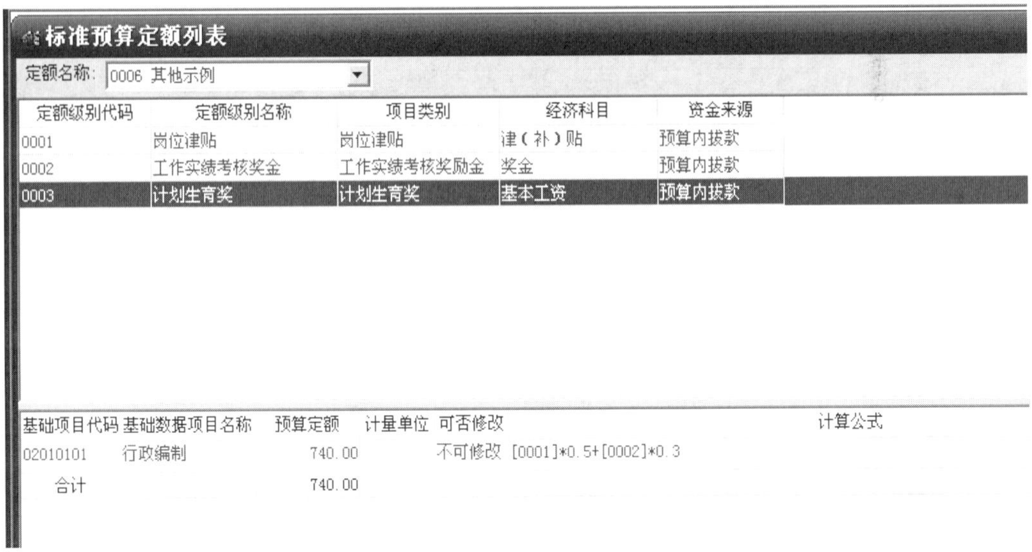

标准预算定额列表

定额名称：0006 其他示例

定额级别代码	定额级别名称	项目类别	经济科目	资金来源
0001	岗位津贴	岗位津贴	津（补）贴	预算内拨款
0002	工作实绩考核奖金	工作实绩考核奖励金	奖金	预算内拨款
0003	计划生育奖	计划生育奖	基本工资	预算内拨款

基础项目代码	基础数据项目名称	预算定额	计量单位	可否修改	计算公式
02010101	行政编制	740.00		不可修改	[0001]*0.5+[0002]*0.3
合计		740.00			

图 2-23　定额列表窗口

(2) 定额控制数与明细定额项目。

① 定额控制数。定额控制数不明确到具体的预算项目，其根据相应的定额标准和基础数据计算得到的值是作为具体项目录入时的控制与参考数据。如图 2-24 所示即为定额控

制数，其意义就是预算外津贴及节支奖的具体预算项目和预算值各单位自行编制，但其财政预算外拨款的最高控制额是每个行政编制人员 20000.00 元，相关单位在编制时不能超过此值，超过就受系统控制。

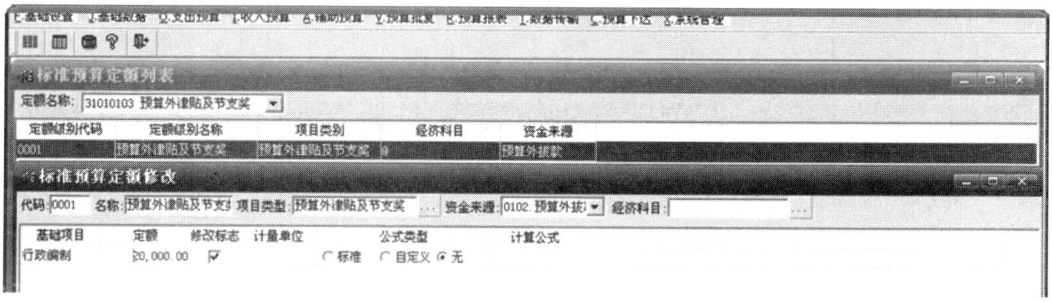

图 2-24　定额列表窗口

② 明细定额项目。就是已经明确到具体预算项目，可以直接由系统自动在预算编制过程中直接体现。

10. 审批流设置

(1) 审批岗位：设置用于设置项目库管理中需要涉及的审批岗位。

(2) 审批人员：用于设置审批岗位对应的相应操作人员。

(3) 审批流程设置：用于设置项目库管理中项目审批需要用到的审批流程(必须在预算编制中启用项目库)。在流程设置中系统提供了强大的智能审批自动判定功能，用户在设置审批流程中可以指定触发该审批流的条件，软件在实际应用如录入项目时就会自动根据录入的条件进行判定，只显示符合条件的审批流程，如果符合条件的审批流程只有一个系统就会自动选择这个审批流程而不再需要人为控制，如图 2-25 所示。

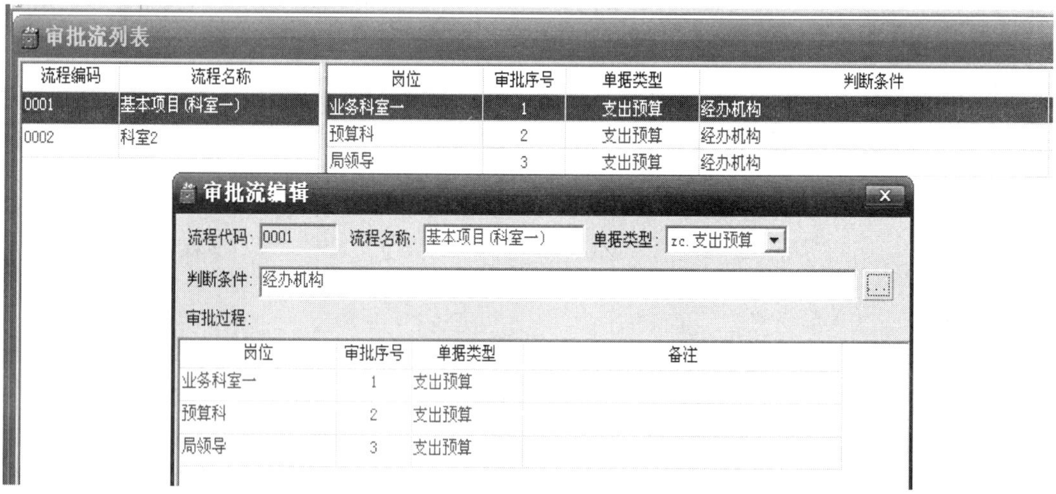

图 2-25　定额审批流窗口

(4) 判定条件：针对项目库管理，系统可以根据预算单位、经办机构、是否政府采购、是否专家评审、是否基建项目、功能科目、预算金额大小、项目属性(本级、下级财政)进行组合判定，用户可以用或者只用一部分条件进行组合设置。

如图 2-26 和图 2-27 所示就是根据经办机构来判定采用什么审批流程，说明项目经办机构为业务科室一，就采用此审批流程。

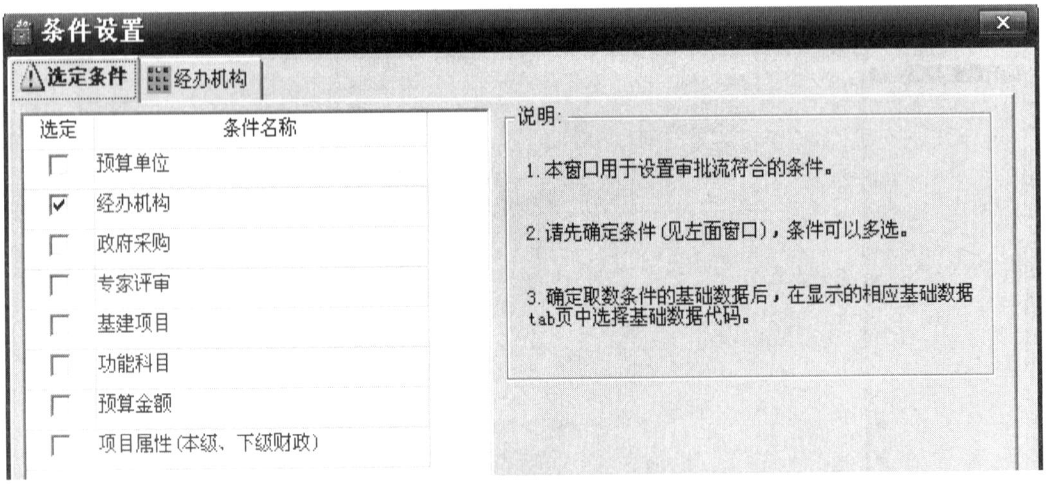

图 2-26　条件设置窗口

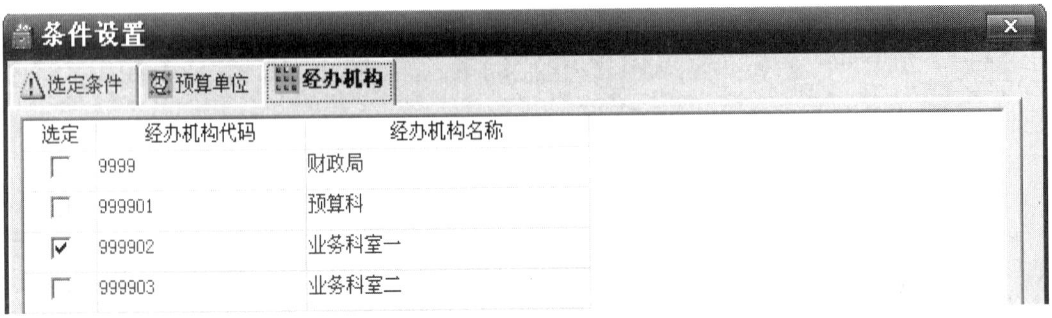

图 2-27　条件设置窗口

(5) 数据审批定义：前面定义的审批流程用于可以在每个项目申报的时候进行指定，也就是说利用哪个审批流程是关联到每个项目的。但是在预算编制过程中某些基础支出项目其采用的是一个数据审批流程，如人员支出、公用支出，这些项目如果一个个去设审批流程太过麻烦，所以软件提供了数据审批定义，用户在这里可以针对单位进行审批流程的设置，也就是说这里设置的审批流程对这个单位的所有数据有效，但其优先级低于项目中明确的审批流程，也就是在项目申报中已经明确采用哪个审批流程，数据审批定义中设置的针对单位的审批流程无效。如果预算编制中没有针对项目设置审批流程，也没有数据审批定义中设置单位对应的审批流程，则系统采用普通审批。

二、基础数据

基础数据包括基础数据的录入和控制，通过基础数据的录入，预算定额的生成，系统就可在后续的支出预算中自动对应预算项目并生成相应数据。

1. 基础数据录入

单位基础数据用于一次上报数据和二次上报数据申报，基础数据项目编辑窗口如图 2-28 所示。

图 2-28 基础数据项目编辑窗口

1) 编制顺序

编制数据包括“一次上报数据”、“二次上报数据”和“批复数据”三种。

(1) 一次上报数据：指由下级预算编制单位第一次上报的预算数据。

(2) 二次上报数据：指由下级预算编制单位根据财政下达的控制数第二次上报的预算数据。

(3) 批复数据：指经下级预算单位上报，由上级单位修改、审批、控制后，最终确定的预算数据。

2) 刷新

刷新操作可实时更新基础项数据，但重新刷新后将覆盖已录入的数据，操作时请慎重。

3) 控制数查询

点击此按钮进入基础项目数据控制表窗口，可针对不同的编制顺序查询预算单位控制数。若无数据，可参考“基础数据控制”章节的说明进行相关操作。

4) 定额查询

在查看某预算单位下的具体项目定额信息时，内容包括“项目类型”、“支出经济分类科目”、“资金来源”、“预算定额”和“可否修改”信息。当“可否修改”列显示为“可修改”时，可以在“基础项目数据控制表”中对该预算定额进行修改，通常系统以蓝色字体显示。

在基础数据录入时，如该预算单位存在基础支出来自多种预算资金的情况，可先选择相应的预算科目，如只有基本支出且来自一个科目就只需将该科目录入基础数据即可，如有多个需求，则针对每个数据录入相应的基础数据。申报版将保存每次过程数据。

提示：在某单位基础数据没有填制完成之前，不要进入此单位的支出预算录入界面。如果先进入支出预算界面再进行基础数据填制，将会出现定额数据不能产生的情况。

2. 基础数据审核数

主要由财政局相关人员针对单位上报上来的一次上报数据进行审批。基础数据审批数由单位一次上报数据复制生成，财政局相关人员可在此审核界面上按照实际情况进行审批核定，财政审核数与单位一次上报数会分别保存。

通过点击基础数据审核数界面中的生成审核数按钮，系统复制一次上报数据生成审核数编辑界面。用户可进行任意改动，修改后保存，如图 2-29 所示。

图 2-29　基础数据审核窗口

提示：系统会根据用户改动后的审核数据重新生成相应标准的定额数。此处新生成的定额数会自动更新支出预算审核数，新确定的定额控制数也会在支出预算审核数中体现。

3. 基础数据控制

首次进入基础项目数据控制表窗口时，可以通过点击生成预算控制数功能按钮，由基础数据审核数生成预算控制数。此时，预算科目栏呈空白状，表示列示的预算控制数为当前预算单位的所有明细预算数据。若需要查看科目明细控制数时可在预算科目栏中进行选择。这里生成的基础数据控制数可以通过控制数据导出/导入到单位申报版中作为二次上报的控制数。

当已生成预算控制数时，再点击生成预算控制数功能按钮，系统将重新生成控制数据并覆盖原有数据，故在操作时请慎重。这里生成预算控制数功能仅针对末级预算单位进行。

三、预算单位与资金来源

1. 支出预算

说明：预算编制系统申报版不提供“备选项目库”、“支出总额录入”、“单位支出控制”和“控制数据审核”功能。

1) 支出预算项目录入

支出预算项目用于维护单位支出预算一次上报和二次上报数据。

支出预算模板由系统根据基础设置中确定的预算项目类型数据(包括基本支出、专项支出)、资金来源等自动检索生成。

(1) 定额生成：支出预算项目有一部分由定额自动生成，此部分数据在用户第一次进入支出预算界面时由系统根据定额标准和单位基础数据计算结果直接体现。这部分数据不允许用户修改，也不允许用户删除。如果定额标准或者单位基础数据有变化，系统会自动重新计算。

(2) 基本支出：预算项目类型为基本支出，选中此预算项目类型，通过增加功能增加预算项目，选择相应的预算科目并输入金额。

(3) 一般专项支出：预算项目类型为专项支出，此类型项目又分成两种，一种为非政府采购，另一种为政府采购。非政府采购的增加项目方式与基本支出相同，但需要在专项辅助中录入一些专项支出的特殊信息。专项支出则通过点击专项辅助按钮进行设置(见图 2-30)。在窗口上半部分通过点击增加、删除按钮增加科目明细，编辑项目内容，定义资金来源和测算依据及说明。在窗口下半部分，系统汇集、计算所有明细项目的资金来源金额合计数。

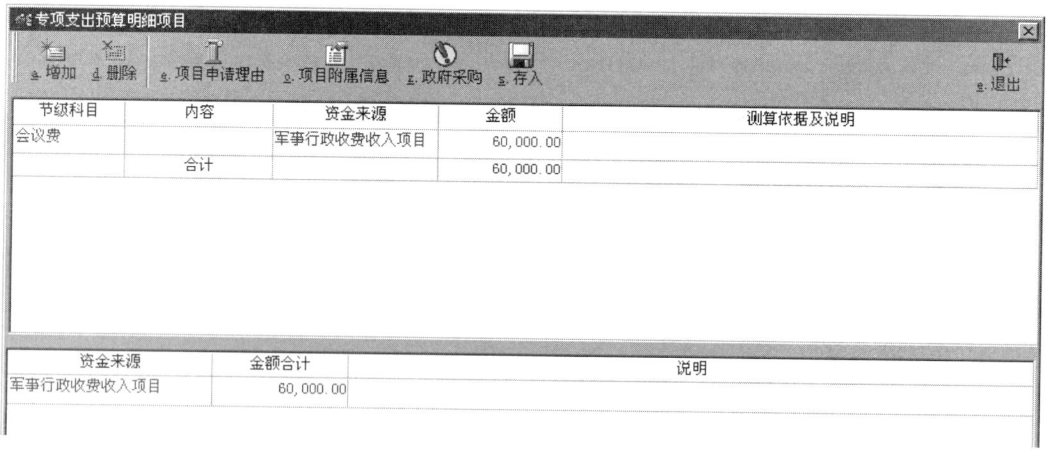

图 2-30　专项支出预算明细项目窗口

(4) 政府采购支出增加项目时，政府采购类型要选择“是”，系统会根据选项自动弹出或者由用户点击政府采购按钮，弹出政府采购辅助预算录入界面，用户在此处录入具体的采购信息(如采购目录、商品名称、金额)，如图 2-31 所示。

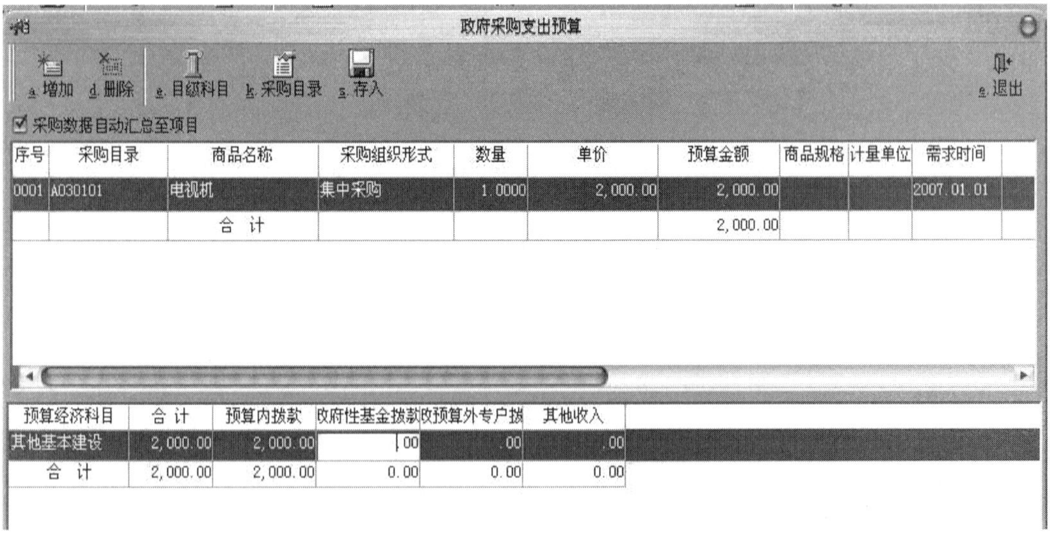

图 2-31　政府采购支出预算窗口

(5) 下级补助：用于下达针对下级财政的预算，在项目属性中选择“补助下级”则会出现“补助下级”的辅助录入界面，如图 2-32 所示。

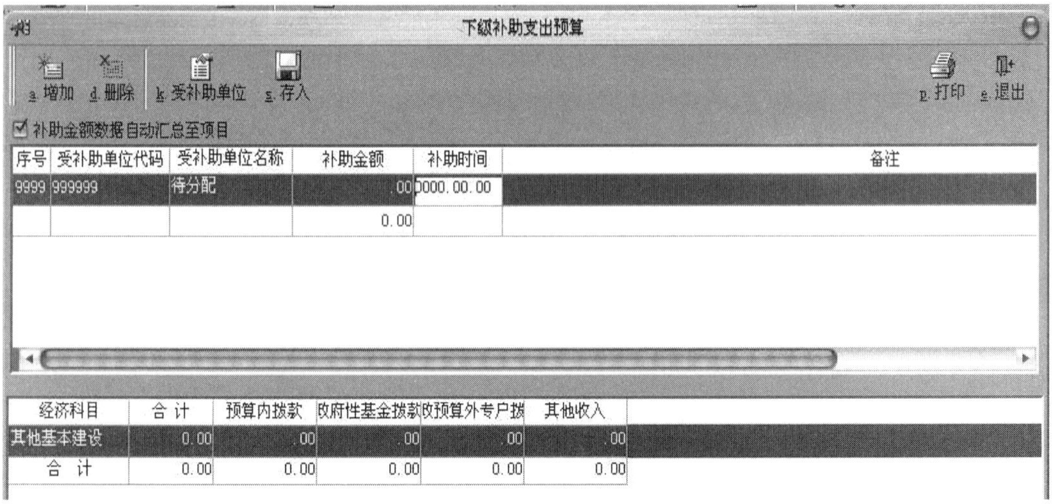

图 2-32　下级补助支出预算窗口

2) 支出预算审核数

支出预算审核数由单位一次上报或者二次上报数据复制生成，财政局相关人员可在此审核界面上按照实际情况进行审批核定，财政审核数与单位一次上报或者二次上报数据会分别保存。通过界面中的生成审核数按钮系统通过复制一次上报或者二次上报数据生成审核数编辑界面。用户可进行任意改动，修改后保存，如图 2-33 所示。

图 2-33 支出预算审核编辑窗口

3) 舍位平衡

舍位平衡算法是在软件处理报表过程中，因不同换算单位而产生尾差的一种特殊处理方法，这种算法已在报表中心模块中大量应用。下面举例说明该算法。

在表 2-1 中有一组数据，用普通处理方法就是原值除以 10000 然后四舍五入保留两位小数。这样就出现错误，资产类是下面 101 + 102 + 103 + 104 + 105 + 106 的和，本来是平衡的，普通算法处理后，四舍五入变成 139.87，而下面各个值累加是 139.88，这样就不能平衡了，这报表数据其实是错的。

表 2-1 舍位平衡算法

科 目	资产部类	舍位平衡算法/万元	普通算法/万元	原值/元
	合 计	139.87	139.87	1, 398, 652.00
101	现 金	25.55	25.56	255,555.00
102	银行存款	11.69	11.69	116,890.00
103	有价证券	33.57	33.57	335,666.00
104	暂付款	2.81	2.81	28,099.00
105	库存材料	0.78	0.78	7,777.00
106	固定资产	65.47	65.47	654,665.00
		平	不平	平

而舍位平衡算法是一种由最上层逐级向上平衡处理的算法，首先保留所有进位或者舍位的数，然后再从最上层在这张表中是资产部类合计(资产类＋支出类)四舍五入(1,524，351.00)为 152.44，而这时资产类为 139.87，支出类为 12.57 相加与相平则算法不做处理。而资产类是 101＋102＋103＋104＋105＋106 相和，而这是不做算法处理和为 139.88 与实际应为 139.87 不平，也就是说 139.87 的尾数少了 1，说明下面明细四舍五入时多入了 1，多入时根据原先保留的尾数去判断去掉 1，系统会先找由 5 进位来的，如果没有 5 则去找由 6 进位来的，依次类推。这张表有一个值是由 5 进位来的 255,555.00，所以这个值变成万元的值不应是 25.56，而应是 25.55，这样报表就相应平衡了。反之如果和比实际少，则先找尾数是因为 4 支掉的，使之不舍位。

舍位平衡算法早在报表中心 SE8100 中就开始应用，其在处理单张报表的换算时可以有效地处理尾差，保证整张报表的平衡。但对于多张报表，如收支总表与收入支出明细表的平衡(收支总表的收入总数或者支出总数在换算后要与收入明细表中的收入总数或者支出明细表中的支出总数相等)就力不从心。针对此种情况，本版从全新角度进行了设计，把舍位平衡的算法应用在源头，即把预算数据直接利用舍位平衡的算法进行万元或者百万元换算，再利用换算好的数值直接出具万元或者百万元的报表，这样最大程度保证了数据的正确性，实现了各种报表间的平衡，可以大大减少财政编制报表的工作量，提高准确性。

软件在各自编制序列都可以保存舍位平衡转换成相应单位的数据，如图 2-34、图 2-35 所示，把一次上报审核数进行舍位。

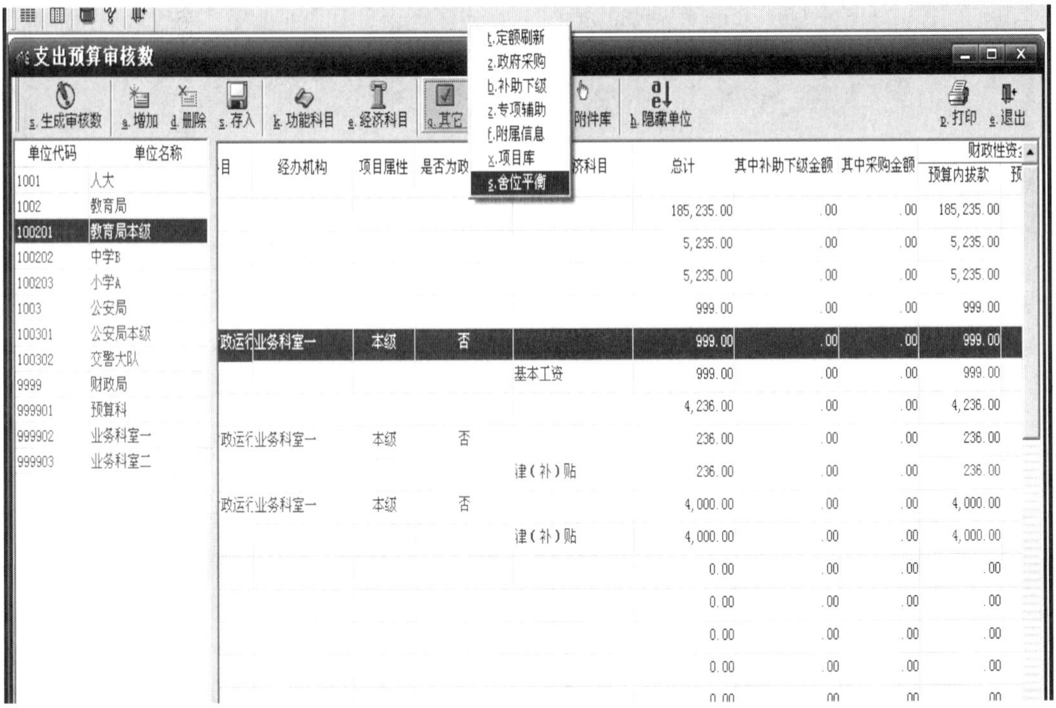

图 2-34　支出预算审核数编辑窗口

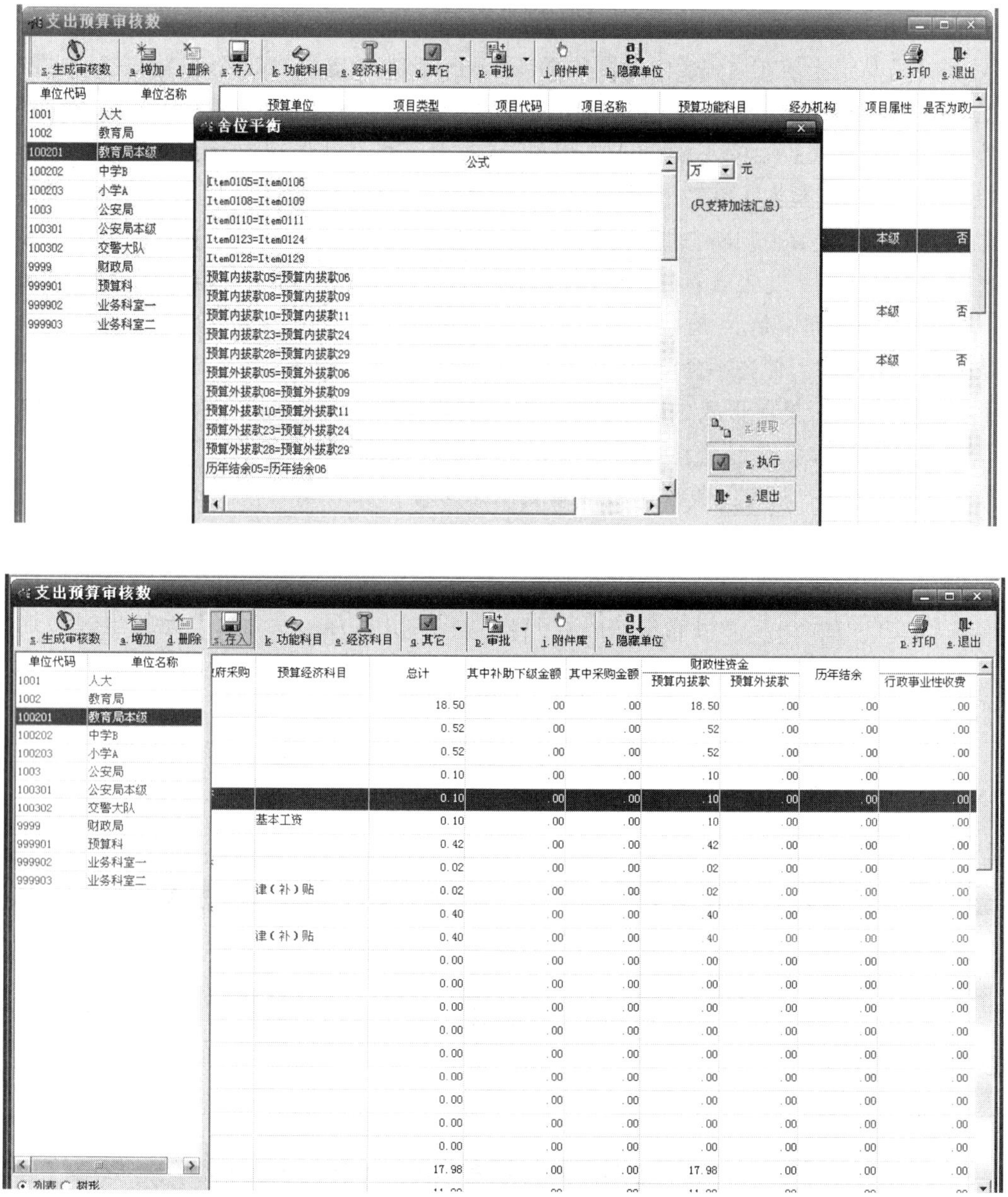

图 2-35 支出预算审核数编辑窗口

报表取数：舍位平衡完成的数据可以通过报表取数函数取数，取什么数通过编制序列进行控制，如图 2-36 所示。

1：一次上报申报数，按万元舍位 10001，按千舍位 1001，按十万舍位 100001；

9：一次上报审核数，按万元舍位 10009，按千舍位 1009，按十万舍位 100009；

2：二次上报申报数，按万元舍位 10002，按千舍位 1002，按十万舍位 100002；

10：二次上报审核数，按万元舍位 100010，按千舍位 10010，按十万舍位 1000010；

0：批复数，按万元舍位 10000，按千舍位 1000，按十万舍位 100000；

-1：控制数，控制数不提供舍位功能。

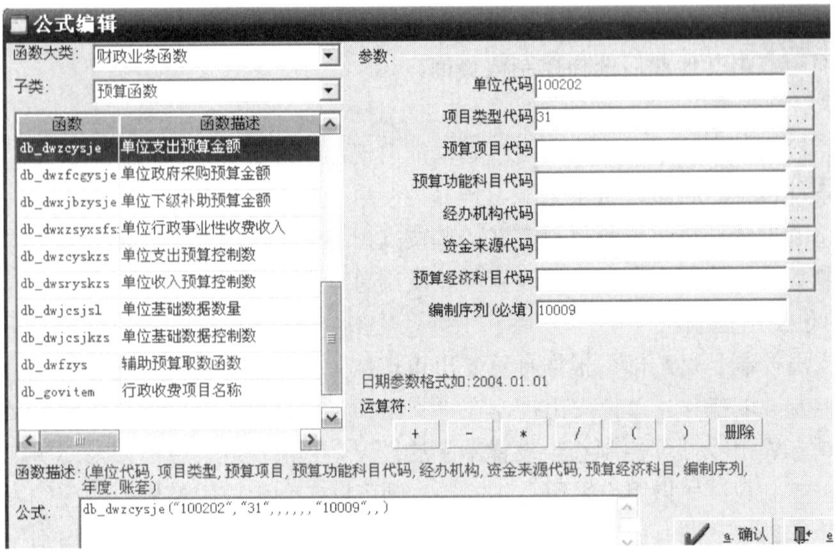

图 2-36　公式编辑窗口

4) 支出预算控制数

在支出预算编制界面，控制数主要细分为两种：一种是由前面设置的定额标准与单位基础数据确定的定额控制数；还有一种是财政在一次下达时下达的预算控制数。

定额控制数：根据设置的定额标准与单位基础数据确定，标准随基础数据一起下达，可以用于控制单位一次上报申报或者二次上报申报，如果单位填报的数据超过定额控制数系统会提示并禁止存入。用户可以在支出预算录入界面选中并点击右键查询到具体的定额控制数。

如图 2-37 示例中我们针对其他公用支出设置了定额控制数，则必须选中其他公用支出并在总计处点击右键就会出现具体的控制金额。

图 2-37　支出预算编辑窗口

预算控制数：由财政在一次下达时确定，只能用于控制单位二次上报申报。可通过支出预算界面中点击其他然后选择控制数查询。

(1) 支出总额录入。

支出总额录入适用于财政部门对各科室的总支出预算数额进行控制。

控制条件包括：科室、资金来源、预算控制总金额和备注信息。

支出总额设置结果将影响该科室在“单位支出控制”中“总额控制”数据，在编制单位支出控制数时，不得大于该处所设置的“支出总额”。

(2) 单位支出控制。

单位支出控制是财政部门根据预算支出审核数生成模板，再对其进行编制，从而形成单位支出控制数的操作。单位支出控制在“支出预算”窗口进行，该窗口的显示格式和对数据的控制方式由“预算控制选项设置”中的设置结果所决定。用户如采用明细控制则控制数等同于控制数；如果用户采用总额控制，则可以在刚生成的模板上相应位置直接录入控制额，并且删除不需要控制底层明细数据。系统会根据录入的数据自动识别生成相应的控制数，并就控制之间的金额逻辑进行校验。

① 总额控制。总额控制由财政审核数生成，主要针对财政部门对单位下达控制不是特别明细，但因为不同的财政预算控制数在总额上的明细要求不同，比如有些要求明细到目级，有些要求明细到项目类型就可以，甚至于还存在针对不同单位、不同项目类型的控制明细要求也有可能各不相同。选中某一级某一下达控制数直接修改，再按住鼠标右键选择“下达控制”，此时数字就会变成红字，说明针对此处的控制数已下达完毕，如图 2-38 所示。

图 2-38　支出预算编辑窗口

同理，可以根据自己的需要在任意位置下达控制数，但在存盘时系统会先横向进行校验，即所有资金来源相加不能大于总额；然后再纵向级次进行校验，即所有目级控制数相加不能大于其上级预算科目，所有预算科目相加不能大于其中级预算项目，所有预算项目相加不能大于上级别预算项目类型，所有预算项目类型相加不能大于针对总单位的控制数。如图 2-39 所示，离退休支出的控制数 20000.00 大于其上级对个人及家庭补助支出的控制数 10000.00，故在存盘时系统自动校验不允许存盘。

图 2-39　支出预算编辑窗口

② 明细控制。

明细控制的控制数提取自审核数，主要针对财政部门对单位的控制数下达非常明细，明细程度与填制预算数据一样。直接在预算支出窗口的各支出明细中修改。

说明：

a. 已下达控制的数据以红色字体显示；

b.“支出总额录入”中设置的总额数针对预算科室的预算控制数，现系统只支持科室及资金来源两个条件，在录入控制数时不要先选其他条件，以免报错。

(3) 控制数据审核。

控制数据审核即对已下达控制的支出控制数进行审核操作。经审核后的支出预算数据方可进行数据导出操作。

支出控制数据审核窗口数据均取自“单位支出控制”中的设置，审核权限由系统管理员赋予。

5) 数据平衡校验

数据平衡校验是对编制好收支预算数据进行平衡校验的审核操作，该功能在数据导出时由系统将自动进行平衡校验，只有审核通过的预算数据方可进行数据导出操作。

该子菜单是为了方便您在编制预算数据时，数据导出操作之前，根据在前述“平衡校验设置”中的设置结果对当前编制结果进行校验，尽可能在最早发现问题，以确保最终导出数据的正确性。

数据平衡校验经审核通过后，其结果显示如下：平衡审核名称、左结果、运算符、右结果，审核结果。

说明：平衡校验公式可以随盘下发到预算单位，控制单位申报。

2. 收入预算

说明：预算编制系统申报版不提供“收入模板”、“收入总额控制”、“单位收入控制”和“控制数据审核”功能。

1) 收入模板

收入模板为财政版专有功能，收入预算模板的设置，使预算编制单位在收入预算录入时能更方便、快捷地进行相应操作。

如收入预算模板所示，收入预算项目按照收入类型进行列示，下级预算单位在指定的列表栏内录入相应的预算明细数据。设置模板包括下列内容：项目类型代码、项目类型名称、末级标志和录入方式。

(1) 末级标志：只有末级项目类型才允许进行直接录入或者在该类项目下增加明细收入项目，非末级项目类型由系统进行自动汇总下级进行计算。

(2) 录入方式：“自动计算”由系统汇总下级进行计算；“直接录入”不用增加明细，预算单位直接在该行录入预算数据；“增加明细”预算单位在该行下增加收入项目，该行不允许直接录入。

点击“收入项”按钮，可进入收入来源项设置窗口进行模板设置。设置内容包括代码、名称、存储列和可核项。以上内容的设置结果将会在“收入预算模板”中显示。其中，“可核项”的设置将对收入预算录入和汇总产生影响。

2) 收入预算项目

收入预算项目就是通过收入模板进入收入预算数据的录入操作。点击“收入预算项目”子菜单，进入收入预算录入窗口，如图 2-40 所示。

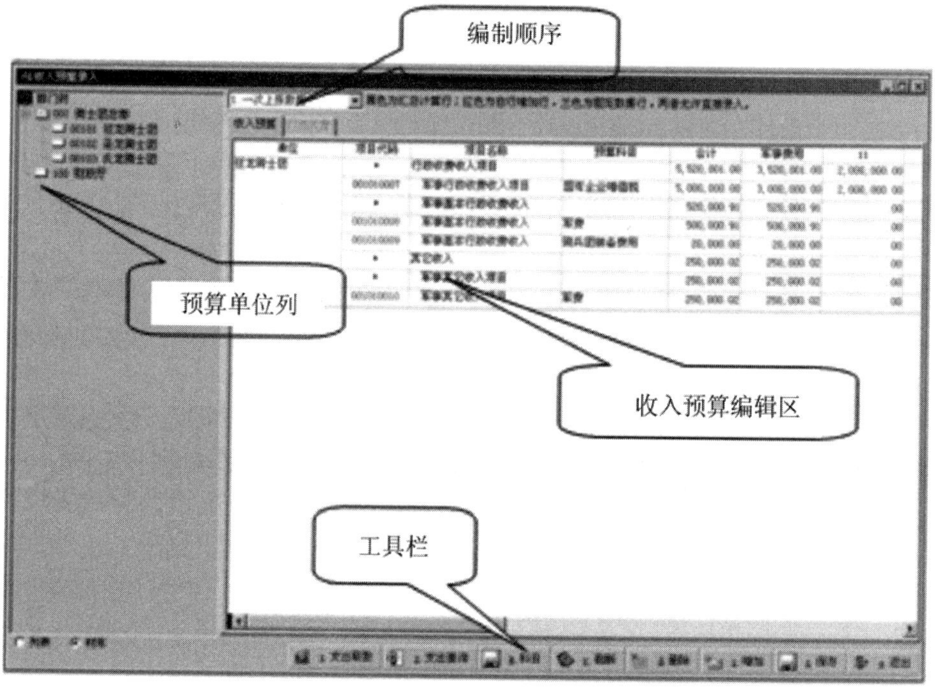

图 2-40 收入预算录入窗口

如图 2-40 所示，收入预算窗口分为“预算单位列”、“编制顺序”、“收入预算编辑区”和“工具栏”四个部分，下面分别加以介绍。

(1) 预算单位列。系统提供“列表”和“树形”两种预算单位显示方式。点击某条预算单位信息，此时，在收入预算编辑区将显示当前预算单位的收入预算明细信息。

(2) 编制顺序。系统提供“一次上报数据”和“批复数据”两种数据显示方式，用户可根据数据所处的状态进行选择。

(3) 收入预算编辑区。收入预算编辑区包括“收入预算”和“行政费用”两个 Tab 页，其中“行政费用”Tab 页在有行政收费项目收入时才有这个项目。

编辑区用于对收入预算数据进行设置。其中，黑色为汇总计算行，红色为自行增加行，蓝色为固定数据行，红、蓝两色则允许直接录入。

(4) 工具栏。

① 支出取数：根据资金来源加预算项目从支出预算里直接取出数据，作为方便性流程，可在设置时直接取出需要的数据作为收入预算数据。

注意：

a. 需在资金来源设置的界面，设置资金来源与收入项目的对应关系，且只能一一对应设置；

b. 一定要在收入模板设置时把收入预算项目类型设置为可增加明细，取过的数据支出资金来源对应收入项目类型、支出预算科目等于收入预算科目。

② 支出查询：用户在设置收入预算数据时可通过支出查询的数据结果进行参考。

③ 科目：帮助用户在“收入预算区”中对“预算科目”进行设置，点击需设置预算科目的单元栏，再点击“科目”按钮，通过“预算科目选择”窗口进行设置。

④ 刷新：该操作将更新收入预算数据，新导入的数据将覆盖旧的数据，可能会导致部分数据丢失，应慎重操作。

⑤ 删除：点击此按钮，即可对收入预算数据进行删除操作。其中，“汇总数据行”不得删除。

⑥ 增加：增加收入预算明细行只针对“末级项目”进行。增加的收入预算明细行以红色字体显示，可在“收入预算编辑区”进行“项目名称”、“预算科目”和“数据项”设置。

3) 收入预算审核数

主要由财政部门相关人员针对单位上报的一次上报数据进行审批。收入预算审核数由单位一次上报收入数据复制生成，财政部门相关人员可在此审核界面上按照实际情况进行审批核定，财政审核数与单位一次上报数据会分别保存。

通过界面中的生成审核数按钮系统通过复制一次上报数据生成审核数编辑界面。用户可进行任意改动，修改后保存，如图 2-41 所示。

图 2-41 收入预算编辑窗口

4) 收入总额控制

收入总额控制用于对收入预算总额进行维护操作。

财政部门拆分给各业务科室的预算总额和各业务科室下达给部门的预算控制限额信息均在本菜单项中维护。

(1) 科室：指预算业务管理部门，必输项。

(2) 项目类型：进行收入总额控制的具体项目类型。

(3) 预算控制总额：可通过“预算查询”按钮查看预算业务管理部门所拥有的预算总额，并据此设置下级业务科室的预算金额。

5) 单位收入控制

单位收入控制是财政部门根据一次上报预算数据和审核数对单位收入预算数据进行编制，从而形成单位收入控制数的操作。

(1) 收入预算：用于编制单位收入控制数据，具体操作参见“收入预算项目”和“单位支出控制”。

(2) 行政收费：若单位收入控制数据中包含行政收费项目，则该 Tab 页呈有效状态。

① 生成控制预算数：点击该按钮可由系统自动根据审核数生成预算控制数，若控制数据已存在，点击该按钮则将覆盖原来的控制数据，请慎重操作。

② 支出查询：在编制预算控制数时，可通过该按钮对支出预算信息进行参考。

6) 控制数据审核

控制数据审核即对已编制好的收入控制数据进行审核操作。经审核后的收入预算数据方可进行控制数据导出操作。收入控制数据审核窗口数据均取自“单位收入控制”中的设置，审核权限由系统管理员赋予。

3. 辅助预算

1) 辅助预算录入

财务预算称为总预算，其他预算则相应称为辅助预算或分预算。辅助预算分析可以判断在价值链分析的基础上所做的相关决策是否合理，进而影响下一次的预算编制，从而使下一次的预算编制基础更为合理。

2) 预算报表定义

(1) 辅助预算的报表出具同预算编制其他的数据一样，都是在自定义报表中进行报表自行定义的，进入自定义报表，新建报表，数据内容选辅助预算。

(2) 数据列：根据自定义辅助表时的内容来确定，如自定义时选择字段的字符 1，则自定义报表中就选择项目 1。例如定义车辆辅表时，车牌号定义为字符 1(见图 2-42)，则要在报表自动填充车牌号时选择项目 1。

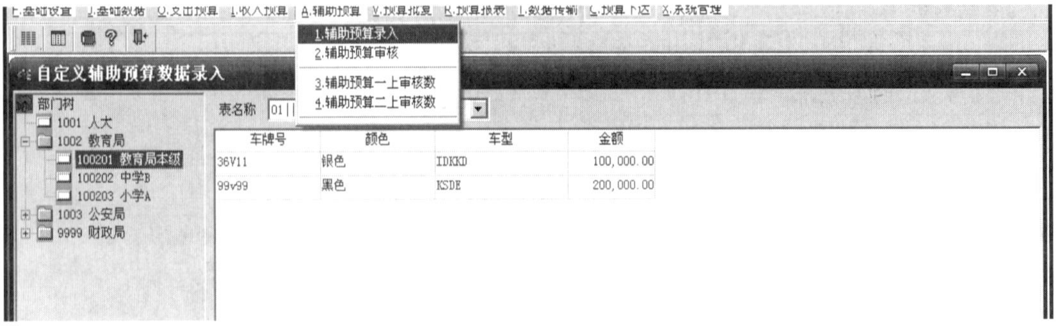

图 2-42　辅助预算录入窗口

系统提供了 10 个字符型对应项目，自定义报表中项目 1 到项目 10、20 个数值型对应项目 11 到项目 30、5 个整型项目 31 到项目 35、5 个日期型字段项目 36 到项目 40。

图 2-43　辅助预算录入窗口

(3) 函数：在预算编制中提供了一个专门用于辅助预算数据的函数——辅助预算取数函数，此函数的使用需要根据用户实际的辅助预算表定义。

• 字段名：取哪个字段的值，填的针对项目几的 ITEM 值，如要取项目 11 的值则填上 11，如图 2-44 所示。

• 参数 1：对应项目 1 即 1 的值，其他参数依此类推。

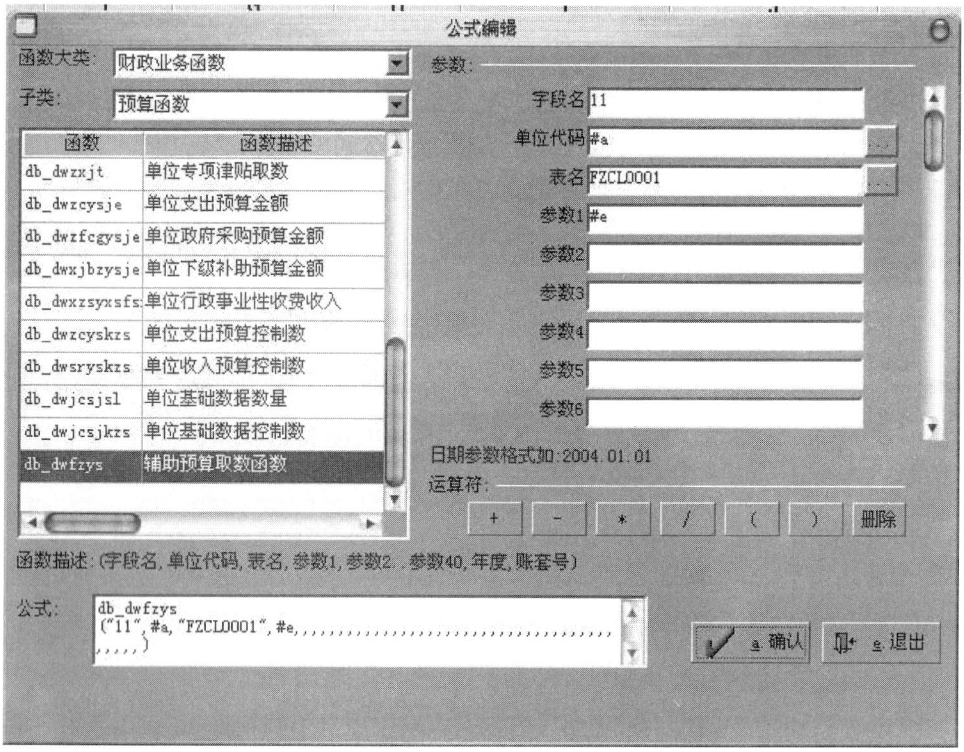

图 2-44　辅助预算录入窗口

四、预算批复

说明：预算编制系统申报版不提供此功能。

1. 基础数据预算

基础数据预算批复是财政部门根据单位编制的基础预算数据进行批复生成的最终基础批复数据。

基础数据预算设置操作在“基础项目数据批复表”窗口进行，可针对不同的下级单位，逐一编制。在选择编制单位名称后，系统会根据用户选择的“批复数据导入序列”自动生成相应批复数据，可根据需要对其进行手工编制，也可通过“生成预算批复数”按钮而生成相应序列的批复数据。

2. 收入预算

收入预算批复是财政部门根据“批复数据导入序列”选择的相应数据生成的收入项目预算批复数据。

3. 支出预算

支出预算批复是财政部门根据“批复数据导入序列”选择的相应数据生成的支出项目预算批复数据。

4. 收入批复审核

收入批复审核是对收入预算批复数据进行审核操作，经审核后的批复数据方可进行指标下达操作。

5. 支出批复审核

收入批复审核是对收入预算批复数据进行审核操作，经审核后的批复数据方可进行指标下达操作。

五、预算报表

说明：预算编制系统申报版不提供此功能。

1. 收支总表

收支总表为可查询打印单位编制的支出预算统计报表，该表对各个项目的金额进行汇总统计。用户可以将该表的内容以 txt 或 excel 格式导出系统。

2. 收入预算表

收入预算表为可查询打印单位编制的收入预算项目报表。用鼠标双击项目表中记录可以查看项目的详细收入信息。

收入预算表是以预算项目为统计口径，反映单位收入预算的报表。 根据不同用户的权限在左边窗口中列出相关单位名称，通过点击某一单位可以查看到该单位的收入预算情况，当点击的单位为上级单位时，系统则显示该单位所有下级单位的收入预算数。用户还可以通过“一次上报数据”、“二次上报数据”等选项来查看不同的数据。

3. 支出预算明细表

支出预算明细表为可查询打印单位编制的支出预算明细项的报表。

该表以支出预算明细项目为统计口径，反映单位支出预算明细。

4. 过程明细表

过程明细表为可查询打印单位编制的预算项目报表。

5. 项目申报表

项目申报表以报表的形式生成当前年度某预算单位所拥有支出预算项目申请信息。报表中显示的信息均取自于用户在“支出预算项目录入”的“专项支出预算明细项目”界面中“项目申请理由”、“项目附属信息”和“政府采购”的设置。

6. 自定义报表

为用户提供系统函数和预算函数及报表编制方法以供用户编制符合部门内部及外部需要的各种报表。

根据对多家财政单位预算编制报表的归类分析情况来看，一般预算单位报表可分为以下三种类型。

1) 第一种类型

报表格式确定，但取数公式中单位这个参数是动态变化的。相对而言，这种报表在预算报表中出现较少，主要被用来做报表封面或者目录，制作也相对简单，与普通报表的制作一样，如需要取固定数据也只需按普通报表填制公式填制即可。

2) 第二种类型

报表格式确定，但取数公式中单位这个参数是动态变化的。如在各个单位的申报单位报表中需要根据对应的单位自动取出本单位的数，而在财政版中可能需要针对几个或者全部单位进行汇总计算。这种报表格式主要是用来制作基础资料表和各种收支类总表(如收支总表、收入总表等)。制作这种报表先按照用户提供的报表格式画好报表，然后根据取数要求填充相应的函数，但在单位代码这个参数位置上要用“@”代替，如db_dwsrysje(“@”,“10”……)。

在报表计算时选择汇总计算。在弹出的对话框中选择相应的单位，多选即为汇总多个单位的数据。并且一定不能在填充计算处打钩，要选择汇总计算。预算编制自定义报表平台不仅只是针对预算单位进行汇总计算，而且也提供了预算科目和经办机构的支持，用户也可以通过定义实现按经办机构或者预算科目进行汇总计算。

注意：三个参数不能同时选择。因为系统还提供了填充功能，当某个参数已经被定义为填充参数时就不能支持汇总计算，所以在定义报表时一定要格外注意。

3) 第三种类型

这种报表可能有一个或者多个参数(如预算单位、预算科目、预算项目、政府采购目录)，是要根据预算数据自动填充，后面的取数函数的参数也是根据前面的参数自动变化，可能需要针对单位或者预算科目进行逐级汇总。这种报表是预算报表中种类最多、最复杂的。而且各个地方情况不同对报表格式、填充参数、汇总方式的要求也不一样。我们把这种类型的报表再细分成以下两类：第一类是不需要逐级汇总，只要一个最终的合计数即可；第二类是需要按单位、按科目逐级汇总的。

针对这种报表不论是不是需要逐级汇总，其大致的定义方法是一致的，都需要在数据定义这个功能中进行定义。数据定义这个报表定义功能是自定义报表平台中一个关键功能。

操作说明：

(1) 数据内容。针对支出类预算报表、收入类预算报表、政府采购报表、行政事业性收费类报表，我们分别提供了数据定义的界面，每个定义界面有着相应的特色填充元素。如果出现收支两种类型预算在一张表中的情况，可以在支出预算定义界面中进行定义，但填充元素一般只限于预算单位和预算科目，而且在做预算数据时支出和收入预算数据的预算科目是要有对应关系的，否则生成的报表是没有意义的。

(2) 开始行、表尾行数。

开始行：指系统进行数据自动填充的行数。

表尾行数：每张报表尾部留下来不进行数据自动填充的行数。

行数设置时，请勿大于界面空白行数，以免数据出错。

(3) 数据列。数据列用于选择用户需要填充的元素，这些填充的元素可以作为后面报表中定义函数的参数，这样函数就可以根据动态填充的元素值进行参数替换，从而得到相应的数值。

(4) 位置。位置用于定义选择填充的元素在报表中对应的列。对于一些报表中没有的元素，但函数取数又必须要有的，我们可以把它定义成隐藏列处理。预算单位代码、预算科目代码、项目代码等代码类的元素必须填充在相邻的列中。报表平台支持预算单位名称、预算科目名称、预算项目名称等名称在同一列填充，系统将会自动根据用户定义的优先级进行填充，这样的报表相对而言可能更符合财政的要求。

如图 2-45 所示，项目名称列中同时出现科目名称与项目名称，并且项目名称自动向右缩进，整张报表非常美观。

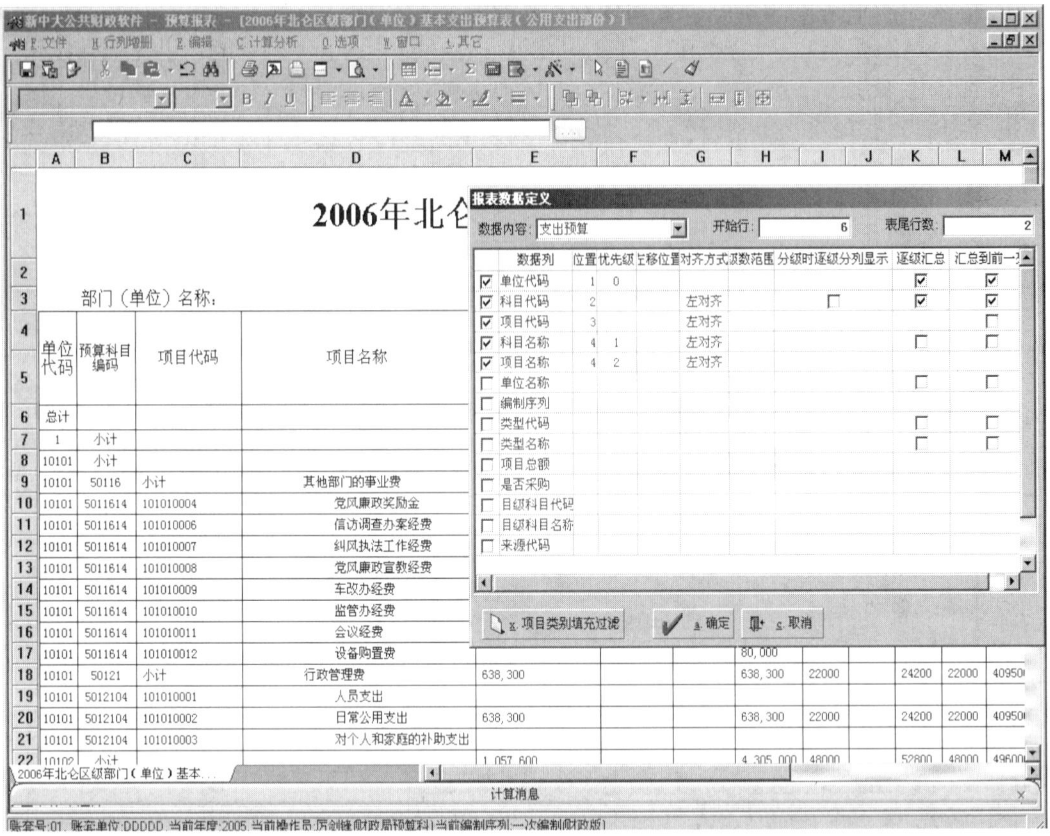

图 2-45　报表数据定义窗口

(5) 级数范围、分级时逐级分列显示。这两个参数必须合在一起使用，只针对预算科目有效，即允许在数据填充时类、款、项分列填充显示。

(6) 逐级汇总、汇总到前一列。

• 逐级汇总：针对同一列中填充的元素按其级别进行汇总，如图 2-45 所示定义了针对预算科目和预算单位的逐级汇总，所以系统就自动针对预算科目和预算单位进行逐级汇总。

• 汇总到前一列：即后一列的数据汇总可生成前一列的值，如图 2-45 我们选择了汇总到前一列，则科目在预算单位后面，所以科目的发生值最终汇总生成单位的汇总值，图 2-45 中 10101 的小计值就是根据该预算单位所有预算科目的值汇总出来的。

操作提示：

① V8100 版本中，如果用户在数据填充时选择了类、款、项分列填充显示，逐级汇总和汇总到前一列功能就不能正常使用，如果要使用此功能就不要在数据填充时选择类、款、项分列填充显示。

② V8100 版本逐级汇总、汇总到前一列功能支持单位、预算科目、预算项目三个要素(即按单位汇总、按预算科目汇总、按单位+预算科目汇总、按科目+单位汇总、按单位+科目+项目汇总、科目+单位+项目)等自动汇总功能。超出这些范围的系统不予支持，在做报表时需要充分考虑。

③ 如果政府采购报表数据要明细到采购目录这一级或者行政事业收费类报表要明细到行政事业收费项目这一级的就不要使用逐级汇总、汇总到前一列功能，以免数据出错。

(7) 项目类别填充过滤。设置这个参数主要是因为支出、收入等同一类型的预算报表也需要根据预算项目类型进行细分，如支出预算报表就需要分成人员支出、公用支出、对家庭及个人补助支出、项目支出等几张报表，这些报表中不需要系统把所有的支出项目类型都填充出来，只需要其中的一项或者几项就可以。该功能就是让用户在定义报表时选择设置好相应的项目类别。

(8) 如何定义表尾合计。在数据定义中，不要选择逐级汇总、汇总到前一列。在表尾行数开始第一行处定义 SUM 函数，如图 2-46，表尾行数为 2，所以在报表倒数第二行中定义 SUM(起始行列数：总行列数-表尾行数)，这样系统就会自动根据填充的行数自动更换成正确的 SUM 参数，从而得到正确的合计值。

图 2-46 为定义时的函数 sum(G6:G15)，图 2-47 系统根据预算数据自动填充完毕后，函数就自动变为 sum(G6:G8)。

图 2-46　预算报表窗口

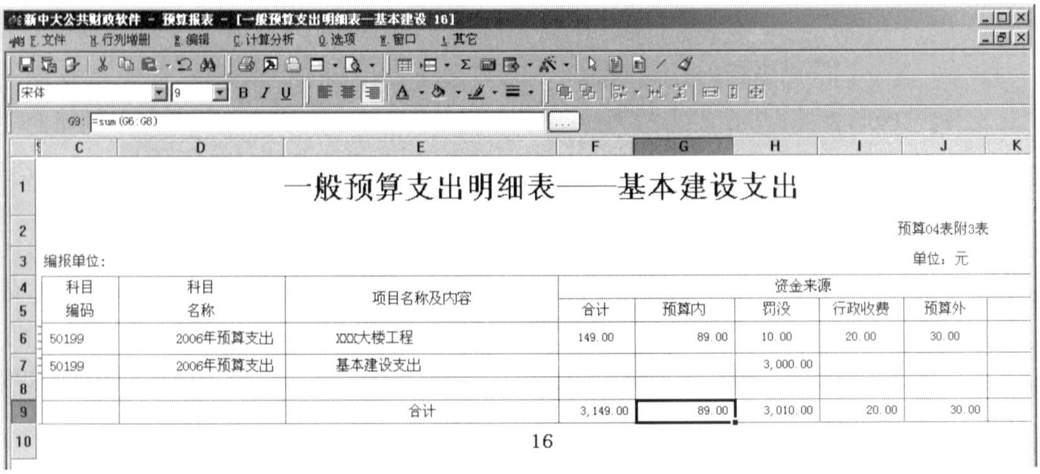

图 2-47　预算报表窗口

(9) 自动填充报表函数定义格式。自动填充报表可以根据用户定义的元素填充方法，自动把各种预算报表元素填充到报表中，这些元素有些需要为取数函数调用，作为取函的参数。在本软件中函数需要调用哪列元素作为参数，只需在函数相应的参数位置上放置列名+# 号即可，如 A 列就表示为 A#，注意不要加上引号。定义函数的位置只能在起始行，否则就是无效的。

六、数据传输

汇集了系统基础数据、预算数据和预算控制数据导出导入转换接口。

1. 基础数据导出

基础数据转换传出的数据接口。传出方式有两种：邮件方式和文件方式。以文件方式传出时，要指定传出数据的存放路径和目标文件夹。

说明：基础数据导出时可以使用报表筛选功能。通过该功能财政部门可以将预先设置好的报表格式直接下达给部门预算编制单位。

2. 基础数据导入

基础数据转换传入的数据接口。传入方式有两种：邮件方式和文件方式。以文件方式传入时，要指定传入数据的路径和目标文件夹。

操作说明：

① 选中 □ 导入注册单位数据 选项系统只导入注册单位的单位基础数据。

② 基础数据导入后若要再次导入时，系统将先清除数据库中先前导入的基础数据，然后导入现在的基础数据。

3. 预算数据导出

预算数据转换传出的数据接口。预算数据分一次预算数据、二次预算数据和预算批复数据三种。在转换输出一次预算数据时，数据内容要选择“一次预算数据”；同理，在转换输出二次预算数据和预算批复数据时，数据内容要分别选择“二次预算数据”和“预算批复数据”。每种预算数据的传出方式都有两种：一种是邮件方式，另一种是文件方式。以文件方式传出时，要指定传出数据的存放路径和目标文件夹。

说明：选中预算报表选项，编制单位可以选择要上传的报表。

4. 预算数据导入

预算数据转换传入的数据接口。预算数据分一次预算数据、二次预算数据和预算批复数据三种。在传入一次预算数据时，数据内容要选择“一次预算数据”；同理，在传入二次预算数据和预算批复数据时，数据内容要分别选择“二次预算数据”和“预算批复数据”。每种预算数据的传入方式都有两种：一种是邮件方式，另一种是文件方式。以文件方式传入时，要指定传出数据的存放路径和目标文件夹。

说明：选中预算报表选项，财政部门或二级单位或一级部门可以选择需要的报表。

5. 预算控制导出

预算控制数转换传出的数据接口。预算控制数据也有邮件方式和文件方式两种传出方式。预算控制数据可以分单位转换传出。

说明：选中分单位导出选项，财政部门或二级单位可以将单位预算控制数分别存放在对应的文件夹中。

6. 预算控制导入

预算控制数传入的数据接口。

预算控制数据也有邮件方式和文件方式两种传入方式。

7. 预算批复导出

预算批复数据传出的数据接口。

预算批复数据有邮件方式和文件方式两种传出方式。预算控制数据可以分单位转换传出。

8. 导入上年预算数据

用户可以把上年编制的预算数据导出来，通过导入上年预算数据功能在财政版中生成预算一次上报数据申报模板，并通过预算数据导出下发，这样如果单位用户当年的预算变动不大，就可以直接拿上年的数据稍作修改完成申报，从而减少相应的工作量，如图 2-48 所示。

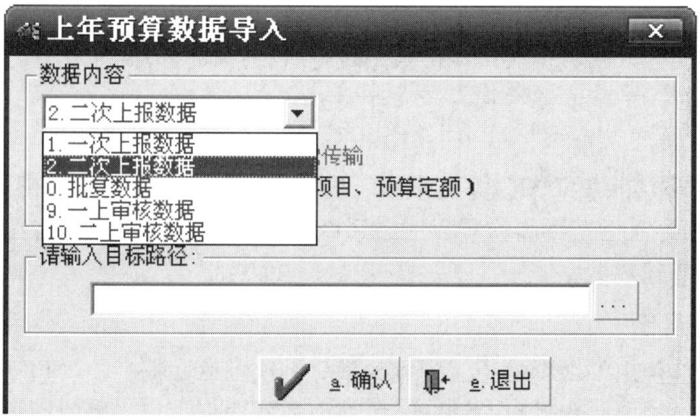

图 2-48　预算数据导入窗口

七、预算下达

说明：预算申报版不提供此功能。

1. 财政总指标

为满足现实中财政部门需将一上数据作为临时指标控制资金支付的要求，软件加强了预算编制系统和指标系统之间的联系，支持财政部门将已编制的一上数据、财政审核数、二上数据和批复数据转成指标数据，并作为下级单位预算指标的统一总控制数据。

财政总指标生成操作在“导出设置”窗口中进行。总指标导出需对生成方式进行选择，再对预算数据进行选择，点击“确认”按钮后，系统自动生成。

操作提示：

① 在取相应过程数据时需要在函数中相应参数位置填制相应的序列号。

② 由于在软件操作过程中存在多次预算数据转成指标的功能，而预算数据一上、二上、批复等过程中可能存在着差异，因此在系统中内置了一定的处理机制来处理这些差异。如一上数据被转成了临时指标，而现在财政部门要根据正式的批复数据的指标来代替原先的临时指标，则如果有些预算项目一上数据中有，而批复数中没有，则系统自动会在指标系统中把此预算项目(在指标中为专项用途)的数据冲红。如果一上数与批复数中都有此预算项目，但金额不一样，则就直接以批复数金额为准，如果批复数中有这个预算项目而一上数中没有，则直接在指标中增加。

③ 如果要启用预算数据多次转指标功能，则最好不要直接添加修改指标数据，以免引起数据混乱。

2. 财政明细指标

财政明细指标生成时，可由用户自由选择转哪几个预算单位、哪几个预算项目，以实现财政部门按单位分配指标数据。

具体操作请参见“财政总指标”。

3. 政府采购预算

政府采购预算用于把预算编制中属于政府采购的预算转入到政府采购资金管理系统。

4. 指标差异表

指标差异表用于查看、比较指标与预算之间的数额差异情况，主要包括四个方面的差异比较，即总指标差异设置、总指标差异列表、明细指标差异设置和明细指标差异列表。

第三章　公共预算执行

在政府预算周期的管理中，预算草案经立法机关审批通过后，即成为具有法律效力的文件，公共资源也即可被用于实施通过了预算支持的公共政策，预算由此进入预算执行环节。预算执行也称为预算实施，在此阶段，相关机构将执行已获批准的预算。从世界各国预算管理实践来看，虽然政府预算执行的具体措施和方法各有差异，但其目的都是为了有效地实现政府预算的目标，解决政府预算系统运行中产生的合规性和监控问题。其中，确保合规性是预算执行最基本的问题。合规性主要涉及预算执行的目标、支出周期、财务控制以及对管理预算拨款的规则方面。基于此，本章将要探讨的主要问题为：预算执行的目标和控制、支出周期与合规性控制、资金拨付与现金管理、预算实施与监督等。

第一节　预算执行的目标与控制

精心编制的预算如果得到有效执行，其执行结果必然与预算保持一致。但是由于客观情况或者是一些突发事件都会影响预算的执行。为保证预算执行不出现偏差，一般来说，预算执行系统应满足公共支出管理的三个关键目标，即财政纪律与总额控制、基于政策优先性的资源配置以及服务交付中的营运效率。为了利于预算执行目标的实现，预算执行应满足一系列基本要求，确保对执行过程中的有效控制。

一、预算执行的基本要求

预算执行过程中，既要保证各种信息能够传递给预算过程的参与者和一般公众，还要考虑从这一过程所获得的信息反馈，特别是要确保预算执行中各类参与者之间的互动对促进上述三个关键目标和两个一般性目标的作用，因此预算执行过程应满足以下基本要求：无论在财务还是政策方面，确保预算实施与立法机关的授权相一致；适当调整执行以适应宏观经济环境的变化；确认和解决预算实施中遇到的问题(应有足够的监管和报告能力)；采购商品与服务和有效率地管理采购(赋予支出机构管理自主权的同时确保严格遵守预算授权)；预防滥用和腐败的风险。其中，确保合规性(遵循法定授权)是预算执行过程中最基本的问题。但在预算执行过程中，不能过于死板，需要根据宏观经济环境的变化进行适当调节，使之能够与最初确立的政策目标相一致，以免扰乱支出机构的活动及对规划的管理。

预算执行过程一是要确保预算的实施不违背社会发展基本原则和法律规定，二是要根据国家经济环境的变化，对预算加以必要的调整，三是要通过改进预算管理方式有效地管理预算资源。因此，预算的执行可以根据以下方式进行，即随着情况的变化或新的因素的出现，当这些变化或因素不能在现有的预算范围内加以调和，那就有必要在执行过程中进行必要的调整，从而避免简单地执行预算阻碍政策目标的实现。除非执行预算过程中出现了重大的意外变故，否则预算调整不应改变预算的优先性和政策目标。

预算执行除了满足上述基本要求，还要确保对执行过程进行有效控制，主要表现在控制投入和控制产出上。传统预算执行系统的焦点——合规性，就是通过详细的投入控制来确保不会有任何越轨行为，以及预算的构成(投入组合)在预算执行中不会被修改。若违反预算的合规性，最为常见的行为就是超越支出限额造成的过度开支和执行中过度开支造成的支出低估。多数情况下，预算执行过程中出现的这些问题在很大程度上与预算及规划准备的不充分有关。因而在采用对预算执行的分析和用来对预算执行进行控制的工具时，需要考虑到反复调整预算所带来的风险，以及对现金和合规性的控制要求。

二、支出周期与合规性控制

为了保证预算执行过程中的合规性控制，将支出周期及其各阶段进行合理界定，并确保在每阶段都建立基本的控制机制显得尤为重要。支出周期，又称预算执行周期，是指预算经立法机关批准后，预算资金从国库进入最终收款人(即商品与服务供应者)的过程，此过程通常分为四个阶段，即分配拨款与拨付资金、承诺、取得/证实和付款阶段。

对于支出周期及其组成阶段可以通过下图比较直观的展现出来，如图 3-1 所示。

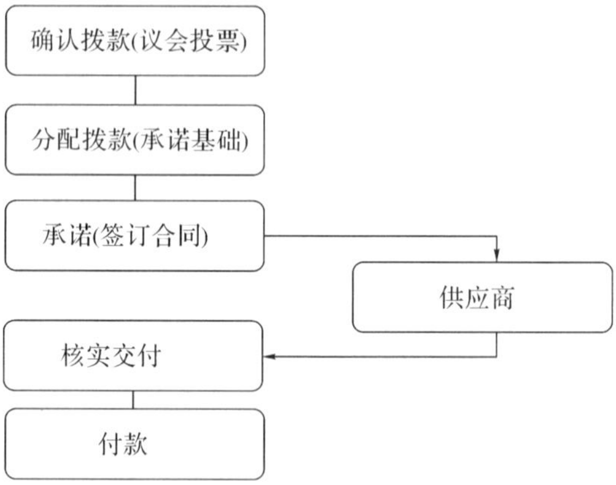

图 3-1　支出周期及其组成阶段图

具体来说，首先是分配拨款与拨付资金。有时也称为授权和拨款阶段，此阶段是支出周期的起始阶段。立法机关批准预算后，支出单位通过不同机制被授权支出资金，比如通过财政部来下达现金限额、发布授权、拨款计划等。在一些国家，此阶段包括两个步骤，即确认拨款和分配拨款。确认拨款是由核心预算主管机关来进行，决定支出部门和支出决策单位可以使用那部分拨款；分配拨款是由支出部门和主要支出决策单位负责将被批准的拨款分配到次级支出单位。只有预算被批准，资金才能被分配到支出单位。但在一些国家，其拨款程序和拨付资金的效率比较低。其次是预算承诺。它是为未来付款义务发生的阶段。在此阶段，支出决策已经生效，因此确认承诺对于预算管理很重要。实践中，预算管理中的“承诺”的意义因国而异，取决于支出的性质。会计意义上的承诺指的是支出周期的一个特定阶段，在该阶段，已经签署了未来交付商品或服务的合同或其他形式的协议。但承诺也适用于非合约性的义务，即并不一定需要一个具有法律效力的合同或协议作为载体，比如政府在政策声明中做出的“坚定允诺(firm promises)”。概括来说，承诺可以被界定为法定承诺(对于资本新支出或商品和服务采购)；核实阶段的支出——针对其他支出条目(如人员、债务清偿、设施使用费单据和转移支付等)。因此预算意义上的承诺在不同的预算管理体系和不同经济分类支出下其含义也有所不同，可以界定如下：对于人员开支和社会保障缴款，承诺指应提供的津贴和缴款(allowances and contributions)的数量；对于商品和服务，承诺通常指法定承诺，以发出订单和签署合同为标志。但在某些特定情形下，预算意义上的承诺对应的是负债，承诺阶段与核实阶段并在了一起；对于债务清偿，承诺的界定可能取决于转移支付的性质；对于投资支出，有关商品和服务的承诺界定(法定承诺)应优先使用，此时法定承诺的标志是合同。

再次是取得核实。此阶段对应的是交付商品和服务，与承诺阶段不同，它指的是买方在取得这些商品和服务时需要核实他们与合同或订单是否相符。若一国的政府会计所采用的是应计制会计，那么此阶段将会增加政府的资产及负债，并记录在账簿中。有些国家如美国将此阶段的支出成为应计支出(accrued expenditures)。但此处的应计支出不同于应计制会计中的完全成本或其他费用。与这一阶段的支出相对应的是负债，即政府尚未兑现的支出义务。

最后阶段是付款(payment)。此阶段对应的是款项的支付，它可以通过支票转账、支付现金、以货易货协议(barter agreement)、从税款抵扣等媒介完成。其中，付现、以货易货和用税款抵扣的方式付款容易出现问题。具体来说，用税款抵扣付款的方式比较普遍，但容易对税收征管和供应商之间的竞争造成负面影响，以货易货协议则对供应商间的竞争要求迫切。现金付款一般应作为支出周期的管理阶段，而不是付款阶段，尤其是当它们并不被迅速支付时。在多数国家，通过支票付款是在签发支票时记录的，这需要与银行的报表进行系统对照。

此外，预算执行过程中合规性的控制，也应该覆盖到支出周期的各个阶段。比如在承诺阶段需要进行财务控制，并要确认支出资金的拨付使用等情况以及承诺控制系统的关键要素；核实阶段，需要核实能够证明商品被交付或服务被实际提供的有关凭证，如合同、订单等，要确认所得到的商品与服务与这些凭证的规定是一致的；支付阶段，要确认好付款前的会计控制及最终付款后的审计。而且，有效的预算执行和合规性控制高度需要依赖合理的责任分工。因为预算执行过程中会涉及很多的参与者，要想执行有效，这就需要对这些参与者进行明确而合理的责任分工。一般来说，支出机构负责实施由本机构负责的规划以及特定规划下的各项活动；核心机构通常负责监督和协调部门政策，同时监管本部门内部与预算管理相关的活动。

三、资金拨付与现金管理

预算执行的主要目标，是按照政府制定的方针政策和国民经济发展计划的要求，积极组织预算收入，并根据预算确定的支出用途和各项生产建设事业的计划和进度，及时、合理地拨付资金，充分发挥预算资金的使用效果。但在预算执行过程中，如果未能及时向支出机构提供与支出授权相一致的支出，支出机构就无法根据预算规定得到必要的资金实施规划，从而导致预算不能落到实处。因此及时向支出机构和部门拨付资金十分重要。而资金拨付的最终表现形式是现金，良好的现金管理有助于资金拨付的落实。在某些国家，存在着高估预算或其他财政问题，为保证拨付资金能够足额落实，广泛采用的方法是通过日常现金配给方式向支出部门和机构拨付资金。但这种现金配给制在实施过程中存在很多问题，而且现金配给支出是选择性的，即只有被选中的部门和机构才可能得到及时、足额的资金拨付。还有很多国家采用平均拨付的方式来拨付款项，比如把预算平均分成4份，即按季度平均拨付预算资金；或者分成12份按月拨付预算资金，但这种拨付方式略显粗略，比较理想的方式是制定一份预算实施计划或拨付资金的计划。但不管以何种方式拨付资金，都要确保预算能够有效实施，以免产生欠款。因此这就需要在实施预算时综合考虑一系列因素，如实施预算时，各支出机构要预先知晓分配给自己的资金数额及分配到每个项目的资金数额，资金要按时拨付不得迟延；特别要注意支出机构长期拖欠的款项；管制承诺而不是管制现金流量；要考虑持续性承诺相对于资金的需求；要考虑到调整承诺需要的时间；要考虑与投资支出相关的款项拨付的稳定性等。以此来防范拨付资金的拖欠。而且，在有些国家已经实行了应计预算，即权责发生制预算。应计预算下，有些拨款并不对应着现金拨付，因此此时对拨款的控制并不能控制现金。一般来说，若拨款只是基于应计制并包含了与资产折旧相对应的拨款时，在拨款的基础上控制现金是无效的。此时就需要有特定的机制用来控制现金。比如在新西兰，其国库和审计部门共同对现金流量进行事前的外部控制，其中包括一份国库和支出机构认可的现金计划以及对拨款使用的月度监测报告，此报告是由各部门准备并呈递给国库和审计部门的。这一事前控制措施覆盖各部门的全部现金需求，但它并非根据单笔拨款而定。由于拨款只是基于应计制，现金计划的准备和对现金拨付的控制要求有一个强有力的会计系统进行记录和报告，且核心部门尤其是财政部需要有充足的技术来对未来折旧是否超过或不会超过现金拨款进行评估。

为确保预算资金能够得到及时拨付，还需要对各方面进行控制，特别是付款程序和会计方面的控制。如果付款过程和会计控制是分散性的，就需要有对现金余额的集中化控制；如果付款过程和会计控制是集权性的，就应根据预算和现金计划及时付款，而不应另行设立例外程序(优先性)。除了需要对付款与会计核算的事前控制，还需要对其他方面(一般是对承诺)的事前控制，对承诺的控制一般是内部性的，以避免核心机构对预算管理的过度干预。

四、拨款管理与预算会计

有效的预算实施还要考虑预算拨款管理中的规则性问题，即拨款的年度性质、预算科目间的资金转移、追踪拨款的预算会计以及管理拖欠和应付账款等。一般来说，除了个别国家，各国的预算拨款多是年度性的(即拨款资金只在一个年度内有效)。但是这种年度性拨款容易带来的问题是某一财政年度未用完的拨款能否递延到下一财政年度，而且拨款的年度规则也会在财政年度中增加开支的冲动。一般来说，应允许在预算授权终结前将尚未用掉的资金递延到后续财政年度，以消除拨款的年度规则所带来的譬如年末突击花钱等不良效应。目前在一些发达国家，比如澳大利亚，允许一部分支出可以通过授权递延到后续的财政年度。但在发展中国家和转轨国家，若允许系统递延资本性支出，则会产生支出控制方面的问题。因此，发展中国家若要改变年度拨款规则，需要渐进地实施。

条目预算模式下，预算资源都是按照条目设置的预算科目进行安排的，每个条目比如人员、设备购置等的支出估计都清楚地列示于预算文件中。但在预算执行过程中可能会出现一个条目的资金转移到另一个条目上的情况，即出现预算科目间的资源转移。这种转移的程度及管制情况因国而异。一般来说，预算科目间资源转移的管制可分为三种不同的转移模式：允许支出部门自由地进行转移、经财政部门批准后方可转移以及被严格禁止的转移。对资源转移的控制通常是预算执行部门的主要活动，但这种控制比较费时并要花费大量管理资源，而且对资源转移实行严格管制会损害支出机构的管理自主性。

预算资金拨下去后，还要对所拨资金进行监督监控。追踪预算拨款的来龙去脉是监控预算执行过程的一项核心内容。这也是确保财政合规性必不可少的环节。追踪预算拨款及其使用情况的基本工具是预算会计。预算会计也称为拨款会计，主要用来追踪拨款及其使用情况，具体来说，就是追踪和记录涉及财政拨款及其使用的营运事项，包括拨款、拨款分配、拨款增减变动、承诺(义务)、核实/服务交付(取得)的阶段支出以及资金拨付。预算会计对于制定政策和监督预算实施至关重要。但目前来说，不管是发达国家还是发展中国家，预算会计在记录和监督付款方面的功能都是不充分的。而且承诺阶段、核实阶段或付款阶段记录支出的预算会计模式各有利弊。基于对预算执行进行有效监控的目的，预算会计应对拨款及其使用的全过程进行追踪，做到在支持周期的每个阶段都能提供会计信息。另外，预算会计的另一项重要任务是追踪拖欠款和应付款，从而保证预算拨款的有效使用。

五、预算审查与修订

预算执行过程中，应定期对预算实施情况进行审查，通过对财务状况、实物和其他绩效指标等的审查，确保政府的各项规划能够得到有效实施，以及审查预算实施中出现的财务和政策方面的拖延问题。比如审查预算实施中有没有出现过度开支、有没有出现预算编制时未料到的困难等。一般来说，需要对预算实施进行全面的年中审查，对财务方面要按月进行审查。对于难以得到很好实施的一些预算，比如建设性预算，还需要建立对大型或有问题的规划进行审查的机制，包括支出部门自己每月或每季度定期地审查，或由支出部门和核心机构(审计部门与财政部门等)进行年中审查。

预算执行过程中，可能会出现一些在预算编制阶段没有预料到的因素，比如通货膨胀、利率或汇率等，使得预算执行时出现困难。此时就需要对关于资源转移的规则表现出灵活性，如用于偿债的拨款不能作为支出限额条件，根据利率或汇率变化调整规则，以保证预算的执行不脱离实际。如果不及时调整，就会带来较高的风险。因此，对于那些改变预算构成的变动，或当增加支出总额不可避免时，就需要对预算进行正式的修订。

一般来说，预算的修订机制因国而异，但也有一些广泛应用的原则：基于预算已由立法机关通过，故预算的修订应通过法律进行；只有修订的幅度超过了原订预算拨款的某个百分比，或影响了支出总额，才必须呈报立法机关批准；在考虑由立法机关批准前，应授权支付在某些特殊情况下，行政部门也需要迅速向立法机关呈递一份经修订的预算；应在一个固定时间内批准修订的预算估计数，连同对支出部门提出的追加支出申请一并进行审查，且年内修订的项目数应加以严格限制。

第二节　预算执行实务

“拨款管理”是公共预算执行过程中常用的一种资金管理模式，在预算指标与计划的控制下，根据预算单位的实际用款进度情况，由预算单位或业务科室提出预算拨款申请，在经过审批后，根据审批核定金额将资金直接拨付到单位账户。主要功能包括：拨款申请管理、资金划拨管理、拨款调整、总预算会计确认、拨款报表查询。公共预算拨款管理子系统的操作流程可见图 3-2。

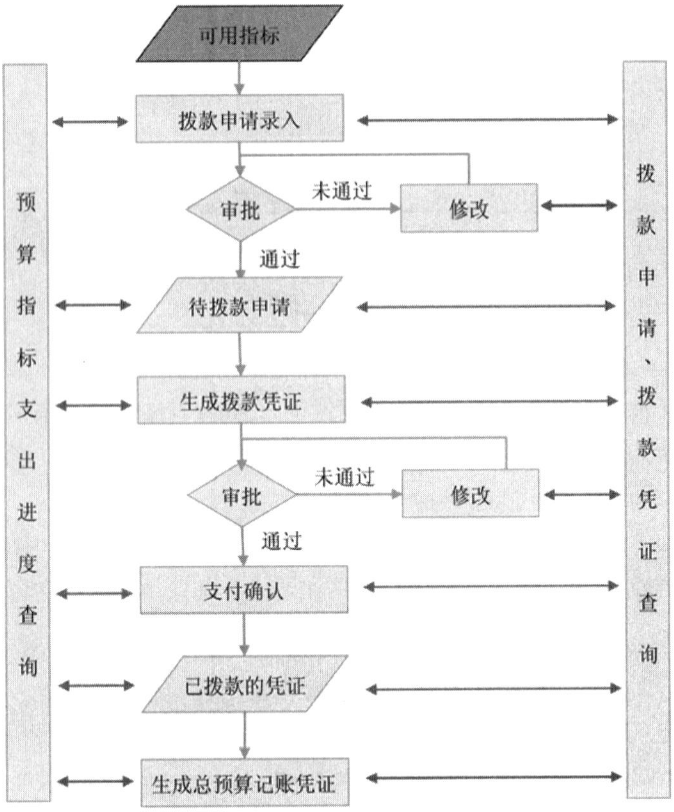

图 3-2　预算拨款管理系统流程图

预算拨款管理系统的使用具体流程为：第一次使用拨款管理系统需要先到“数据中心”中进行基础数据及其他相关控制设置。设置完成后，可以在拨款管理系统中录入拨款申请，如果允许，只需要进行简单的拨款管理则不需要在此进行拨款申请的录入，直接在资金拨付中录入拨款凭证即可；由相关审批人员对拨款申请进行审批；拨款人员在“资金拨付—资金拨付录入”菜单下使用“申请生成拨款凭证”功能将已审批完成的申请生成拨款凭证进行拨款；拨款凭证审批人员对已录入的拨款凭证进行审批后，由拨款人员打印后送银行进行款项划拨；在收到银行支付回执单后，对已实现拨款的拨款凭证进行支付确认；总预算记账人员根据已支付确认的拨款凭证生成记账凭证。

一、拨款申请

1. 拨款申请远程报送

拨款申请远程报送是系统提供的拨款申请数据传出、汇入的接口。用户通过拨款申请数据接口能够进行远程报送拨款申请数据。拨款申请数据传出、汇入的操作如下所述。

1) 拨款申请数据传出

拨款申请数据传出是指将某个实体单位录入的拨款申请数据传出，以便汇入到核算中心中设置的相应实体账套中。主要用于实体单位在本单位中录入拨款申请书，再通过远程的方式将拨款申请书传输到核算中心处理。点击“拨款申请计划传出”按钮，弹出如图 3-3 所示的窗口。

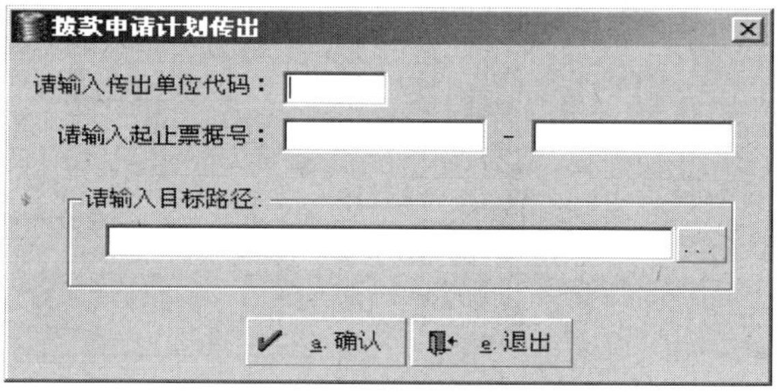

图 3-3　拨款申请计划传出窗口

依次在图 3-3 窗口中输入传出单位代码、起止票据号(系统自动提示现有的拨款申请单)和目标路径，最后点击“确认”按钮。拨款申请计划数据传出成功后，系统生成文件。

2) 拨款申请数据汇入

拨款申请数据汇入主要用于将实体单位上报的拨款申请数据汇入到核算中心设置的相应实体账套中。点击“拨款申请计划接收”按钮，弹出如图 3-4 所示的窗口。

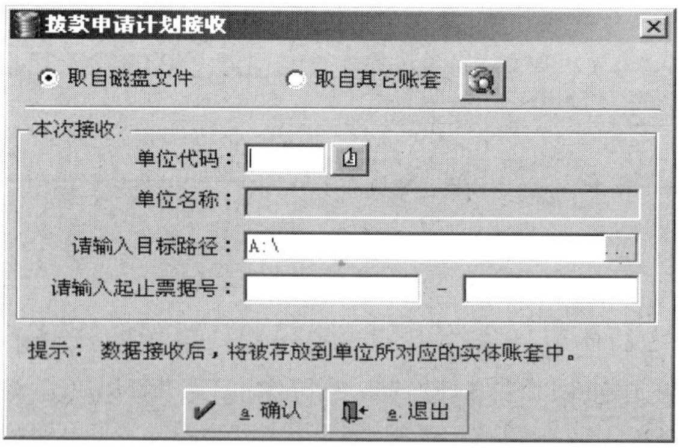

图 3-4　拨款申请计划接收窗口

拨款申请计划接收方式可分两种：一种取自磁盘文件，另一种直接取自其他账套。取自磁盘时依次录入单位代码、输入目标路径及起止票据号，数据接收后，将被存放到单位所对应的实体账套中；取自其他账套时只要录入单位代码及起止票据号，同样也将被存放到单位所对应的实体账套中。

2. 拨款申请计划录入

拨款申请计划是指有关单位为取得上级单位的拨款而提请的计划，一般由单位根据核定的年度预算和分期用款计划填写。在点击“拨款申请计划录入”按钮后，系统先弹出一个筛选窗口，用户可以根据自己的需要设定条件，系统将在“拨款申请书列表”中显示出所有满足条件的拨款申请计划单，如图 3-5 所示。

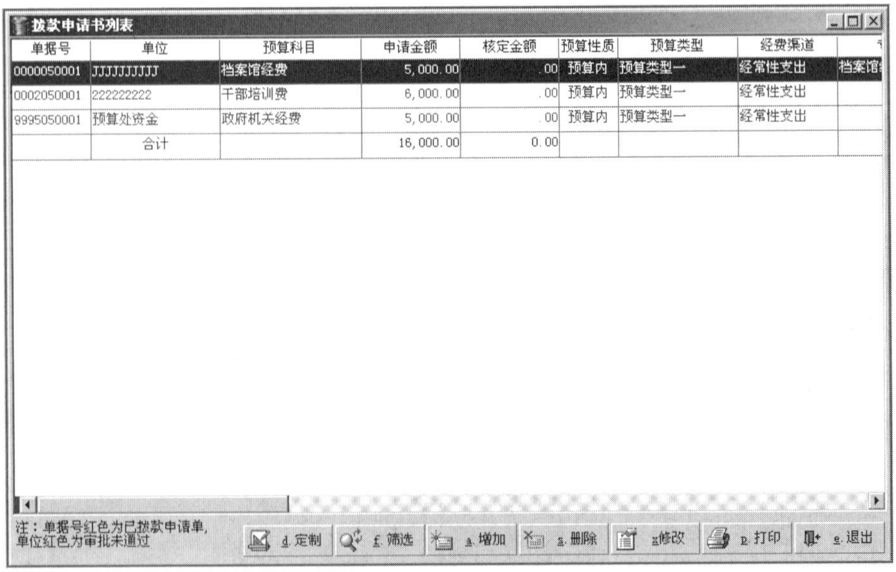

图 3-5　拨款申请书列表窗口

用户可以通过窗口下方的相关按钮来重新筛选、增加、删除、修改、打印拨款申请计划单。当需要增加一张拨款申请计划单时，可点击增加按钮，系统将弹出拨款申请书窗口，如图 3-6 所示。

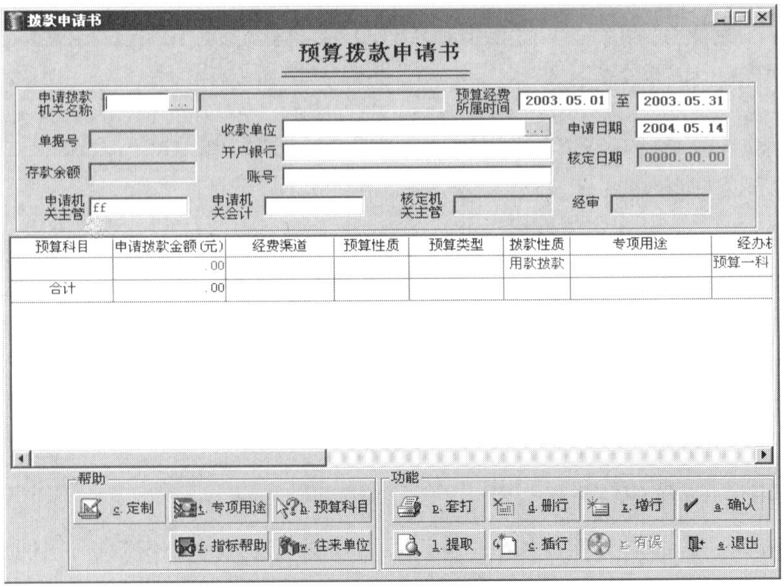

图 3-6　拨款申请书增加窗口

拨款申请书可以按照类款项、经费渠道、专项用途来进行填写，并可规定该笔经费的所属时间。其中“申请拨款机关名称”、“预算经费所属时间”、“申请机关主管”、“申请拨款金额”、“经费渠道”等为必录信息，否则系统将阻止用户进行存盘操作。在录入单据时，可以通过窗口下方的帮助按钮或双击某单元格来选择相关已有的信息，可以通过功能按钮来对单据进行编辑。

注：“从实体账套接收数据”是指如果已经通过远程报送将数据汇入，则可通过该按钮将数据从实体账中提取出来。

3. 拨款申请批复

单位填写完预算拨款申请书后，需送交财政机关的主管业务部门进行审查复核。在本系统中拨款申请计划有两种批复：一是主管批复，二是经审批复。具体操作时需通过几道批复，由用户在“财政业务数据中心”的“拨款管理 / 选项设置 / 拨款流程控制”中的设置决定。两种批复的操作基本相同，主管批复的操作窗口如图 3-7 所示。

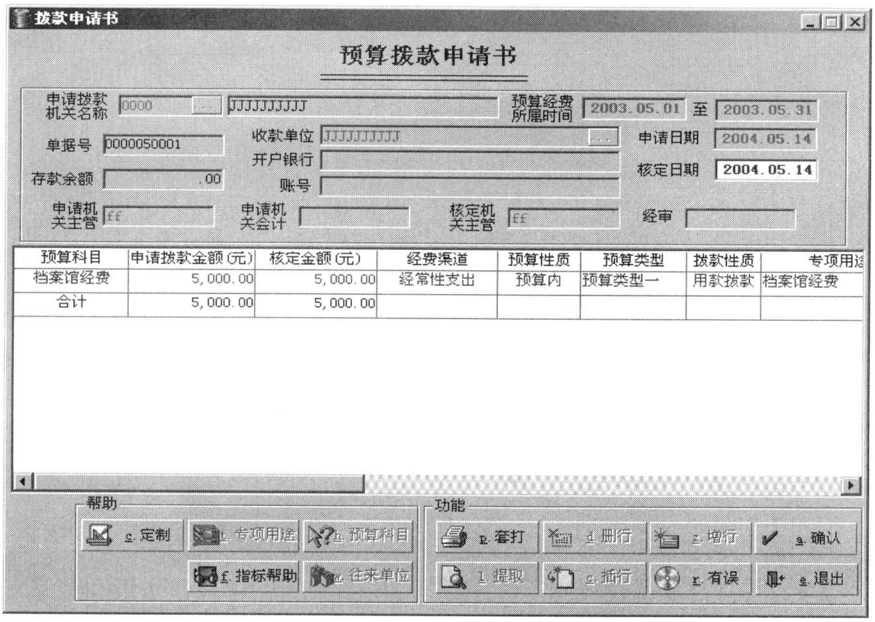

图 3-7　拨款申请书窗口

在进行拨款申请单批复时，主要对“核定金额”进行确认。因此，窗口中核定金额为必录项。核定金额录入完毕后，点击“确认”按钮保存录入结果。“核定机关主管”或“经审”信息由系统根据当前的操作员自动填写。另外，系统对预算拨款申请计划的批复书提供套打功能，以及在批复时，可以通过“专项用途指标”来查询该实体单位的专项指标情况。

拨款申请经审批复操作同“拨款申请主管批复”。

4. 拨款申请计划查询

拨款申请计划查询提供各实体单位的已批复、未批复或全部拨款申请计划申请金额及批复金额等资料。点击“拨款申请计划”按钮后，系统首先弹出“条件”窗口供用户选择当前要查询的对象及相关条件，选定后，便进入拨款申请书查询窗口(类似于图 3-5)，窗口中列出了符合筛选条件的拨款申请计划。要查询拨款申请计划的详细信息，请选中该计划，然后点击窗口中的“查询”按钮，系统将以拨款申请书的格式来显示该条记录。另外，系统对预算拨款申请书还提供了套打、联查专项用途指标情况等功能。

5. 汇总打印

汇总打印主要实现将多张拨款申请单汇总并打印为一张单据的功能，用户可以自行选择单据进行汇总打印。用户点击“拨款申请”→“汇总打印”菜单可打开拨款申请书列表窗口，如图 3-8 所示。

图 3-8　拨款申请汇总打印列表窗口

当用户需要汇总打印单据时，可在列表窗口中选择要打印的单据，再点击窗口下方的“汇总打印”按钮，系统会弹出两个打印功能菜单“打印汇总”和“打印明细”供用户选择使用。

“打印汇总”功能：系统会自动将所选择的单据的表头部分汇总并打印，不打印单据明细信息。

“打印明细”功能：系统自动将所选择的单据按各张申请单中的明细行进行汇总打印。

用户点击“打印汇总”或“打印明细”按钮，系统会弹出如图 3-9 所示的打印窗口，用户选择正确的打印格式后，再根据实际需要分别填入收款单位、收款银行、收款账号、摘要、用途等信息(这些信息填入后系统可以自动打印到单据上)后，点击“确认”按钮，系统即进行打印。

图 3-9　拨款申请汇总打印窗口

6. 申请作废

该菜单的功能是对拨款申请单进行作废操作。被作废的单据在系统的所有报表统计中均不再反映并且不能取消作废。用户点击“拨款申请”→“申请作废”菜单后，系统将弹出如图 3-10 所示的窗口，将窗口中的“作废状态”条件选为“未作废”，点击“确认”按钮，可查询出可以进行作废处理的单据列表。

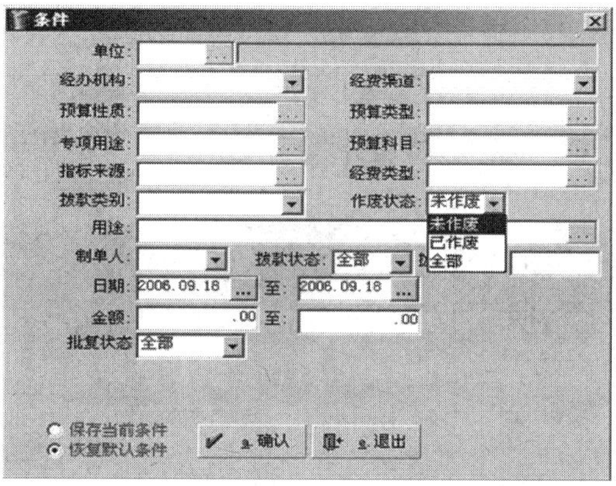

图 3-10　拨款申请查询条件窗口

系统查询到的可以作废的拨款申请书列表如图 3-11 所示，用户可在其中选择要作废的单据，再点击窗口下方的“作废”按钮，即可进行单据作废处理。

单据号	预算单位编码	类	款	项	预算科目	申请金额	核定金额
0046080001	403301	61	17	09	其他杂项支出	80,000.00	80,000.00
0047080001	404301	61	17	09	其他杂项支出	300,000.00	300,000.00
0075080001	306301	16	14		行政机关事业费	30,000.00	30,000.00
		16	14		行政机关事业费	30,000.00	30,000.00
		16	14		行政机关事业费	20,000.00	20,000.00
0075080002	306301	16	14		行政机关事业费	19,969.00	19,969.00
0077080001	308301	16	14		行政机关事业费	130,000.00	130,000.00
		16	14		行政机关事业费	68,000.00	68,000.00
0084070003	801301	19	09		其他	300,000.00	300,000.00

图 3-11　可进行作废处理的单据列表窗口

在进行单据作废时，系统会弹出作废提示窗口，如图 3-12 所示。点击“是”按钮将选择的单据作废，点击“否”按钮终止当前作废操作。

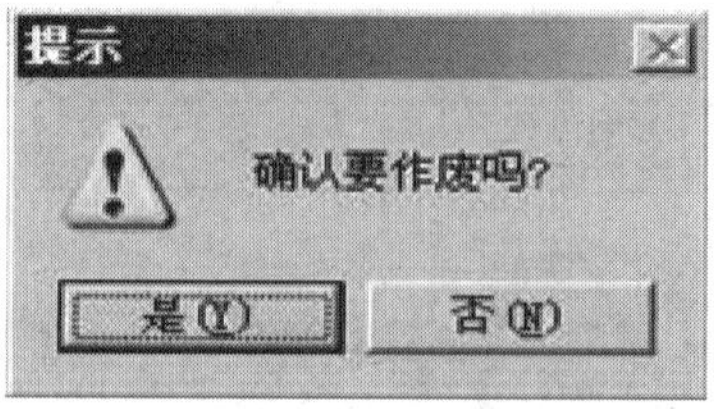

图 3-12　作废提示窗口

7. 拨款申请调整单录入

拨款申请调整单录入主要在财政日常拨款业务中对已拨款项进行调整申请时使用。业务人员在发生需通知国库处(科)对已拨款项进行调整时可以使用该功能来办理相关业务。

点击“拨款申请”→“拨款申请调整单录入”菜单，打开拨款申请调整单列表窗口，再点击窗口下方的“增加”按钮，系统将弹出“拨款申请调整单”录入窗口，如图 3-13 所示。

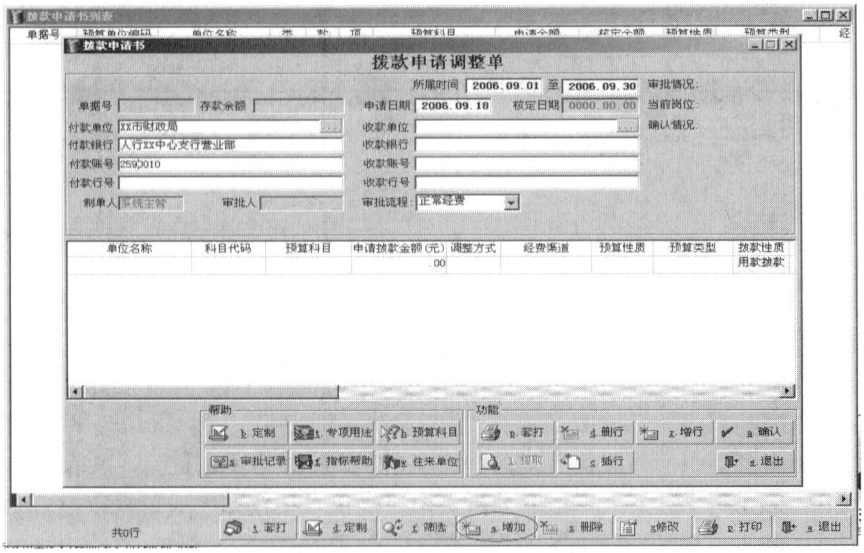

图 3-13　拨款申请调整单录入窗口

用户直接在调整单中录入需要调整的业务并确认保存即可，其录入方法与拨款申请单录入方法类似。

8. 拨款申请调整单审批

拨款申请调整单审批的设置与拨款申请审批的一致，当拨款申请启用审批流时该处也自动启用审批流。

点击“拨款申请”→“拨款申请调整单审批”菜单，可打开需审批的拨款申请书调整单列表，如图 3-14 所示。

图 3-14　需审批的拨款申请调整单列表窗口

在图 3-14 所示窗口中选择要进行审批的单据，点击窗口下方的“批复”按钮，系统将弹出拨款申请调整单审批窗口，如图 3-15 所示。

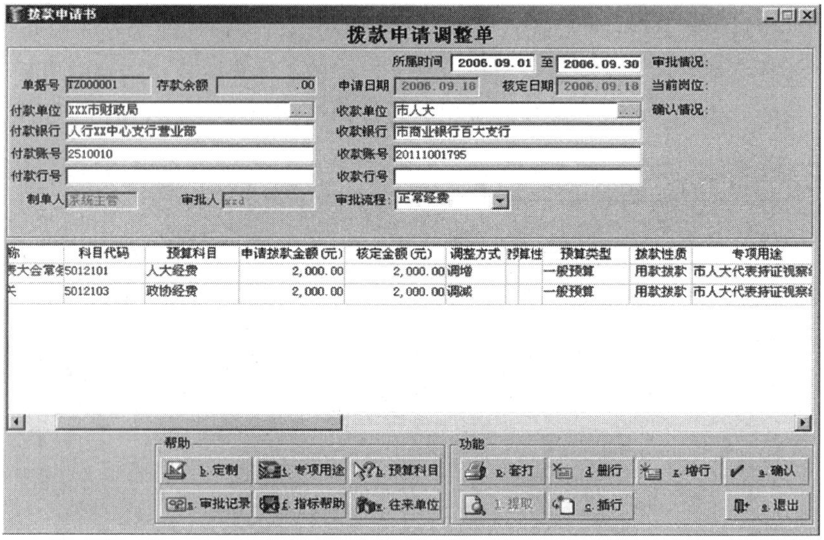

图 3-15　拨款申请调整单审批窗口

点击图 3-15 窗口中的“确认”按钮进行单据审批。如启用审批流，系统会弹出审批意见窗口，如图 3-16 所示。录入审批意见，点击“确认”按钮即完成单据审批。

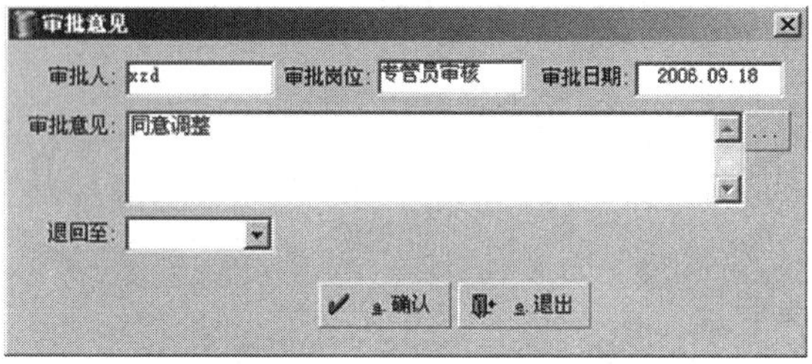

图 3-16　审批意见窗口

如用户需要对已审批的单据取消审批，可以在图 3-14 所示窗口中选择已审批的单据，再点击窗口下方的“取消批复”按钮(见图 3-17)，即可进行单据取消审批。

图 3-17　取消审批窗口

二、资金拨付

1. 资金拨付录入

预算拨款申请书经财政机关主管业务部门审查复核后，就可由总预算会计填写拨款凭证并送国库办理资金拨付手续。在系统中，预算拨款凭证生成的方式包括：资金拨付录入(手工录入)、申请单生成拨款凭证(根据预算拨款申请书自动生成)、复制生成、由工资生成。

1) 资金拨付录入(手工录入)

由用户自行录入，预算拨款凭证录入窗口如图 3-18 所示。

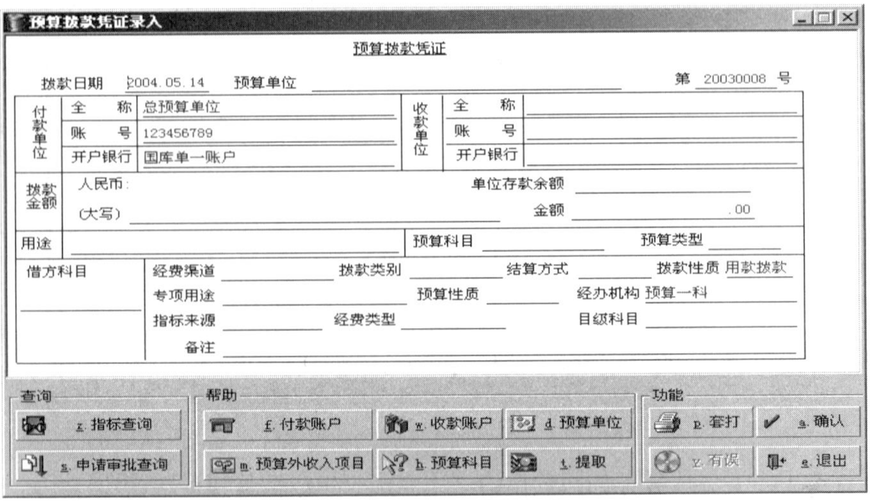

图 3-18 预算拨款凭证录入窗口

在该窗口中需录入付款单位信息、收款单位信息、拨款金额、资金用途、预算科目、经费渠道等信息。其中付款单位名称、收款单位名称、经费渠道及拨款金额为必录项，否则系统将阻止用户进行存盘操作。

注：系统提供“预算单位”和“付款账户”按钮，它们可分别在录入收款单位信息和付款单位信息时提供帮助。

在预算拨款凭证录入窗口中，用户可通过查询按钮查到当前预算单位的指标通知单、拨款申请批复情况，通过“套打”功能按钮，根据用户在基础设置中预先设置好的拨款凭证套打格式来打印拨款凭证。

2) 申请单生成拨款凭证

点击“申请单生成拨款凭证”按钮，系统将弹出条件选择窗口，如图 3-19 所示。

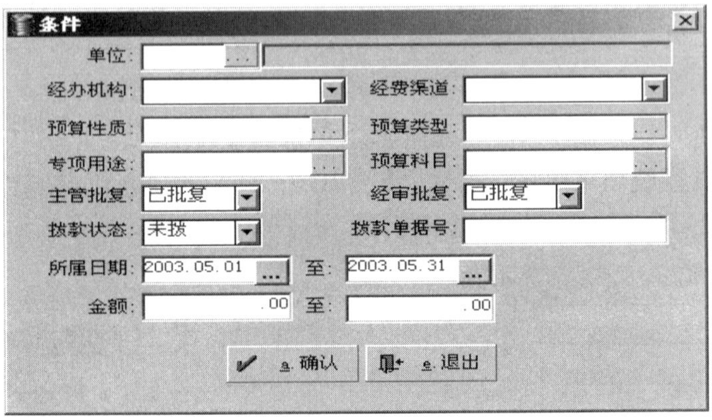

图 3-19 条件选择窗口

用户可根据实际需要录入条件后再点击“确认”按钮，系统将列出相应的拨款申请书列表，如图 3-20 所示。

图 3-20　预算拨款申请书列表窗口

用户可选中需要生成凭证的拨款申请书，点击“生成拨款凭证”按钮，系统将弹出如图 3-21 所示的窗口。

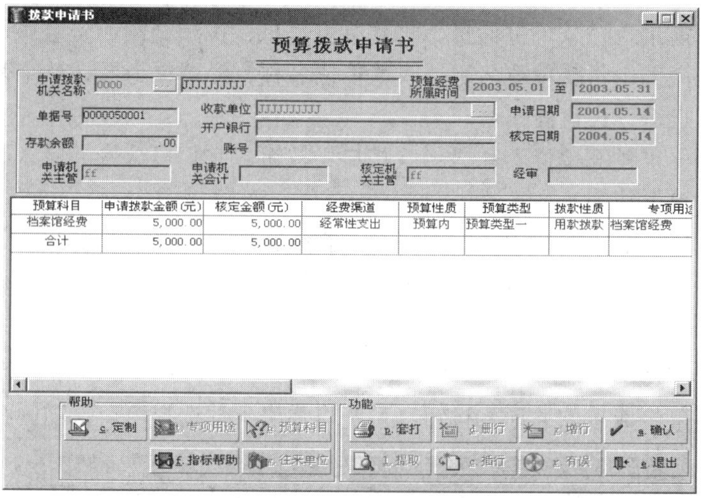

图 3-21　预算拨款申请书窗口

点击“确认”按钮，系统将弹出如图 3-22 所示的录入窗口。

在本窗口中，系统要求用户录入付款账户或收款账户，录入后点击“确认”按钮，系统将弹出如图 3-23 所示的凭证生成提示窗口。

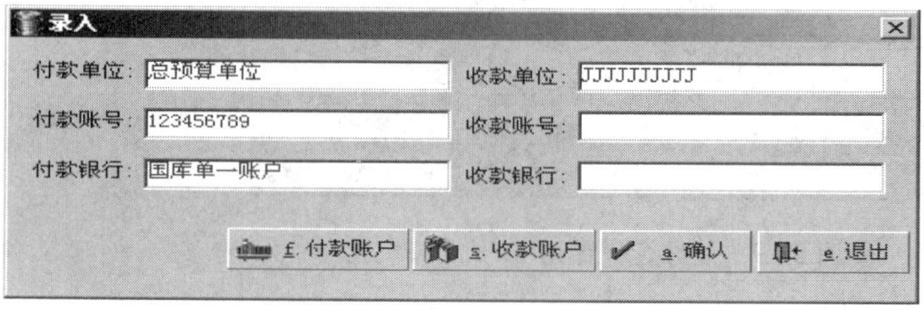

图 3-22　录入窗口

图 3-23　凭证生成提示窗口

3) 复制生成

系统还提供复制生成拨款凭证的功能菜单，操作界面如图 3-24 所示。

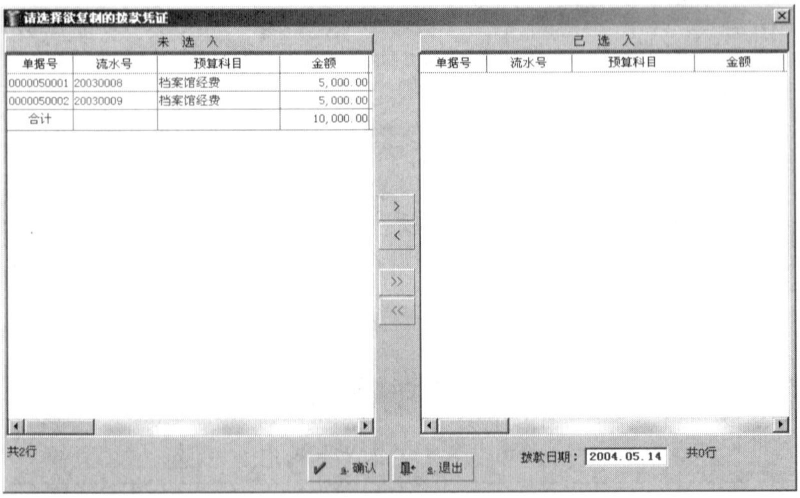

图 3-24 复制拨款凭证选择窗口

用户可根据实际需要将要生成拨款凭证的单据从“未选入”框中选入到“已选入”框。点击“确认”按钮，系统将弹出复制成功提示窗口。

4) 由工资生成

由工资生成拨款凭证用于拨款系统和统发工资系统一起使用的情况下，可以实现根据统发工资数据直接生成拨款凭证的功能。点击“由工资生成”子菜单，系统打开数据生成窗口，其操作界面如图 3-25 所示。

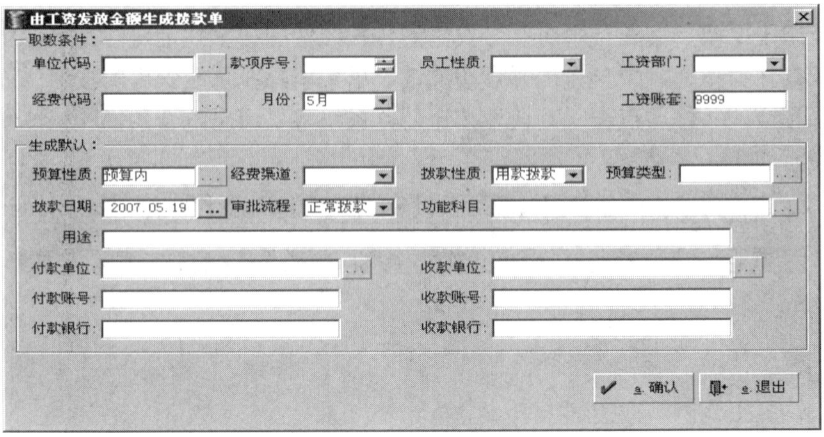

图 3-25 由工资发放金额生成拨款单窗口

在本窗口中，系统要求用户录入取数条件(单位代码、工资部门、员工性质、款项序号、经费代码、月份及工资账套)和生成默认(收付款单位、收付款银行账号、经费渠道和预算类型)等内容。

5) 批量录入

批量录入用于实现用户批量录入拨款作证。点击“批量录入”子菜单，系统打开预算拨款凭证批量录入窗口，如图 3-26 所示。

图 3-26　预算拨款凭证批量录入窗口

用户可以在该窗口中直接通过“增行”按钮进行批量录入。在直接录入时用户还可以将窗口上方的“复制上一行内容”复选项选中，在增行时系统将自动将上一行内容复制到当前增加的录入行。如用户已设置了拨款模板，则可以直接点击录入窗口下方的“提取模板”按钮，然后在系统弹出的模板选择窗口中选择模板，系统将模板中的信息列示在当前录入窗口中，用户再进行适当调整及录入金额后保存拨款凭证即可。在使用拨款凭证批量录入功能时需注意，系统保存拨款凭证数据时，是按每条记录保存为一张拨款凭证的。

6) 预拨冲销

该功能用于财政日常业务中对已经发生的预拨经费的拨款凭证进行冲销，将其列为支出的业务。具体操作为，用户点击“预拨冲销”子菜单，在系统弹出的拨款凭证查询条件窗口中选择相应的条件并点击“确认”按钮后，系统将显示出符合条件的待冲销的预算拨款凭证列表，如图 3-27 所示。

图 3-27　预拨拨款凭证列表窗口

在图 3-27 中选择要冲销的预算拨款凭证，点击窗口下方的“冲销”按钮，系统将弹出预算拨款凭证冲销窗口，如图 3-28 所示。

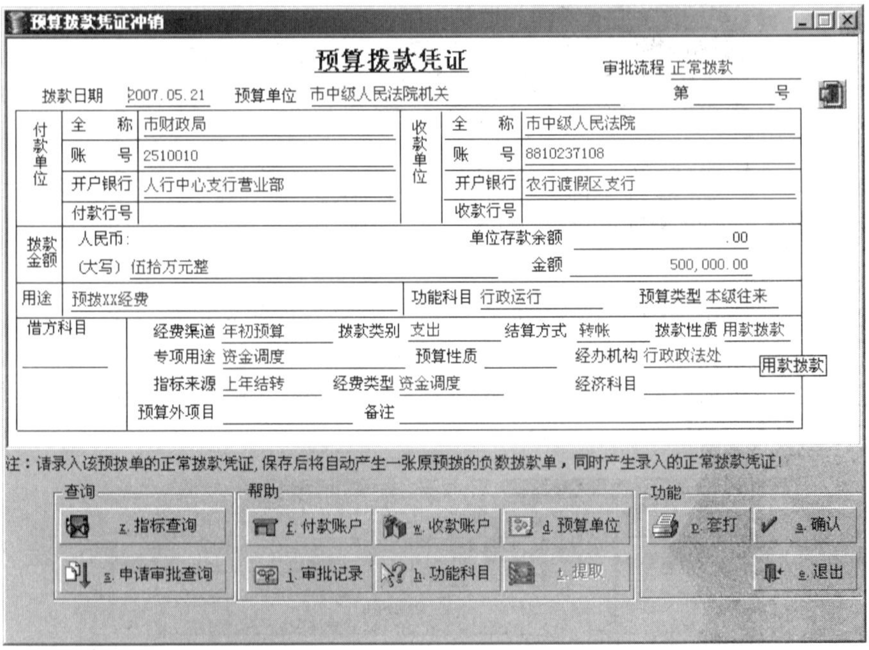

图 3-28　冲销预拨款凭证窗口

该窗口自动将原拨款凭证中的数据带入当前的单据中并将拨款性质置为用款拨款，用户做适当修改和调整后，点击“确认”按钮保存冲销拨款凭证。系统会将当前冲销凭证保存并自动再生成一张与原预算拨款凭证除金额为负外，其他内容均相同的一张拨款凭证。

7) 由外部文件导入

该功能主要实现将用户的外部数据导入系统成批生成拨款凭证，日常业务中可以用于将其他系统(如其他工资统发系统)的数据导入以生成拨款凭证。由于该功能是本系统提供的外部数据接口，所以在使用前需进行以下设置。

(1) 在本系统的 QT 目录下新建一个名为 df_dygx.ini 的配置文件，其内容格式如图 3-29 所示。该文件用于设置本系统中的实体单位代码和对方系统中单位代码的对应关系，其中等号左边为对方系统中的单位编码，等号右边为对应的本系统中的实体单位编码。

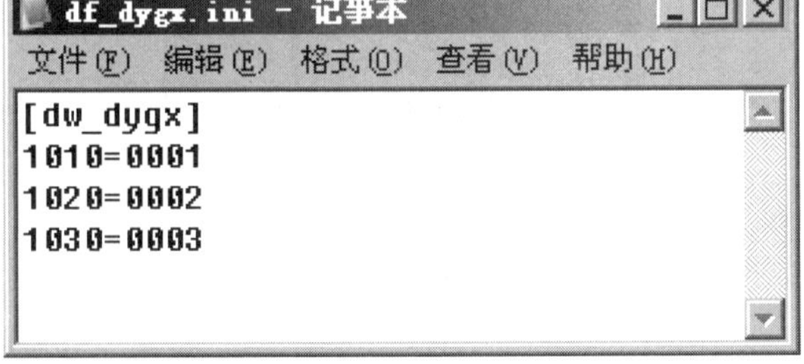

图 3-29　单位对应关系文件格式窗口

(2) 导入的数据文件必须是 TXT 文件，且文件中的数据格式必须是如图 3-30 所示的格式。每个数据列间以“TAB”作为分隔符，第一个数据列为日期格式“yyyy-mm-dd”，第二个数据列为对方系统中的单位代码，第三个数据列为功能科目代码，第四个数据列为金额。

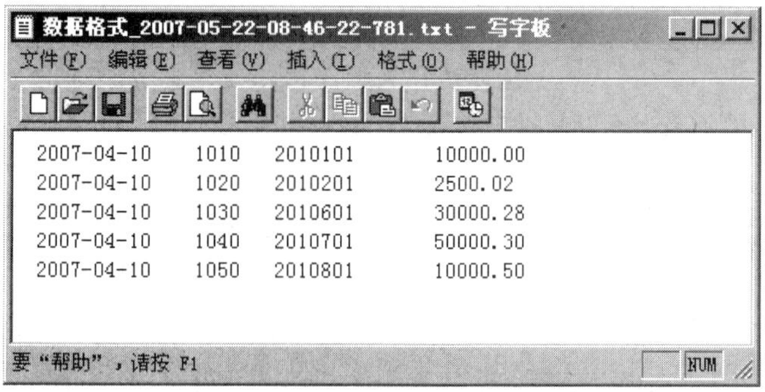

图 3-30 导入数据文件格式窗口

在进行数据导入时，点击“由外部数据导入”子菜单，系统打开数据导入窗口，如图 3-31 所示。

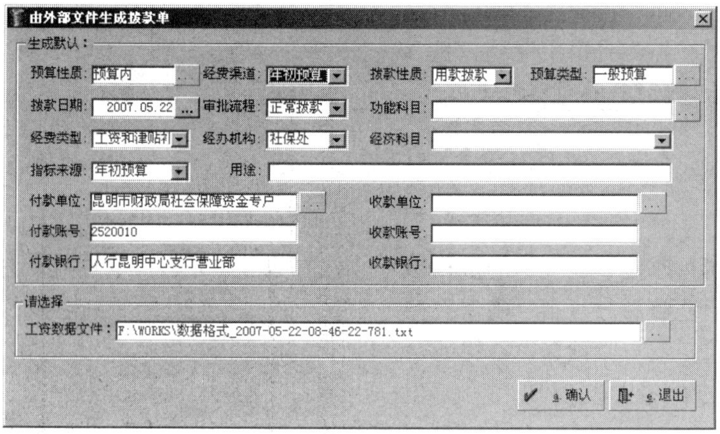

图 3-31 外部文件生成拨款单窗口

在图 3-31 所示窗口的“生成默认”区中选择本次生成拨款凭证除单位和功能科目外的其他录入项信息，再在下方的文件选项中选择要导入的 TXT 数据文件，点击“确认”按钮系统将数据导入系统，导入成功后弹出成功生成的拨款凭证张数，如图 3-32 所示。

图 3-32 提示窗口

注：该功能导入数据是按 TXT 文件中的数据记录数来生成拨款凭证的，每条记录生成一张拨款凭证。

2. 资金拨付审批

此处的资金拨付审批相当于实际业务中的国库对收到的拨款凭证进行审批操作。资金拨付审批操作非常简单，只要有资金拨付审批权限的操作人员点击该菜单，在进入预算拨款凭证列表窗口后，选中待审批的记录，然后点击窗口中的“审批”按钮，系统弹出预算拨款凭证，用户查看无误后，点击“审批”按钮即可。系统提供两种审批方法，即单张审批和成批审批，两者的操作方法基本一致。

3. 资金拨付支付确认

资金拨付确认即相当于实际业务中的如下操作过程：国库收到拨款凭证审核无误后，在凭证有关联次上签章，然后向申请的预算单位拨付经费。

资金拨付确认操作也非常简单：只要有资金拨付确认权限的操作人员点击该菜单，在进入预算拨款凭证列表窗口后，选中待拨付确认(已审批)的记录，然后点击窗口中的“支付确认”按钮，系统弹出预算拨款凭证，用户查看无误后，点击“支付确认”按钮即可。对于资金拨付支付确认的方法系统也提供了两种，即单张支付确认和成批支付确认，两者的操作方法基本一致。

4. 资金拨付查询

资金拨付查询提供各个实体单位的资金拨付情况。

点击资金拨付查询菜单后，系统将列出实体单位的所有拨款凭证，包括已审批的和未审批的，已支付确认的和未拨付的。

5. 凭证生成

凭证生成即由总会计根据已支付确认的预算拨款凭证记账，用户可以通过点击主窗口下方的“生成凭证”按钮将所选中的、已审批的“预算拨款凭证”自动生成为账务中的记账凭证，当所选中的“预算拨款凭证”已经生成过凭证时，系统会给予相应的提示。具体生成凭证的操作方法为：点击“凭证生成”菜单后，系统首先弹出“条件”选择窗口，用户确定要生成凭证的条件后，系统进入“预算拨款凭证列表”；点击列表中的“凭证生成”按钮，系统立即弹出如图 3-33 所示的窗口。

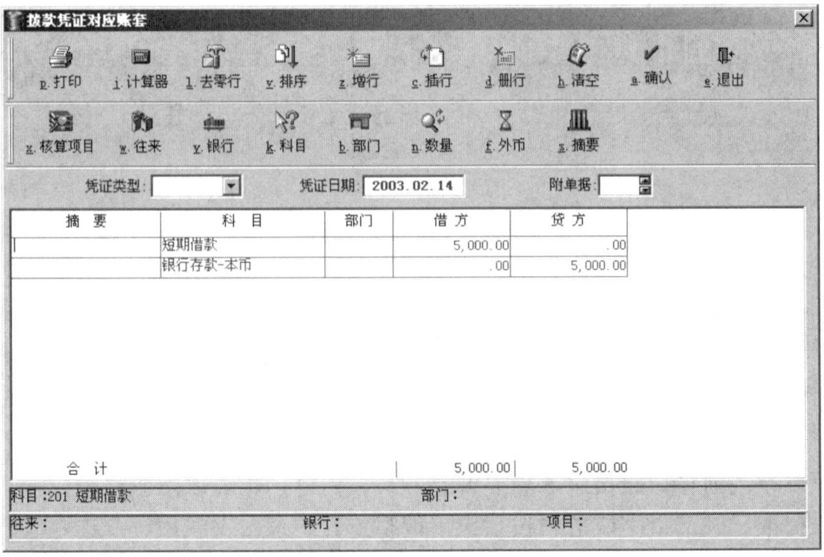

图 3-33　拨款凭证对应账套窗口

在图 3-33 中录入相关内容后，点击“确认”按钮，若弹出如图 3-34 所示的提示，则表明实体凭证已生成。

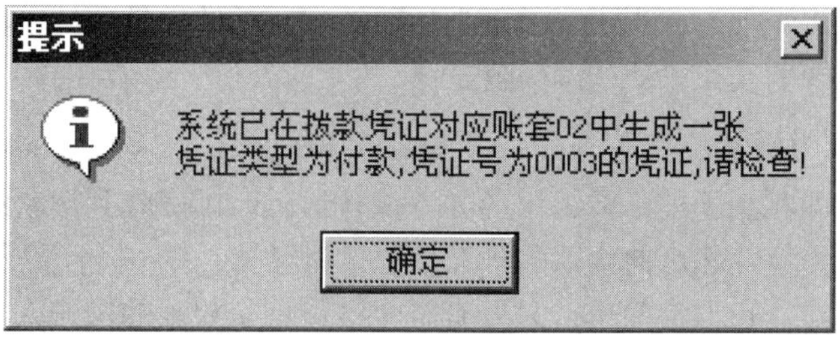

图 3-34　提示窗口

6. 拨付凭证汇总单

拨款凭证汇总单反映某单位某时期内已支付确认的预算拨款凭证的汇总金额。用户可以通过设置经费渠道、拨款性质、支付确认日期等条件进行汇总查询、打印以及汇总生成记账凭证。

7. 调整单录入

调整单录入主要是用来录入财政国库管理部门对已支出资金调整的记录。在国库收到业务处(科)提交来的拨款申请调整单或发现其他需要进行拨款调整时，都可以在此处处理相关业务。拨款调整单提供两种增加方式：一种是手工直接录入；另一种是复制生成。其中复制生成与资金拨付中的拨款凭证复制生成的方法相同。进行拨款调整单录入，用户点击“资金拨付”→“调整单录入”子菜单，系统将弹出拨款调整单录入窗口，如图 3-35 所示。

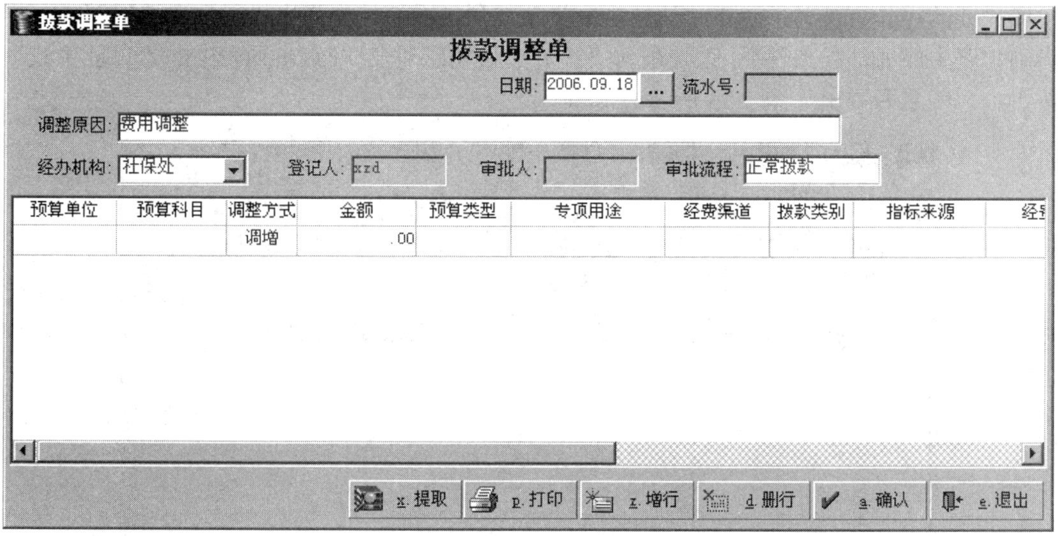

图 3-35　拨款调整单录入窗口

用户可以在当前窗口直接录入想要调整的拨款内容，也可以点击“窗口”下方的“提取”按钮来提取已经审批完成的“拨款申请调整单”。录入完成后，点击“确认”按钮保存单据。

8. 调整单修改

调整单修改用于对已录入且未审批的拨款调整单进行修改。点击“资金拨付”→“调整单修改”子菜单，系统弹出拨款调整单查询条件窗口，如图 3-36 所示。

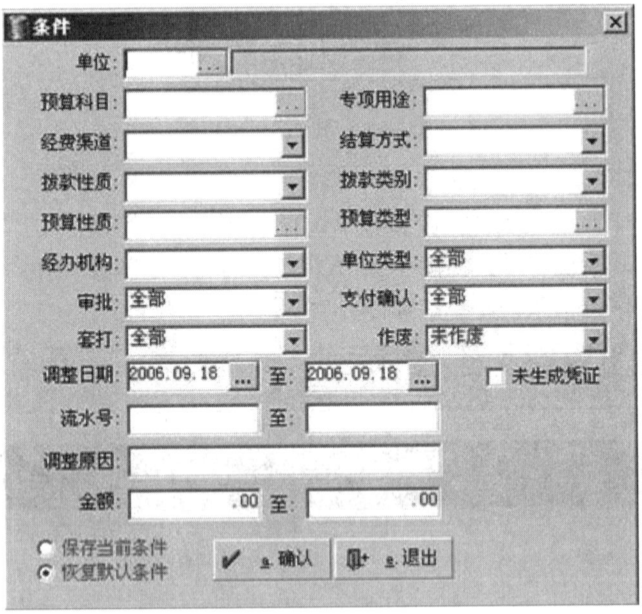

图 3-36　拨款调整单查询条件窗口

选择相应条件，点击“确认”按钮，系统将把符合条件的拨款调整单全部显示出来，如图 3-37 所示。

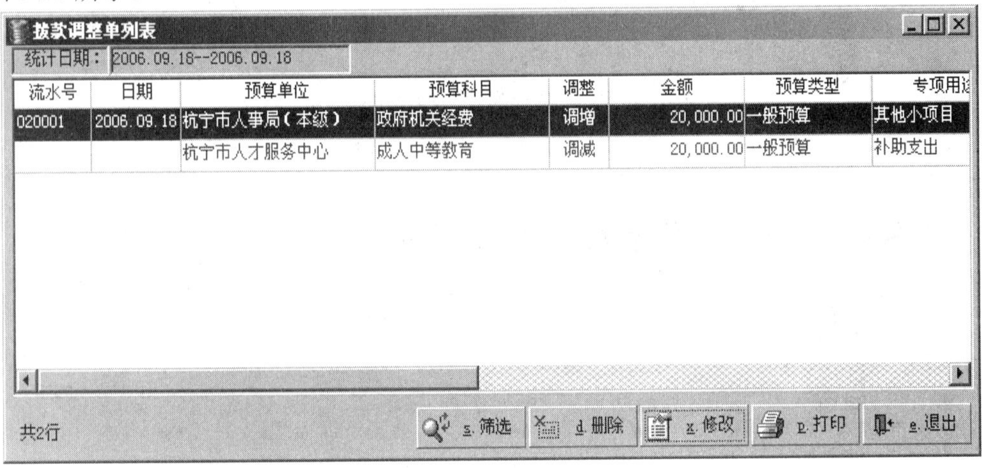

图 3-37　符合修改条件的拨款调整单列表窗口

用户在该窗口中选择要修改的单据，点击窗口下方的“修改”按钮，系统会打开如图 3-35 所示的窗口，用户在该窗口中对错误的内容修改完成后，点击窗口下方的“确认”按钮保存修改的内容。

如要将录入错误的且未审批的拨款调整单删除，则需要在图 3-37 所示窗口中选择单据后，点击窗口下方的“删除”按钮。系统此时会询问是否删除，见图 3-38。点击“是”按钮，系统将删除所选择的单据；点击“否”按钮，系统将终止删除所选单据。

图 3-38　删除提示窗口

9. 调整单审批

调整单审批用于对已录入的拨款调整单进行审批工作，用户点击“资金拨付”→“调整单审批”子菜单，系统将弹出如图 3-36 所示条件窗口。选择条件并“确认”后，系统将列出符合条件的待审批拨款调整单，如图 3-39 所示。

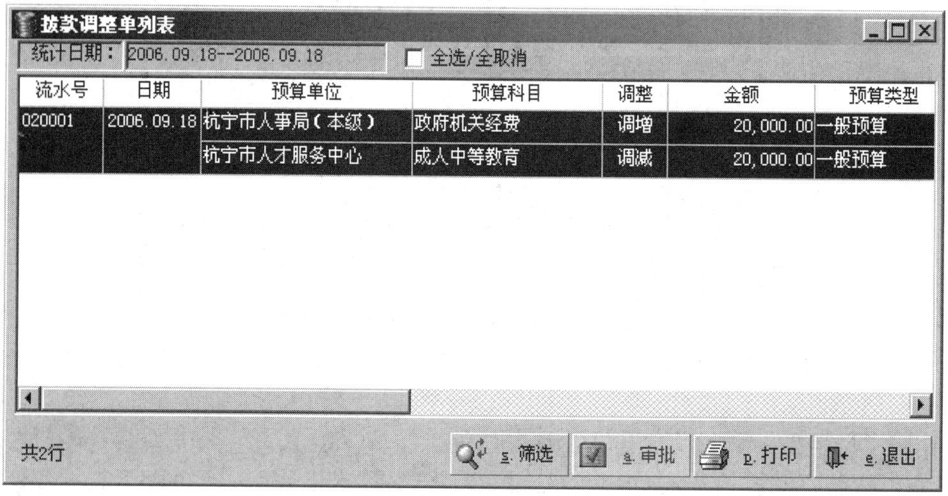

图 3-39　符合条件的拨款调整单列表窗口

在该窗口选择要审批的单据，点击窗口下方的“审批”按钮，系统将弹出拨款调整单审批窗口，如图 3-40 所示。

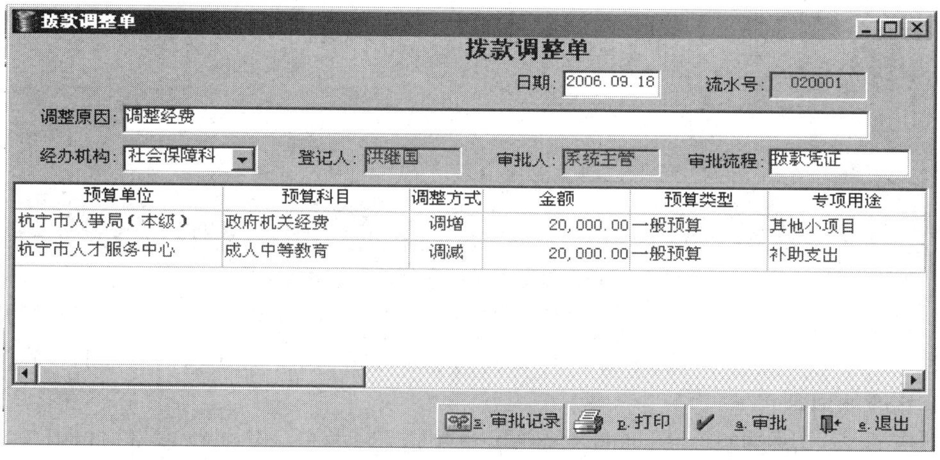

图 3-40　拨款调整单审批窗口

用户在该窗口可以通过点击窗口下方的“审批记录”按钮来查看该单据其他审批岗的审批记录。

进行该单据审批，只需点击图 3-40 窗口下方的“审批”按钮，如未启用审批流，则审批完成，如启用审批流，则系统会弹出审批意见窗口，如图 3-41 所示。

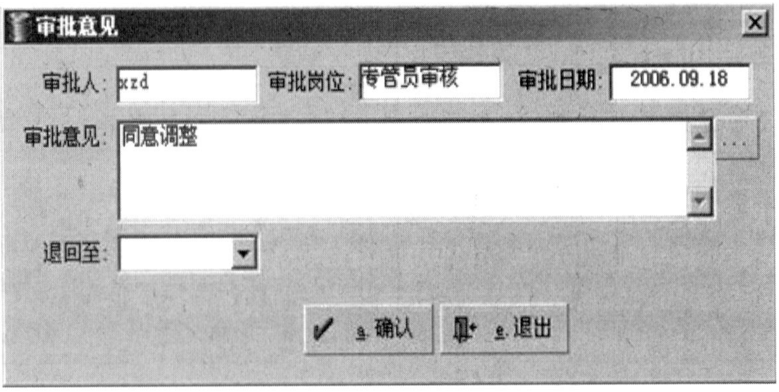

图 3-41　审批意见窗口

录入审批意见后点击“确认”按钮完成单据审批。

10. 调整单查询

调整单查询用来查询已录入的拨款调整单，点击“资金拨付”→“拨款调整单查询”子菜单，系统将弹出如图 3-39 所示的条件窗口。在该条件窗口中录入查询条件后，系统会将符合查询条件的所有单据全部显示到如图 3-41 所示的列表窗口。

三、拨款报表

拨款报表是系统对各个单位的指标、预算、拨款及用款情况进行对比，并自动生成的对比分析报表，主要提供以下报表：拨款进度分析表、用款进度分析表、拨款计划列表、收入支出进度比较表、拨款统计表、拨款指标统计表、支出目级科目报表、拨款明细表、资金拨付报表。

1. 拨款进度分析

拨款进度分析表能使您了解各实体单位为了完成国家规定的任务必然要耗用的各项预算经费的指标值、实际拨入值及两者的差额，对指标和拨款进行及时的分析，以便对拨款的进度和额度进行控制。

本系统提供按经费渠道查询、按预算科目查询、按专项用途、按预算类型查询和按经费类型查询五种不同的拨款进度分析表，但不管是按哪种方式查询，在拨款进度分析表中都可向用户提供以下信息：

(1) 每项预算经费指标及预算指标的总金额。

(2) 收到上级主管部门拨付的每项预算经费的实际拨付金额及拨付总金额。

(3) 各项预算经费指标与拨款之间的差额及总余额。

按预算科目查询如图 3-42 所示。

单位代码	单位名称
0002	222222222
0003	0
All	全部

代码	预算科目名称	指标金额	拨款金额
12	文体广播事业费	-95,000.00	.00
1205	档案事业费	-100,000.00	.00
120501	档案馆经费	-100,000.00	.00
16	税务等部门事业费	.00	.00
1607	旅游事业费	.00	.00
160701	对外宣传费	.00	.00
160702	干部培训费	.00	.00
160709	其他旅游事业费	.00	.00
1619	其他部门事业费	.00	.00
161919	其他部门事业费	.00	.00
21	行政管理费	-4,000.00	.00
2101	人大经费	-4,000.00	.00
2102	政府机关经费	.00	.00
2103	政协经费	.00	.00
2104	共产党机关经费	.00	.00
2105	民主党派机关经费	.00	.00
2106	社会团体机关经费	.00	.00
24	公检法司支出	.00	.00
2405	司法支出	.00	.00
240501	司法机关经费	.00	.00

图 3-42 预算科目指标/拨款进度表窗口

2. 用款进度分析

用款进度分析是指对各预算单位的拨款金额与用款金额、指标金额与用款金额的比较分析。系统提供了多种分析口径，包括按经费渠道、预算科目、专项用途三种方式的拨款用款进度和指标用款进度的分析，以及三种方式混合的综合查询分析表。

拨款用款进度表的格式与图 3-42 类似，只是所比较的内容不同，在此就不重复介绍了。

3. 拨款计划列表

拨款计划列表反映各实体单位对各项预算经费的指标、拨款及差额情况，包括预算指标金额、单位拨款申请批复金额、实际拨款金额、指标与拨款的差额、申请批复与拨款差额。

在本系统中，拨款计划列表可分别按经费渠道和按预算科目进行体现，主要区别在于统计口径不同，按预算科目拨款计划表如图 3-43 所示。

单位代码	单位名称
0002	222222222
0003	0
All	全部

代码	预算科目	指标金额	申请批复金额	拨款金额
12	文体广播事业费	-95,000.00	.00	100,000.
1205	档案事业费	-100,000.00	.00	100,000.
120501	档案馆经费	-100,000.00	.00	100,000.
16	税务等部门事业费	.00	.00	.
1607	旅游事业费	.00	.00	.
160701	对外宣传费	.00	.00	.
160702	干部培训费	.00	.00	.
160709	其他旅游事业费	.00	.00	.
1619	其他部门事业费	.00	.00	.
161919	其他部门事业费	.00	.00	.
21	行政管理费	-4,000.00	.00	.
2101	人大经费	-4,000.00	.00	.
2102	政府机关经费	.00	.00	.
2103	政协经费	.00	.00	.
2104	共产党机关经费	.00	.00	.
2105	民主党派机关经费	.00	.00	.
2106	社会团体机关经费	.00	.00	.
24	公检法司支出	.00	.00	.
2405	司法支出	.00	.00	.
240501	司法机关经费	.00	.00	.

图 3-43 预算科目拨款计划表窗口

4. 收入支出进度比较表

收入支出进度比较表是逐月对征缴税款额与拨付资金值进行比较，如图 3-44 所示。

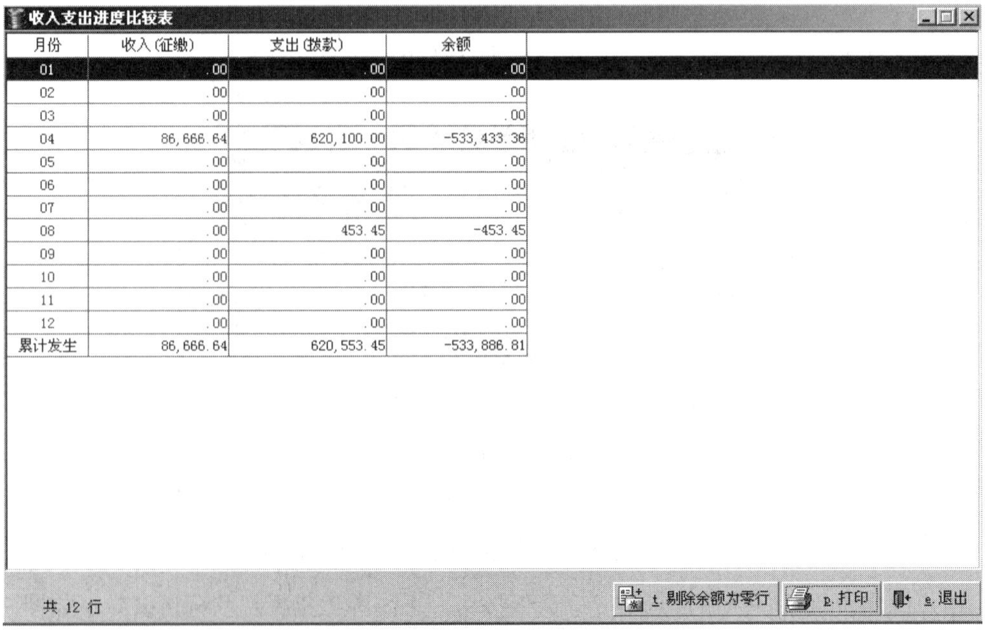

月份	收入(征缴)	支出(拨款)	余额
01	.00	.00	.00
02	.00	.00	.00
03	.00	.00	.00
04	86,666.64	620,100.00	-533,433.36
05	.00	.00	.00
06	.00	.00	.00
07	.00	.00	.00
08	.00	453.45	-453.45
09	.00	.00	.00
10	.00	.00	.00
11	.00	.00	.00
12	.00	.00	.00
累计发生	86,666.64	620,553.45	-533,886.81

图 3-44　收入支出进度比较表窗口

5. 拨款统计表

拨款统计表提供财政部门或上级预算单位向各预算单位拨入的每笔预算经费及其拨款合计金额。查询时可以根据是否审核和是否支付进行筛选，查询窗口如图 3-45 所示。

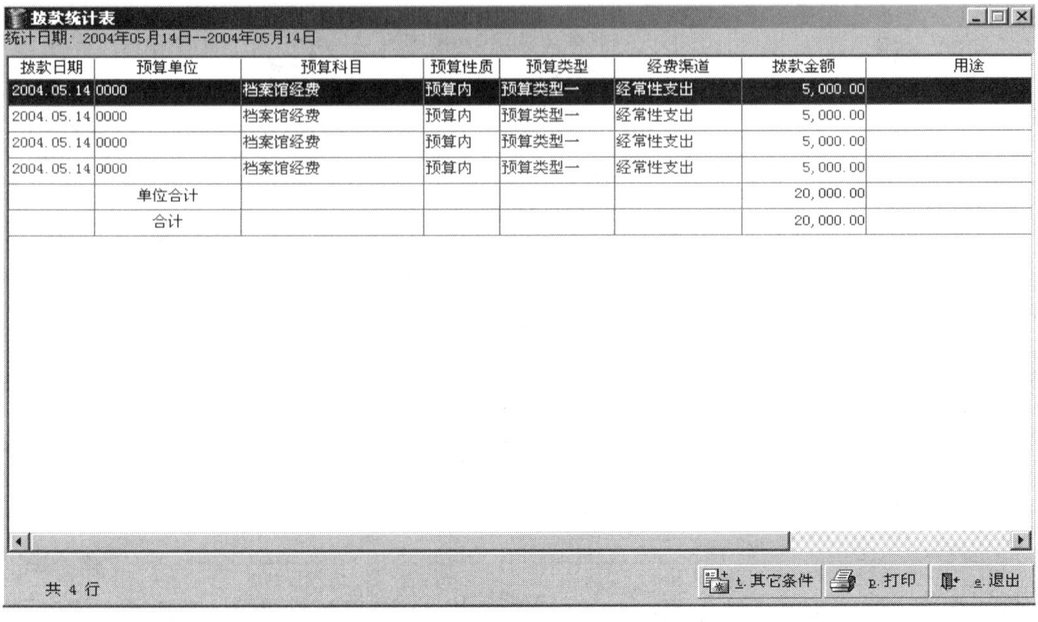

拨款日期	预算单位	预算科目	预算性质	预算类型	经费渠道	拨款金额	用途
2004.05.14	0000	档案馆经费	预算内	预算类型一	经常性支出	5,000.00	
2004.05.14	0000	档案馆经费	预算内	预算类型一	经常性支出	5,000.00	
2004.05.14	0000	档案馆经费	预算内	预算类型一	经常性支出	5,000.00	
2004.05.14	0000	档案馆经费	预算内	预算类型一	经常性支出	5,000.00	
	单位合计					20,000.00	
	合计					20,000.00	

图 3-45　拨款统计表窗口

6. 拨款指标统计表

指标拨款分析主要用于查询指标数与拨款数的余额情况，系统提供按单位、科目查询的方法。

操作方法非常简单，用户先进行查询条件的选择，窗口如图 3-46 所示。

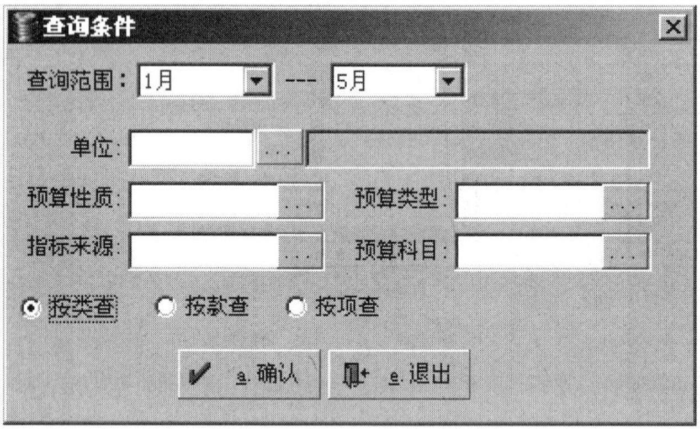

图 3-46　查询条件选择窗口

用户确定查询条件之后，点击“确认”按钮，系统弹出指标拨款分析窗口，如图 3-47 所示。

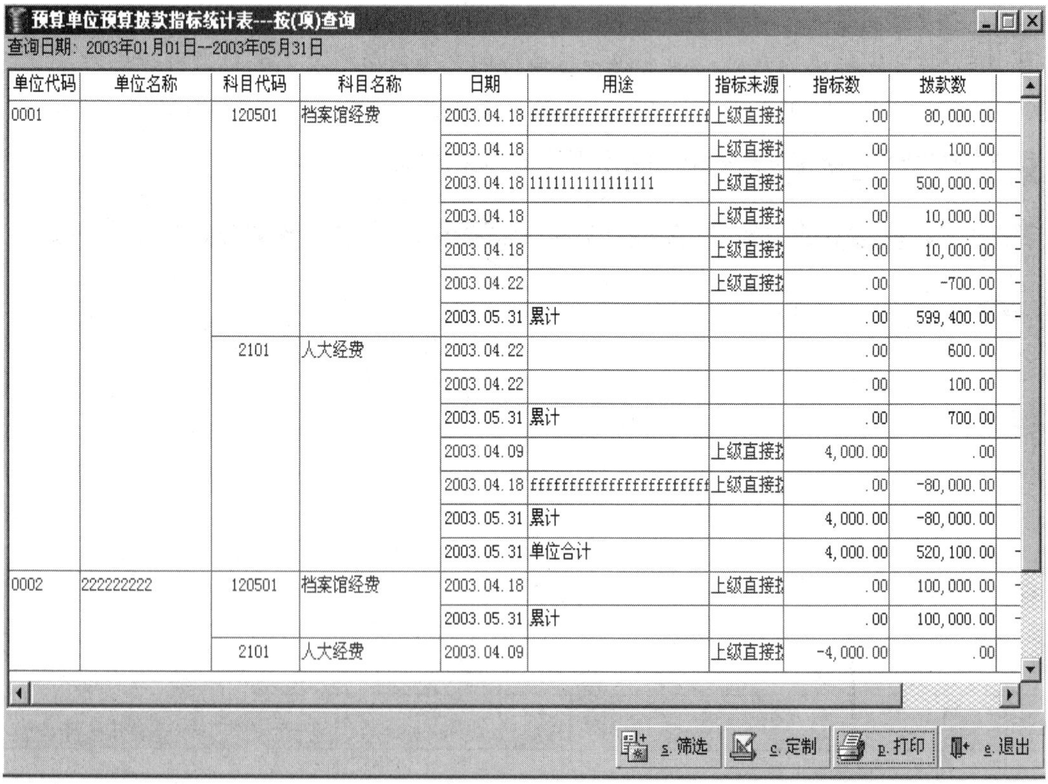

单位代码	单位名称	科目代码	科目名称	日期	用途	指标来源	指标数	拨款数
0001		120501	档案馆经费	2003.04.18	ffffffffffffffffffffff	上级直接拉	.00	80,000.00
				2003.04.18		上级直接拉	.00	100.00
				2003.04.18	1111111111111111	上级直接拉	.00	500,000.00
				2003.04.18		上级直接拉	.00	10,000.00
				2003.04.18		上级直接拉	.00	10,000.00
				2003.04.22		上级直接拉	.00	-700.00
				2003.05.31	累计		.00	599,400.00
		2101	人大经费	2003.04.22			.00	600.00
				2003.04.22			.00	100.00
				2003.05.31	累计		.00	700.00
				2003.04.09		上级直接拉	4,000.00	.00
				2003.04.18	ffffffffffffffffffffff	上级直接拉	.00	-80,000.00
				2003.05.31	累计		4,000.00	-80,000.00
				2003.05.31	单位合计		4,000.00	520,100.00
0002	222222222	120501	档案馆经费	2003.04.18		上级直接拉	.00	100,000.00
				2003.05.31	累计		.00	100,000.00
		2101	人大经费	2003.04.09		上级直接拉	-4,000.00	.00

图 3-47　预算单位预算拨款指标统计表窗口

7. 支出目级科目报表

支出目级科目报表是以目级科目为查询口径的报表，主要包括拨款通知书附表、单位目级支出明细表、单位目级支出多栏明细表、类款项目级支出多栏明细表、目级支出明细表、类款项目级支出单位汇总表。这些报表的格式非常相似，以“类款项目级支出多栏明细表”为例，报表窗口如图 3-48 所示。

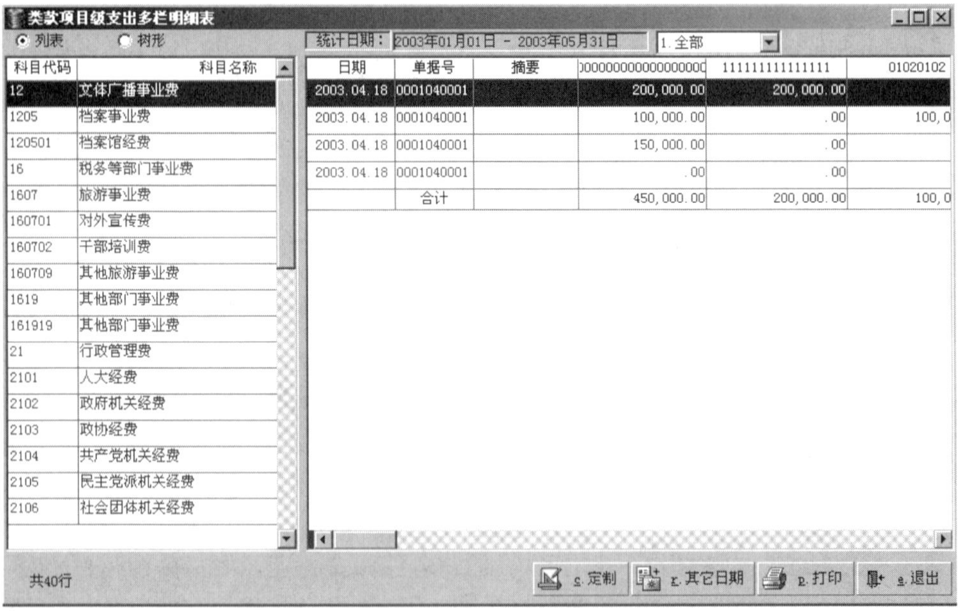

图 3-48 支出明细表窗口

8. 拨款明细表

拨款明细表主要用于查询某时期内拨款明细情况，如图 3-49 所示。

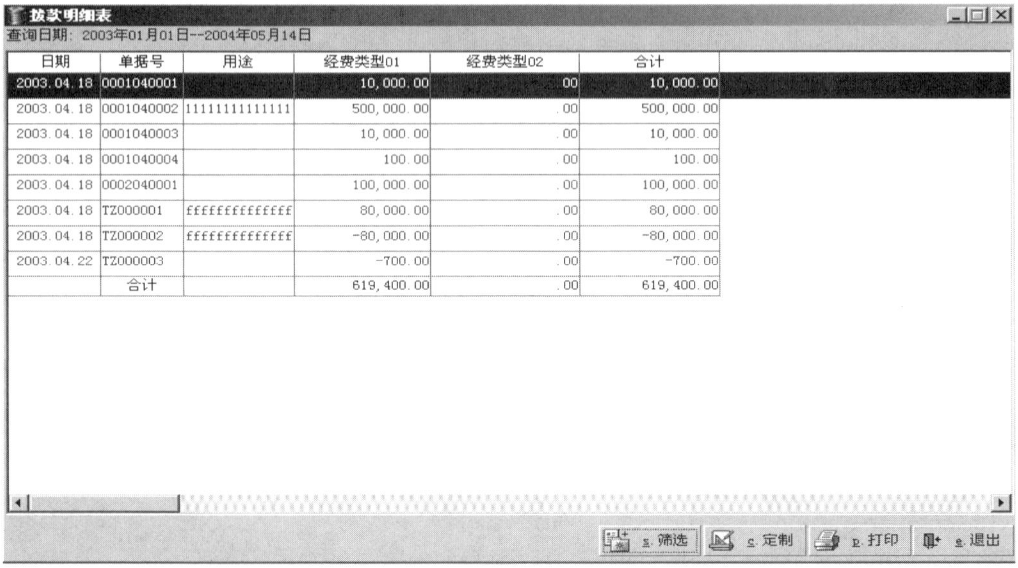

图 3-49 拨款明细表窗口

9. 资金拨付报表

资金拨付报表分为日报表、旬报表、月报表和汇总月报表四种，主要提供各个单位或所有单位不同的时间段资金拨付情况的查询。用户可进行已支付确认、未支付确认及全部三种情况的查询。

第四章　公共预算决算

预算决算是预算管理周期中继预算准备和编制、预算执行阶段之后的第三个阶段，其主要任务是对政府预算执行情况进行总结，编制政府决算草案报告，并接受立法机关的审查和批准。作为整个预算管理的末端环节，决算反映的数据是预算执行的最终的、实际的数据。它也是预算管理过程中一个必不可少的、十分重要的阶段。为确保预算执行结果符合预算中阐明的政府政策意图，在每个预算执行周期结束后对预算执行情况进行总结，并对执行结果进行良好的预算评估和审计非常重要。基于此，本章的主要内容包括：公共预算评估、政府预算审计及相关实务操作。

第一节　公共预算评估

对预算进行评估的主要作用是将过去和未来相联结，即从过去经历中吸取教训，并反馈到未来规划与决策行动中去，从而有利于将相关信息和评估结果应用到部门内部的预算资源分配和再分配。预算评估过程中，鼓励各支出部门建立自己的预算评估机制，并不断改进各自评估能力，有利于通过改进资源分配决策来促进预算效率。

一、预算评估的目的与意义

预算评估是建立在预算控制上的，预算控制根据影响公共机构营运效率的三个因素(即信息、动机和角色)分为外部控制、内部控制和产出控制。其中外部控制是由负责支出控制的核心部门一整套由法律规定的正式的预算程序与规划，对支出机构的预算资源营运实施严格的事前管制。传统的预算控制模式一般是外部控制。但由于存在着特有的信息障碍、动机扭曲和角色对立等问题，使得对外控制模式的效果并不好，主要表现为预算执行结果常与预算初衷背道而驰；相对的，内部控制是一种强调将管理资源营运的责任下放到支出部门和机构内部的管理模式。虽然在信息动机和角色方面有所改进，但此模式忽略了公共机构和规划的绩效问题。为此，一些发达国家从 20 世纪 80 年代以来逐步转向了产出控制模式，这也是内部控制模式发展的顶峰。从外部控制转向内部控制(更不用说转向产出控制)需要具备一定的条件，一旦转变完成，预算评估和审计的重要性便都显示了出来。由外部模式转向内部或控制模式时，需要在部门内部产生大量关于规划和绩效方面的信息，据此即可建立评估机制，以方便预算决策者了解规划所产生的效应。

一般来说，在预算资源有限的情况下，实施一项花费昂贵的决策或决策变动之前，需要仔细考虑由此可能带来的效应。即当某些规划实施营运一段时间后，政策制定者就需要知道该项规划所产生的影响效应及成本情况。预算评估的目标则在于通过提供关于政府政策或某项规划所产生的效应方面的数据，然后把这些效应归属于影响这一规划或政策的各因素上，并向政策制定者提供所需的信息，用以决定是否继续或变更该项政策或规划。为了鉴别和计量政府政策及规划的效应，有时需要采取一些复杂的评估方法。在决定采用哪种方法时，不应只考虑技术问题，还应考虑到资源的可得性等方面的问题。为确保影响评估的成功，受影响的各方特别是在评估人与被评估人就评估问题签署协议是非常必要的，评估人必须经常争取支出机构的合作以获得所需要的数据。

对预算规划进行评估还需要将执行结果与该规划的预期结果进行比较。如果规划的目标能够清晰的阐述，那么评估就会容易很多。因此，对于评估而言，绩效标尺的作用凸显出来。这些设计良好的标尺可以很大程度上决定预算评估取得成功的可能性。而且在OEDC成员国中，预算评估因为特别关注绩效，被作为管理政府项目的基本工具。预算评估在这些国家的部门预算编制过程中发挥了重要作用。此外，预算评估也有助于加强管理，增加透明度，为决算者提供更多更好的信息，从而促进更合理的资源分配。

二、有效评估的前提条件

对政府规划的有效性和效率进行系统的预算评估，只是改进公共机构和规划绩效方法的一部分，评估成功与否还需要受到一些条件的限制。具体来说，确保预算评估取得成功的因素包括：

第一，不应把预算评估视为绩效管理框架的替代物。预算评估必须是一个更为广泛的绩效管理框架的组成部分；

第二，预算评估只在决策基于分析如成本效益分析而不是理想化的环境中做出时才是有用的，成本的有效性此时才能作为一项重要目标；

第三，评估过程中的主要参与者之间必须开展良好合作，提出评估要求或申请的机构、实施评估的人以及影响评估结果的人之间，必须一起开展工作；

第四，清楚界定需要评估的问题究竟是什么，以及到找到答案的大致时间。

预算评估过程中，提出评估要求的人可能是立法机关或其委员会、某个部、预算部门或某项规划管理者。评估人员可以是某个部门的分析人员，或某个审计组织，也可以来自其他方面。但无论来自哪方面，评估人员都必须具有任务所需要的管理和专业技能。评估者在评估时需要根据提出评估申请方给出的时间和资源，清楚地界定获得答案所需要的程序和资源，确保答案的可靠性。而且评估的使用者(一般是利益关系者，可能是也可能不是提出评估要求的一方)必须参与到制定评估计划中，以确保评估结果可以与使用者作出决策联系起来。另外，在界定问题和制定评估计划时，还须要考虑利益相关者的看法，因为评估时评估者通常需要他们提供相关资料，而且他们在解释评估结果和采纳评估所提出的建议方面，也发挥着重要作用。

第二节　公共预算审计

专业的审计部门是辅助立法机关或政府机关监督政府预算活动的重要机构，在政府预算监督中发挥着重要作用，尤其是在西方市场经济国家。现代政府审计制度是从经济监督角度出发对政府行政进行的一种制衡。由于世界各国政治制度和具体国情的差异，审计部门的组织结构呈现多样性特征。

一、审计的意义与分类

在决算过程中，预算评估(其核心是规划评估)与预算审计是预算循环最后阶段的关键内容，两者既有区别又有联系。预算评估所关注的是对政府政策与规划所产生的效应或影响进行系统的确认和计量，通常要求采用科学的方法来增强调查结果的可靠性，这些方法应该将各种因素对政策或规划产生的效应分离。而审计的最终目的是促进政府真的担负起立法机关和公民的受托责任。因此，在规划层次上进行的预算评估是对规划进行效率审计的基础。如果没有良好的预算评估，对规划的审计结果将是有限的。

预算审计是按照一定的财务、会计、预算规定与预算绩效评价指标对政府预算实施的结果进行检查和评价的过程。其目的是通过对预算结果与预算目标的差异、预算执行成本与效益(包括社会效益的分析)及时发现问题，调整并矫正预算中的偏差，以此来提高预算的政策效应。预算审计范围包括财务审计、合规性审计与绩效审计，根据不同的目的又可分为内部审计和外部审计。其中，财务审计包括审计财务报告书(其核心是财务报表)及其所依据的会计准则，并将审计结果予以报告；合规性审计是对法律方面和管理方面的合规性情况进行审计，主要是对管理系统、财务系统以及管理控制系统的诚实与适当性；绩效审计旨在对使用资源已达到特定目标的公共规划、部门和机构的管理与营运绩效进行审计，其核心概念是经济性(economy)、效率(efficiency)和有效性(effectiveness)，也称“3E 审计”。传统的审计重心是合规性审计，而现代审计更加强调绩效审计。

进行审计之前，需要进行一系列准备工作。在准备阶段需要阐明一些审计事项，比如审计的范围、进行审计的问题和目标、收集和分析数据的方法和技巧、审计的标准、审计过程中可能的发现、由谁去做审计以及审计开始和结束的时间等。审计结束后，还需要向不同层次部门提交审计报告。首先向审计对象提交初步报告，以保证审计报告的准确和完整；其次向政府提交报告，来得到审计结论和建议的政府回应；最后向国会提交报告，包括政府的回应和委员会的讨论内容。一般情况下，审计报告的内容应包含以下方面：内容提要，这也是报告的主要部分，问题的背景信息，有关范围、问题、标准和方法的信息，审计成果、结论、建议以及政府的回应。而且在民主政体下，审计报告必须要通过网站或其他渠道进行公开。

二、从合规性审计到绩效审计

审计机关进行预算监督的内容因审计制度设计、预算原则的区别以及各国国情而不同。一般来说，传统审计基本上是合规性审计，但它只限于财务审计即对拨款是否得当使用进行审计和财务报告审计，对是否如实的报告资金使用情况进行审计，作用相当狭窄。随着审计的职能和范围的扩展，很多发达国家目前已经将审计的重点转向了绩效审计，绩效审计关注的是对政府规划的设计、执行及其绩效进行分析。为了比较清晰的展现出绩效审计的合理性，下面以美国联邦政府预算审计的内容和目的为例，来说明绩效审计的相关内容。

1. 财务审计

(1) 财务报表审计。确定内容包括：被审计单位的财务报表所呈现出的财务状况、运营结果、现金流动和财务状况变动等财务信息，是否符合一般会计准则；被审计单位所从事的对财务报表造成实质性影响的交易和事件，是否遵守法律规章。

(2) 相关财务审计。确定内容包括：是否公允地提供了财务报表及会计要素、账目、资金等相关内容；财务信息的提供是否依据既有的会计标准；被审计的单位是否坚持了特定的财务要求。

2. 绩效审计

(1) 经济与效率审计。确定内容包括：政府机构是否经济、有效地取得了人员、财产和场所等经济资源并加以保护和使用；导致无效率和不经济的原因；在经济和效率方面，被审计机构是否遵守了相关法律和规章。

(2) 程序审计。确定内容包括：立法机关或其他授权单位所规定的目标和福利的实现情况；组织、机会、活动或功能的有效性；被审计单位是否遵守了适用于该计划的法律和规章。

根据上述美国政府预算审计的内容和目标可以看出，绩效审计确定的是政府预算资金的使用效益情况，政府及其部门和预算单位是否以经济、效率和有效性的方式获取和使用公共资源，预算绩效目标的实现程度，什么因素和原因不利于绩效目标的实现，要达到绩效目标是否可能有其他选择等问题。而财务审计是通过对财务记录的审查来确定政府的预算执行：预算资金支出是否合法，收入记录和控制是否恰当，财务记录和财务报表是否完整可靠，预算执行中是否有舞弊行为等。相对而言，绩效审计可以用来改善工作信息，帮助决策者监督或纠正行动，从而为公众利益服务。从所确定的内容上可以体现出绩效审计比较重视经济性、效率和有效性，这也是绩效审计的三个支柱。其中经济性指的是在既定的资源约束下以最优价格获得所需商品和服务；效率是指以最低的投入来获得最多产出；有效性指最大限度地实现所宣布的规划或政府政策目标。其中，由于有效性直接涉及政策问题，因此对公共支出的有效性进行审计最易引起争议，很多情况下难以进行量化。对绩效审计来说，其常规流程一般是先挑选审计对象，对审计对象进行前期研究后即可实施审计，审计结束提交相应的审计报告并与审计单位交换意见，最后还要对审查对象进行追踪反馈。其基本的框架如图 4-1 所示。

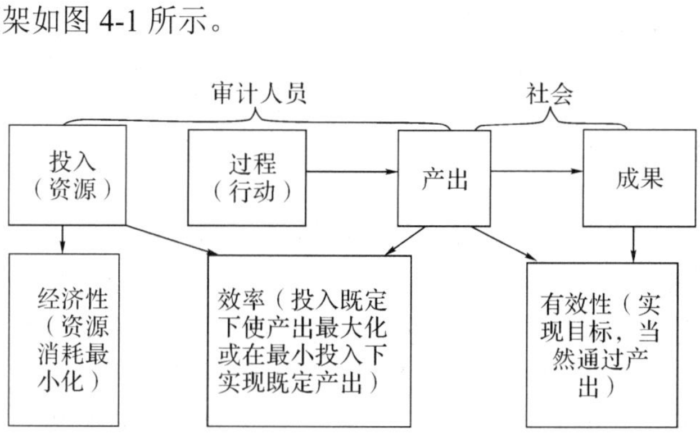

图 4-1 绩效审计的基本框架图

虽然目前很多发达国家和一些发展中国家将预算审计的重心转向了绩效审计，但这并不意味着合规性审计不再重要。事实上，不管在哪个国家，基本的财务合规性不仅是审计的永久性目的，也是公共规划取得绩效的前提条件，因此两者不可偏废。

不管是合规性审计还是绩效审计，还需要有专业的、相关的人员参与。首先，完整、高质量的审计需要有足够多的、严谨敬业的审计师；其次，还需要支出机构的管理者的参与，不仅要参加审计开始和结束时的会议，还应积极参与到整个审计过程中；最后是被审计机构的管理者，对他们来说至少应承担以下职责：经济、有效、合法地使用资源，遵循相关法律法规，建立和维护一个有效的内部控制系统，向监督其活动的有关各方和公众提供适当报告，落实审计结果和审计师的建议等。

三、财务报告

政府会计和财务报告是实现良好预算管理、财务受托责任和决策的重要工具。会计系统的直接目的是向利益相关者提供高质量的财务报告。利益相关者利用财务报告披露的信息做出最有利于自己的决策。财务报告是政府众多报告中最重要和最基本的一项政府报告，同时也是政府审计的一个重要项目。

1. 财务报告的内涵和特征

财务报告是报告主体对一定会计期间财务活动乃至整个报告主体各项活动所进行的系统全面的总结和报告，是为满足组织内部和外部利益相关者对特定信息的需求而编制的，既是信息使用者进行经济和社会决策的依据，也是政府解除财务受托责任的有效凭证。基于妥善管理财政事务、履行受托责任以及制订有效决策的目的，每个国家都需要提供某种形式的政府报告和建立财务报告制度。我国《预算法》(2015)第97条规定：各级政府财政部门应当按年度编制以权责发生制为基础的政府综合财务报告，报告政府整体财务状况、运行情况和财政中长期可持续性，报本级人民代表大会常务委员会备案。根据财务报告的定义可以看出，财务报告的信息需求者广泛，主要包括社会公众、权力机关、政府的债权人和投资者、各类评估机构及其评估人员、各级政府行政管理部门等；财务报告以财务信息为主要内容，其主要形式是财务报表，主要根据会计记录编制，旨在向使用者披露报告主体在特定时间内的财务与运营状况及其变动情况。在多数国家，政府财务报告必须经过最高审计机关的审计后，方可对外披露。

政府财务报告的特征有以下几个方面：

1) 提供财务信息，核心是财务报表

财务报告是政府及所控制的机构或实体与其利益相关者之间进行沟通和交流的工具。通常反映过去交易或事项所产生的财务效应，这是通过提供财务信息实现的。财务报告是由财务报表和相关文字说明材料构成的。财务报表提供的信息包括表内信息和表外信息(报表附注部分)。表外信息的披露，主要是对表内信息进行进一步解释和说明。而文字材料主要是围绕财务报表所作的署名陈述，以帮助报表使用者更好地理解财务报表。而且财务报表的具体类别因国而异，并因所采用的会计基础不同而不同。但多数国家的政府财务报表都是由资产负债表、现金流量表、运营表这三个基本报表构成的。

2) 不同于合规性报告和绩效报告

财务报告只提供财务绩效而非服务绩效信息，绩效报告包括由政府提供的商品与服务的性质、质量、数量、成本等方面的信息。合规性报告则关注的是报告实际结果与预算或计划的结果之间的对比情况。虽然财务报告中可以包含有合规性报告和绩效报告的某些信息，但又与这两者不同。

3) 不同于预算执行报告

一般来说，财务报表披露的是关于资产、负债、净资产、收入、费用等财务要素信息，预算报告的信息并非依据财务要素组织和披露。最基本的预算执行报告是年度决算报告，它反映了财政年度中的预算执行情况。除了作为基本报告的年度决算报告外，预算执行报告还包括一系列旨在对预算执行进行妥善管理的报告，主要包括现金流量报告。此类报告应至少每周提供一次，并应列示现金流入与现金流出，理想情况下，还应提供反映政府收入和按照经济分类的支出的现金流量预测以及预算执行情况月报。此类报告应以预算分类系统为基础，并要确定最初拨款、分配给各部门或支出项目的拨款额度，经修订后的拨款以及承诺，取得核实阶段的支出及拨款数额，至少应提供付款方面的信息，而且欠款也应包括起来。此外财务报告与预算执行报告之间的界限具有主观性，并因国而异。

2. 财务报告的最低要求和最高目标

不管是何种会计基础和会计模式，各国都应提供满足某些最低要求的财务报告，并设立适当的会计账户(包括备查账)。由于政府财务报告系统的设计必须满足不同的使用者，因此在设计时，其最低报告要求提供：用以反映拨款和支出变动的预算管理报告，对立法机关的受托责任报告，汇总的关于一般政府的财务报告、拖欠报告、债务或有负债的报告与借款报告，以及评估预算规划的报告。明确受托责任和服务决策有用可以看做是政府财务报告的最高目标，这一目标也是根本目标。美国政府会计准则委员会在 1987 年发布的《政府会计准则委员会概念公共第 1 号——财务报告的目标》中提出，政府财务报告应提供相关信息以帮助信息使用者，包括评价受托责任以及做出经济的、社会的和政治的决策。具体来说，首先在政府财务报告中向公众解释受托责任，比在企业财务报告中向公众解释受托责任更为重要。目前来说，我国的财务报告是以政府预算执行情况报告为主，而政府预算执行情况报告主要提供关于政府预算资金的来源、使用及实际与预算相比较的信息。当前我国的政府预算执行情况报告一定程度上说明了政府的受托责任，即关于是否守法合规，是否完成了计划，是否高效运用了资金等。对受托责任的评价是对过去事项作出评价，目前我国在这方面的报告还远不够。其次，政府财务报告的另一重要目标是制定决策，即根据财务报告已有信息为未来进行决策提供参考。我国的政府预算执行情况报告也是以此为目的的，在总结以前执行情况的同时，也为下一年度确定收入、支出等数据提供了重要参考，特别是采用基数法确定收入时。

3. 政府财务报告的分类

基于不同的使用者，政府财务报告可以分为两个大类，即特定目的的财务报告和一般目的的财务报告。其中一般目的财务报告是为外部使用者(包括选民、财务分析师、贷款者、供应商和媒体等)编制的。由于专门的内部财务报告很难得到，因此一般目的的财务报告是外部使用者了解政府财务信息的唯一来源。国际上通常认定将满足外部使用者的信息需求作为政府财务报告制度的重心。根据报告主体不同，政府财务报告也可分为政府整体财务报告、部门报告和基金报告。其中部门报告的范围仅限于特定政府部门及其下属机构的财务信息，政府整体财务报告范围是某个特定级别政府的财务信息，如中央政府财务报告。在基金会计模式下，政府基金也可构成独立的报告主体，美国采用的就是基金报告模式。

政府财务报告可以采用不同的会计基础编制。现金基础和应计基础是两种最基本的会计基础。目前很多发达国家除了编制现金基础上的政府财务报告，即现金流量表和现金预算表，还同时编制应计基础上的财务报表，包括资产负债表和运营表。虽然各国政府编制和披露财务报表的数量和格式存在一定差异，但是很多国家在编制财务报告时都包含以下三张报表：现金流量表、运营表和资产负债表。其中现金流量表是政府财务报表的核心和基础，因为此报表提供了特定时间内政府的现金收支和现金余额信息。一般的，采用现金会计或应计会计的国家都会编制政府现金流量表。运营表反映了政府在特定时期内的运营业绩，通常在应计会计下编制。资产负债表也称平衡表，报告的是关于政府资产、负债和净资产方面的财务信息。由于存在计量方面上的技术差异，不同国家编制和披露的资产负债表并不完全可比，但不同国家的公司资产负债表的可比性是相当高的。

4. 财务报告的主体

政府财务报告主体指的是按规定需要承担编制财务报告的政府机构。美国政府会计全国理事会(NCGA)在《政府财务报告主体的界定》中对政府财务报告主体的界定提出 5 条标准，即财务依存性、管理监督权、管理指派、运营活动的重大影响和财政事项的受托责任。

多数国家的政府或公共部门的财务报告主体包括作为一个整体的政府、单个政府组织或机构以及政府管理的基金。根据《预算法》规定，我国预算实行的是一级政府、一级预算的管理体制，并设立了中央、省或自治区直辖市、设区的市或自治州、县(自治县、不设区的市、市辖区、旗)、乡(民族镇)等五级预算。这五级预算即是我国政府财务报告主体的基本政府。它们在法律上是独立的，而且在财政上也具有相对独立的预算权。通常情况下，政府财务报告主体的核心是基本政府，但在基本政府之外的其他许多政府组织如组成单位、合资经营单位、共同控制组织、其他单独呈报财务报告的政府，如果它们单独发布财务报表，那么它们也是自己财务报告主体的核心。

第三节　预算审计实务

由前述内容可知，财务报告是政府报告中最重要和最基本的一项政府报告，同时不管是预算审计中的合规性审计还是绩效审计，财务审计都是其审计对象，因此财务审计是最基本的审计项目。而相关财务审计的内容涉及是否公允地提供了财务报表及会计要素、账目、资金等相关内容，财务信息的提供是否依据既有的会计标准，被审计的单位是否坚持了特定的财务要求等等。通过相关的财务系统对财务进行分析，将能够很大程度上提高审计效率。财务分析就是根据已有的财务数据及相关资料，揭示财务数据之间的联系，借以评价单位财务状况、财务状况的变动和经营绩效的整个过程。对于财务分析本身，分析的方法有很多种，本节提供了“结构分析”、“比率分析”和“计划预算分析”三种分析功能。

一、结构分析

结构分析是指将同一财务报表内部各项目之间进行比较，即将财务报表上的某一关键项目的金额设为100%，而将其余项目与之相比，以显示各项目的相对地位，分析各项目的比重是否合理，所以也称结构百分比。一般来说，对资产负债表，通常以资产总额或权益总额为100%，分别计算各组成项目所占的百分比。系统中的分析项目全部可以自由设置，并且都可以设置一个计划值(包括月计划、季计划、年计划)，所以在操作上比较灵活。

一般地说，在手工会计操作中，进行财务分析需由以下几个相互联系的步骤组成：① 确定分析目的，制订分析计划；② 收集资料(数据和信息)；③ 整理资料；④ 提出分析报告。而在本系统中，用户只需通过“设置分析项目”这一操作过程即可完成以上①～③的操作步骤，然后通过“分析”菜单即可查看到相应的分析报告，并可将其打印出来。下面将详细介绍结构分析法中“设置分析项目”和“分析”的操作方法。

1. 设置分析项目

用户第一次进入结构分析项目设置窗口(见图4-2)，便可以看到系统已提供了“资产结构分析”、“负债结构分析”和“权益结构分析”三种预置的结构分析项目，同时图4-2所示窗口中的“增加”、“修改”和“删除”功能键又提供了自由设置分析项目的功能，用户可以根据不同的分析目的有侧重地设置自己所需的分析项目。

下面以图4-2中的“增加”、“修改”和“删除”三个功能键为入口，详细介绍如何设置分析项目。

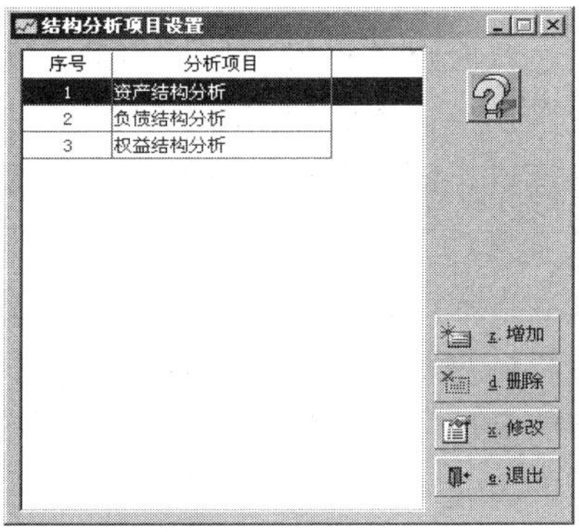

图4-2 结构分析项目设置窗口

1) *增加结构分析项目*

请首先点击“增加”功能键，系统打开完全空白的“结构分析项目设置”窗口；在位于窗口最上方的“结构分析项目名称”栏中输入要设置的分析项目名称；然后点击窗口中“增加一行”功能键，进行分析项目具体内容的设置。具体内容包括以下几个参数：

(1) 代码：不能直接录入，存盘之后系统根据引用条款名称所处的序号(这是系统内定的，在下面将要介绍的“引导输入窗口”中会提及)自动填入。

(2) 条款名称：由用户直接录入。用户录入的条款经保存后，便自动记忆在“引导输入窗口”的“条款引用”框中。

(3) 来源：“来源”有三种形式：公式、报表和常数。

“公式”是用系统定义的函数来获取账务中的数据；

“报表”是指该款项的数据将取自当前账套报表系统中已存在的报表中的有关数据；

“常数”即直接录入数据。

(4) 表达式：“表达式”是所定义的条款以公式、报表或常数之一来表示的形式。

(5) 展开级：一般有三级，分别用 0、1、2 表示。0 表示最高级，一般用于合计栏；1 为一般级；2 为具体级。具体级汇总到一般级最后汇总到最高级。

在以上的介绍中，我们多次提及了“引导输入窗口”，它在引导用户完成分析项目设置的过程中确实起到了不可忽视的作用。用户要进入引导输入窗口，可通过以下两种方法实现：点击图 4-2 所示结构分析项目设置窗口中的“引导输入”功能键，或者在“结构分析项目设置”窗口的任一行的任一参数栏内双击。

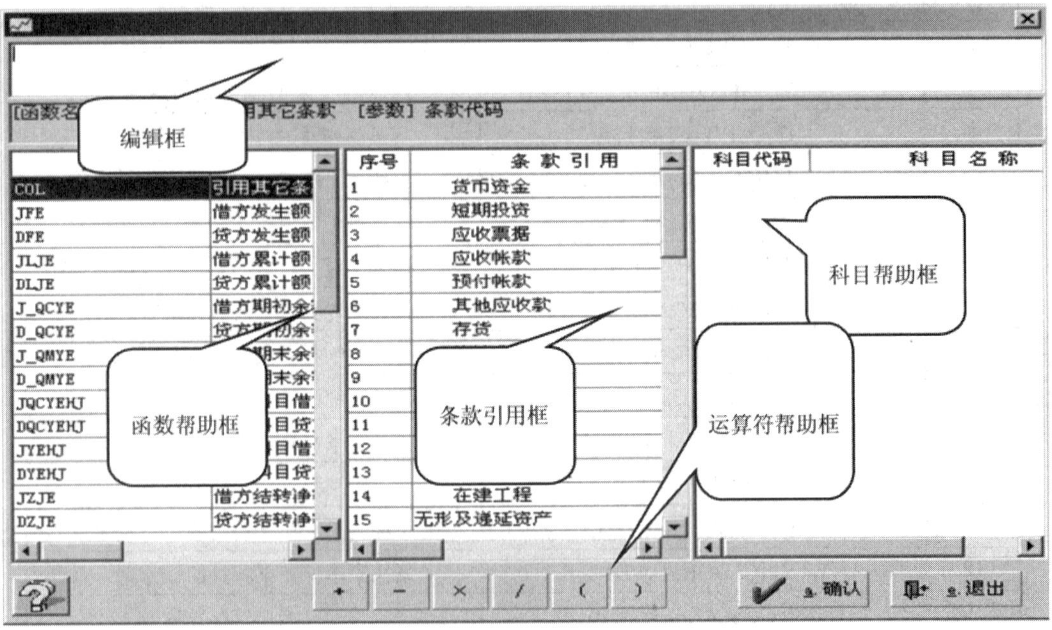

图 4-3　引导输入窗口

图 4-3 即引导输入窗口，为了介绍的需要，可将引导输入窗口划分为编辑框、函数帮助框、条款引用框、科目帮助框和运算符帮助框 5 个区域。

编辑框——编辑当前条款表达式的场所，由于在实际操作中，用户往往是通过函数帮助框、条款引用框、科目帮助框中的参数来完成表达式的录入工作，所以此时的编辑框更像是个显示框，用来及时反映用户每一次在窗口中调用科目、条款和函数的操作结果。

条款引用框——各种分析项目设定之后可以直接调用的条款，其序号就是“结构分析项目设置”窗口中的“代码”栏。

科目帮助框——取自“账务处理系统”中的科目表，用户可以直接调用，以快速录入表达式。如果账务处理系统未初始化，则科目帮助框内的内容为空。

运算符帮助框——提供了一些表达式录入中常用的运算符，如加、减、乘、除、括号。在具体引用时，用户只需点击它，它便会出现在编辑框中鼠标指针当前停留的位置上。如果用户手工输入运算符，需注意输入的必须是英文状态下的运算符。

函数帮助框——为用户提供了调用账务数据的各式函数，具体如表 4-1 所示。这些函数大致可以分为普通金额类函数(序号为 1～18 的函数)、数量类函数(序号为 19～24 的函数)、项目核算类函数(序号 25～29 的函数)和预算函数(序号为 30～35 的函数)四大类。

表 4-1　账务数据函数(参数)及含义对照表

序号	函数(参数)	含　义
1	JFE(C, m, b, y, d)	某科目借方发生额
2	DFE(C, m, b, y, d)	某科目贷方发生额
3	JLJE(C, m, b, y, d)	某科目借方累计发生额
4	DLJE(C, m, b, y, d)	某科目贷方累计发生额
5	J_QCYE(C, m, b, y, d)	某科目借方期初余额
6	D_QCYE(C, m, b, y, d)	某科目贷方期初余额
7	J_QMYE(C, m, b, y, d)	某科目借方期末余额
8	D_QMYE(C, m, b, y, d)	某科目贷方期末余额
9	JZJE(C1, C2, m, b, y, d)	科目 1 对科目 2 的借方结转净额
10	DZJE(C1, C2, m, b, y, d)	科目 1 对科目 2 的贷方结转净额
11	LJJZJE(C1, C2, m, b, y, d)	科目 1 对科目 2 的累计借方结转净额
12	LJDZJE(C1, C2, m, b, y, d)	科目 1 对科目 2 的累计贷方结转净额
13	JQCYEHJ(C, m, b, y, d)	明细科目期初借方余额合计
14	DQCYEHJ(C, m, b, y, d)	明细科目期初贷方余额合计
15	JYEHJ(C, m, b, y, d)	明细科目期末借方余额合计
16	DYEHJ(C, m, b, y, d)	明细科目期末贷方余额合计
17	J_WLYE(C, DQH, DWDM, m, y, d)	某往来单位在某科目的借方期末余额
18	D_WLYE(C, DQH, DWDM, m, y, d)	某往来单位在某科目的贷方期末余额
19	QCSL(C, m, b, y, d)	期初结存数量
20	QMSL(C, m, b, y, d)	期末结存数量
21	SSL(C, m, b, y, d)	本期收数量
22	FSL(C, m, b, y, d)	本期发数量
23	SLJSL(C, m, b, y, d)	收累计数量
24	FLJSL(C, m, b, y, d)	发累计数量
25	QCYE_XM(I, C, m, y, d)	某项目某科目期初余额
26	SNLJ_XM(I, C,　y, d)	某项目某科目的上年累计
27	FSE_XM(I, C, m, y, d)	某项目某科目的本期发生额
28	LJE_XM(I, C, m, y, d)	某项目某科目的本年累计发生额
29	ZLJ_XM(I, C, m, y, d)	某项目某科目的总累计额
30	J_YS(C, m, y, d)	取某科目账务借方预算
31	D_YS(C, m, y, d)	取某科目账务贷方预算
32	J_BMYS(C, m, B, y, d)	取某科目某部门借方预算
33	D_BMYS(C, m, B, y, d)	某科目某部门贷方预算
34	J_XMYS(C, m, I, y, d)	某科目某项目借方预算
35	D_XMYS(C, m, I, y, d)	某科目某项目贷方预算

2) 说明

(1) 各函数的书写规则为：函数名(参数 1，参数 2，…，参数 n)，括号内各参数的含义对照如表 4-2 所示。

表 4-2　账务数据函数各参数的含义

参　数	含　义	参　数	含　义
C	科目代码	B	部门代码
I	项目代码	N	数值
DQH	地区号	DWDM	单位代码
Y	年度	M	月份
D	账套号	X	下级单位代码

(2) 函数括号中用粗体加黑的参数表示规定必须输入的参数，用斜体小写的参数表示是可选参数。

(3) 引用其他条款函数 COL()将在“设置分析项目”中详细介绍。

3) 注意

(1) 以上函数中参数 M、Y、D 为选项，可以不输入，M 不输入则默认为当前月，Y、D 不输入则默认为当前账套当前年度。例如下列格式均合法：

=JFE(501)：表示取 501 科目本月借方发生额。

=JFE(501, 11)：表示取 501 科目 11 月份借方发生额。

=JFE(501, Month()-1)：表示取 501 科目上月借方发生额。

=JFE(501, , 02)：表示 501 科目、代码为 02 的部门的本月借方发生额。

=JFE(501, , 02, 1997, 03)：表示 03 套账、1997 年 501 科目、代码为 02 的部门的本月借方发生额。

(2) 函数中的参数可以输入绝对数，也可以从其他单元内取，例如：

=JFE(521, B3)：其中 B3 为单元名，即月份从 B3 单元内取出。

如果有些代码和单元名重复，那么可以用引号“ " ”(或“ ' ”)分隔，例如：

=JFE(521, 3, 'B1')：其中'B1'为部门代码。

=JFE(521, 3, B1)：表示部门代码取自 B1 单元。

(3) 如果函数中要使用参数 Y，而不需要输部门代码，那么 B 参数必须留空，即多增加一个逗号，例如：

=JFE(101, 2, , 1995)

如果上式写成

= JFE(102, 2, 1995)

则 1995 将会被认作部门代码。

(4) 参数中的代码、摘要可以带有通配符“?”，如“=JFE(1?1)”表示科目代码第 2 位为任意字符均可，式中含义为取 101、111、121、131 等科目本月借方发生额之和。

(5) 函数 JZJE、DZJE、LJJZJE、LJDZJE 是为了生成损益表、现金流量表而专门设立的，参数中第二个 C 为对方科目代码。对于损益表，该科目通常是指本年利润、生产成本；对于现金流量表，该科目就是现金、银行科目，公式如：“=DZJE(521, 321)”表示取 521 科目贷方结转给 321 科目的金额；“=LJDZJE(501, 101)”表示对方科目为现金的 501 科目的贷方累计发生额。

(6) 函数 JYEHJ、DYEHJ 用法较为特殊，它们分别表示某科目的下级科目借方余额合计、贷方余额合计；如果此科目是单位往来科目而没有下级科目，则分别表示所有有借方余额的往来单位的余额合计、所有有贷方余额的往来单位的余额合计。当您根据单位分析项目的指标，在“引导输入”窗口中选择了科目、条款和函数后，请按“确认”键存盘，便可在“结构分析项目设置”窗口中的“表达式”栏中显示刚设置的公式。

以上所介绍的是条款通过“公式”取数，当用户需从报表中取数据时，请首先在“来源”下拉栏内选择“报表”，此时点击“引导输入”键，屏幕出现请选择引导报表窗口(见图 4-4)，请在其中选中所需报表，然后用鼠标双击它或按“确认”键后，便进入相应的报表窗口，选中需要的数据单元，用鼠标双击它，然后关闭报表回到“结构分析项目设置”窗口时，可以看到该条款的表达式中自动填入了“REF(xx，xx，…，xx)”，表明取数成功。

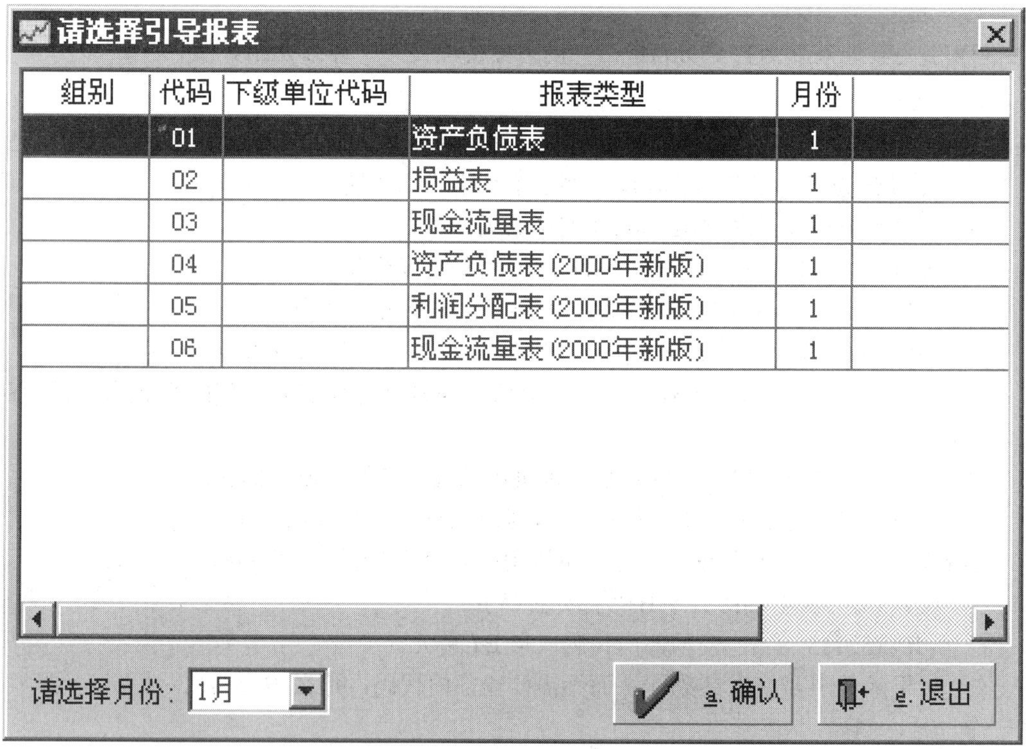

图 4-4　选择引导报表窗口

2. 删除分析项目

对于已设置好但用户后来发现并没有实际使用价值的分析项目，用户可通过图 4-2 中的“删除”按钮将其剔除，不过用户在执行该步操作时需慎重，系统也会弹出图 4-5 所示的提示框给予警示，当用户按下了“是”按钮，则意味着该分析项目将从此在本系统中消失；如果用户要反悔，那请赶快点击“否”按钮吧。

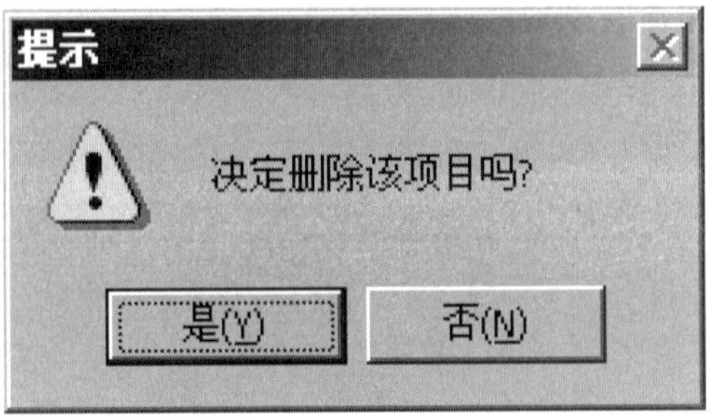

图 4-5　修改分析项目窗口

修改分析项目操作也是从点击图 4-2 中的“修改”按钮开始的。由于修改的操作类似于增加操作，在此不再展开介绍。

3. 分析

经过分析项目设置的一番“劳作”后，让我们赶快点击“结构分析/分析”菜单，进入结构分析窗口查询系统自动计算后为用户所提供的分析结果。结构分析窗口如图 4-6 所示。

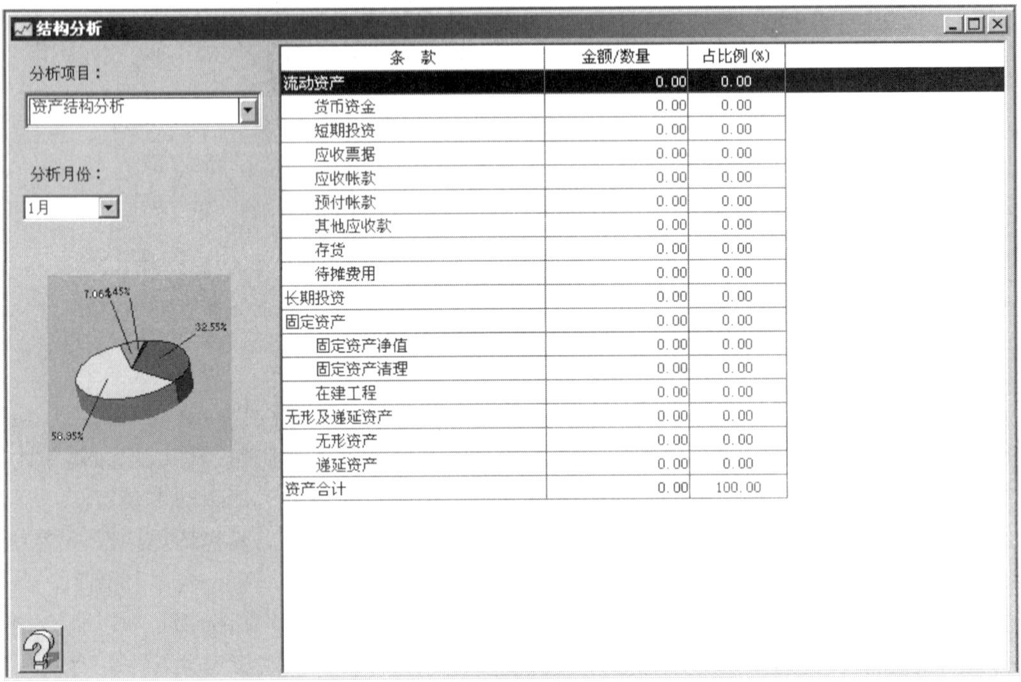

图 4-6　结构分析窗口

结构分析窗口左边有“分析项目”和“分析月份”两个下拉框。用户选择了需要进行分析的项目和时间后，相对应的分析结果便显示在右边的显示框内。系统通过“条款”、“金额”、“占比例”三项指标来表述结构分析的分析结果，并且将“展开级”为 2 的汇总到 1 级，1 级同样汇总到 0 级进行反映。

双击图 4-6 所示窗口中任一条款可以进行图形分析显示(如图 4-7 所示)。在本系统中，可以以多种统计图形方式显示分析结果，如直方图、折线图、圆饼图等，并且图形还可以是二维、三维效果。对于不同图形显示风格的选择，用户可以在“分析功能”主菜单中进行选择(具体可参见后面的说明)。如果用户选择了三维效果的统计图显示时，鼠标会不停地闪烁，这时图形也在不停地转动，此时若用鼠标点击一下正在转动的分析图，该分析图便会定位在鼠标点击那一刻所处的状态，再点击一下，分析图又开始有规律地转动。

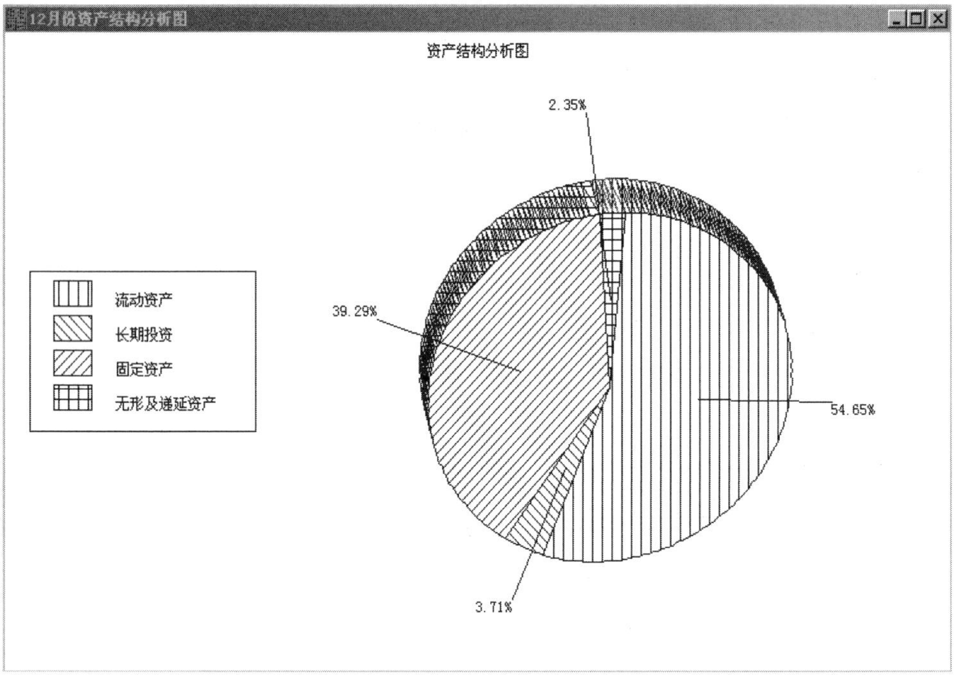

图 4-7 结构分析窗口

二、比率分析

比率分析是将两项相互依存、相互影响的财务指标进行商除计算，提高事物内在质量的比例，以判断财务状况及经营水平，这是从财务现象到财务本质的一种认识深化。比率分析法选用于不同经营规模单位之间的广泛对比，是现代财务分析使用的主要方法。在市场经济环境中，比较注重财务支付能力及盈利能力的评价。前者主要包括短期偿债能力指标，如流动比率、速动比率、已获利息倍数等；后者包括资产利润率、资本利润率、净值报酬率、销售利润率、成本利润率、人均创利率等。上述两类评价指标都必须以资产动用能力及分布结构合理为基础，因而必须分析营运效率指标，如流动资产周转率、存货周转率、应收账款周转率、应收账款损失率等，以及资产结构比率，如总资产分布结构比率、效能结构比率、流动资产分布结构比率、应收款账龄结构比率等。上市的股份公司还须对股票的投资价值进行分析，如每股收益率、每股净资产、市盈率等。

比率分析的操作步骤与结构分析一样，首先“设置分析项目”，然后进行具体“分析”。

1. 设置分析项目

软件安装时已预置了三个比率分析项目的例子：短期偿债能力、长期偿债能力、盈利能力，如图 4-8 所示。

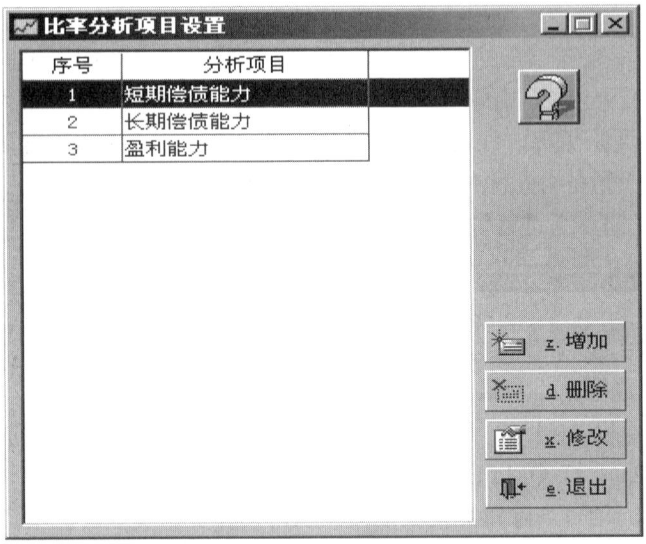

图 4-8　比率分析项目设置窗口

系统为用户预置的“短期偿债能力”、“长期偿债能力”和“盈利能力”三项比率分析项目不能满足用户的分析目的和要求时，用户可以通过 4-8 图中的“增加”、“删除”、“修改”等功能按钮自由定义所需的比率分析项目。这些功能的使用请参见“结构分析”一节的相应说明。

每一个比率分析项目内可以包含多个条款(比率)，如系统预置的“短期偿债能力”项目中就包括了“流动比率”、“速动比率”等六种比率，如图 4-9 所示。

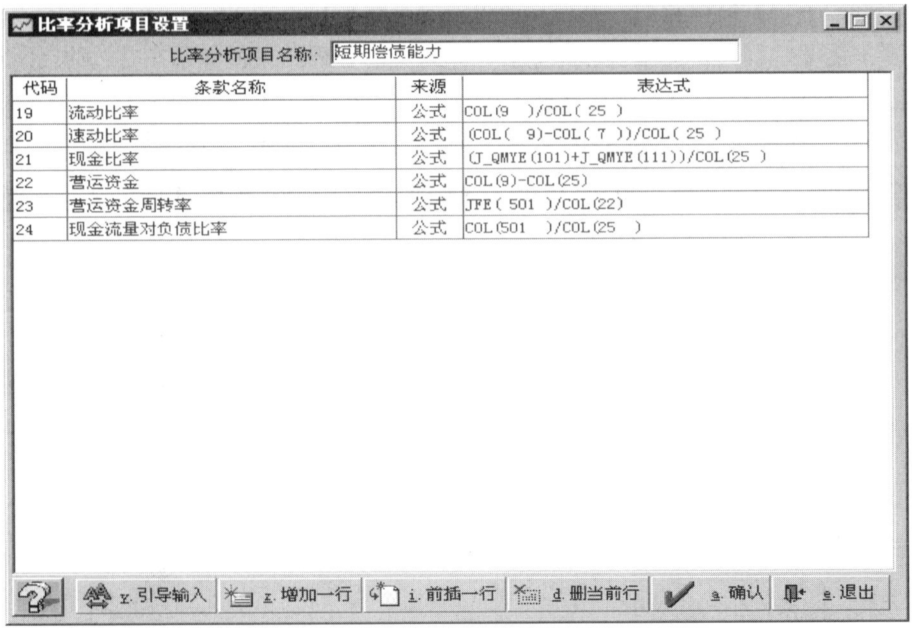

图 4-9　比率分析项目设置窗口

通过图 4-9，我们可以看出每个比率条款都包括几个固定参数：代码、条款名称、来源、表达式。这四项参数的说明可参见“结构分析”中的相应说明，它们的操作也相同，在此不再赘述。

比率分析项目设置窗口与结构分析项目设置窗口类似，窗口下方的功能按钮的操作也相同，所以对这部分内容不再展开介绍。在比率分析中，绝大部分的指标都是两个或两个以上的条款之间的商除运算，经常需引用调用函数 COL()。函数 COL()对于用户来说，可能比较陌生，它是“财务分析系统”中特有的一个函数(与新中大财务管理软件其他系统相比)，所以下面将专门对其进行说明。

(1) COL()括号中只有一个参数，是所引用条款的代码，如 COL(9)含义为取代码为 9 的条款，COL(25)则表示取代码为 25 的条款，如若在比较分析中设置“流动资产”和“流动负债”分别为第 9、25 条款，则 COL(9)和 COL(25)分别调用了比较分析中的“流动资产”和“流动负债”的数据。

(2) COL()函数可以自身进行运算，也可以和财务函数、+、−、×、/、括号混合使用，如：

COL(9)/COL(25)；(J_QMYE(101)+J_QMYE(109))/COL(9)

它们分别表示流动资产除以流动负债即流动比率和货币资金在流动资产中所占的比率。

(3) COL()函数可以相互引用，如上述公式中设定了“流动比率”，其代码为 19，同样 COL(19)就可以被其他分析调用。

2. 分析

当设置完进行比率分析所需的分析项目(一般可包括反映偿债能力的项目、反映盈利能力的项目、反映经营与管理效率的财务项目和反映资金流动量状况的项目)后，便可点击“比率分析/分析”菜单进入“比率分析”窗口进行具体的比较分析。

“比率分析”窗口默认列示的是第一个分析项目、当前月份的比率分析结果，窗口的结构和“结构分析”窗口相似，窗口左边设有“分析项目”和“分析月份”两个下拉框，用户选择了需要进行分析的项目和时间后，相对应的分析结果便显示在右边的显示框内。图 4-10 所示的便是 12 月份短期偿债能力项目中各比率的数值。

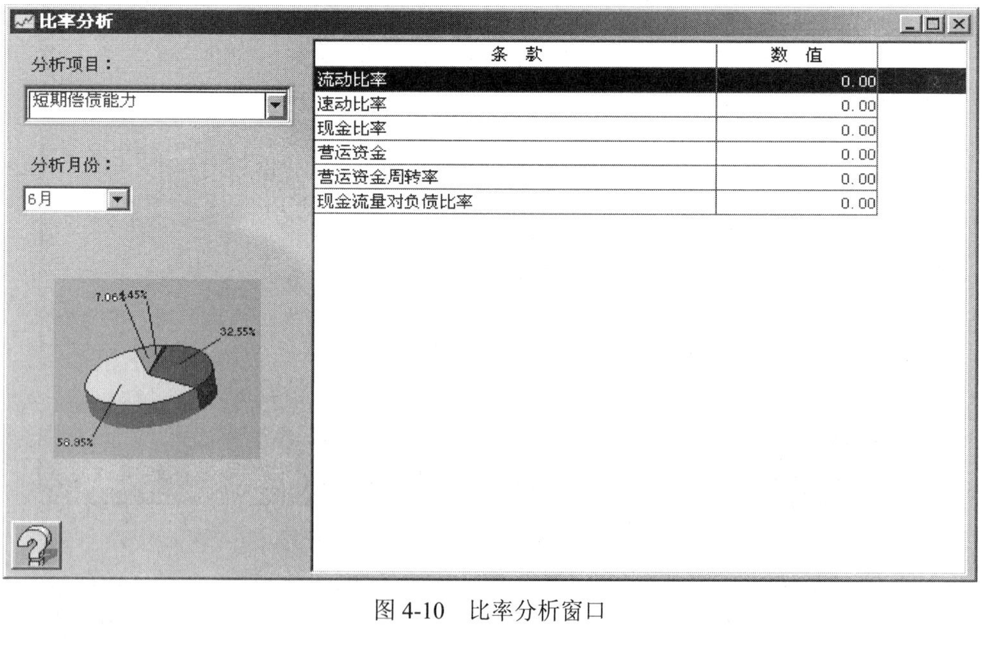

图 4-10　比率分析窗口

对于尚未计算的比率，电脑自动计算，如果某月数据已经经过计算，软件将自动调出原来的数据，如果某一项数据不准确，需要重新计算，则使用主菜单“分析功能”中的“重新计算”功能即可。值得注意的是，由于比率分析条款有相当多是用 COL 函数直接调用其他分析的结果，所以计算次序有先后之分，先后次序不当会导致计算结果不准确。当用户用鼠标双击比率分析结果中的具体指标时，也可以弹出分析图。但与结构分析不同的是，比率分析的图形(默认以折线图方式显示)是所指定指标的全年对比图，也就是说，此时的双击鼠标操作的功效等同于用户启动了“功能分析/对比分析”中的“当前条款全年对比”功能。比率对比图形除了可以采用折线图反映外，还可以采用其他图形来显示，这可通过主菜单“分析功能”中的“图形风格”功能实现。提示：用户在进行比率分析的过程中，可千万别忽略了“分析功能”中的强大功能。

三、计划预算分析

计划预算分析是把本年度某一时间段的财务报表及其相关数据与同一时期的计划或预算资料进行对比，以确定实际同计划的差距，反映计划的完成情况，为领导者进行有效控制管理提供依据。计划预算分析的对象为结构分析和比率分析中所设置的项目。主要功能有：设置项目计划与分析。

1. 设置分析项目

此处的设置分析项目主要是对结构分析项目和比率分析项目拟定一个计划预算值，具体有按月、按季和按年三种录入方式。

点击菜单“计划预算分析/设置分析项目”后，系统首先弹出“计划预算设置”窗口供用户选择需录入计划预算值的项目，选中某一分析项目后，屏幕中又显示出计划录入方式窗口，如图 4-11 所示。

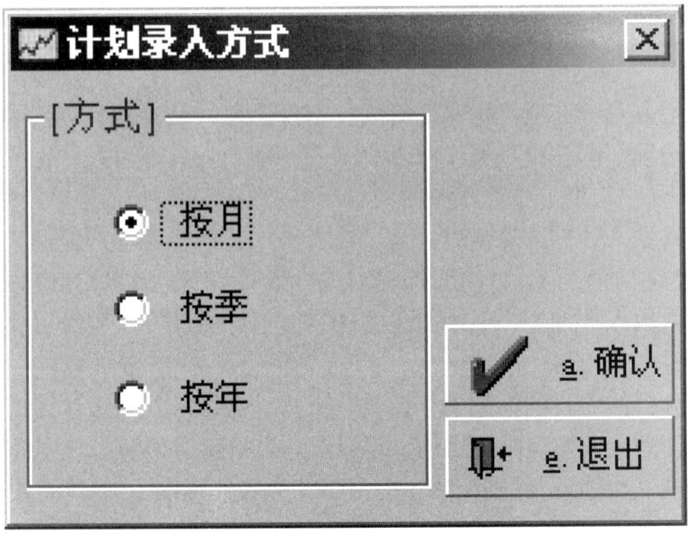

图 4-11　计划录入方式窗口

用户如果选择了按月录入方式，则需要逐月录入本项目中所有指标的计划预算值，并且将以月为单位进行具体分析；用户如果选择了按季录入方式，则需要分别录入本项目中各指标每个季度的计划预算值，并且将以季为单位进行具体分析；用户如果选择了按年录入方式，则只需录入本项目中各指标的本年一年的计划预算值即可，具体分析时可将本年度计划预算值与本年度实际发生的报表数据进行比较分析。用户应根据实际的分析目的和需达到的管理层次正确选用录入方式。

选中某一计划录入方式，然后点击“确认”按钮后，便可进入计划录入窗口，如图 4-12 所示。

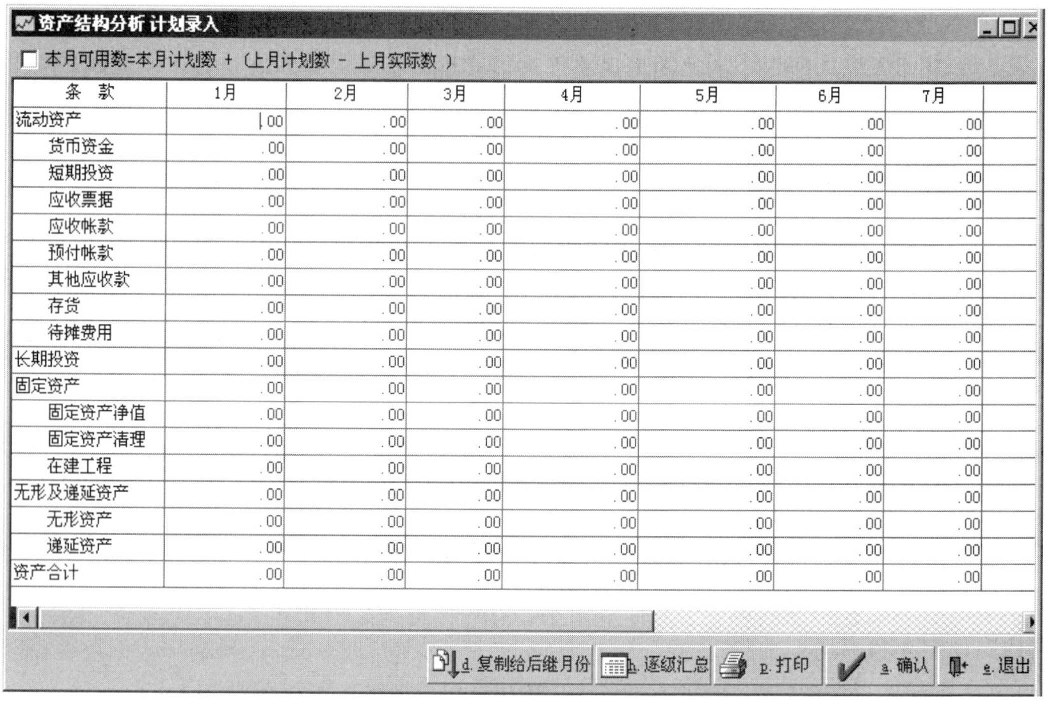

条 款	1月	2月	3月	4月	5月	6月	7月
流动资产	.00	.00	.00	.00	.00	.00	.00
货币资金	.00	.00	.00	.00	.00	.00	.00
短期投资	.00	.00	.00	.00	.00	.00	.00
应收票据	.00	.00	.00	.00	.00	.00	.00
应收帐款	.00	.00	.00	.00	.00	.00	.00
预付帐款	.00	.00	.00	.00	.00	.00	.00
其他应收款	.00	.00	.00	.00	.00	.00	.00
存货	.00	.00	.00	.00	.00	.00	.00
待摊费用	.00	.00	.00	.00	.00	.00	.00
长期投资	.00	.00	.00	.00	.00	.00	.00
固定资产	.00	.00	.00	.00	.00	.00	.00
固定资产净值	.00	.00	.00	.00	.00	.00	.00
固定资产清理	.00	.00	.00	.00	.00	.00	.00
在建工程	.00	.00	.00	.00	.00	.00	.00
无形及递延资产	.00	.00	.00	.00	.00	.00	.00
无形资产	.00	.00	.00	.00	.00	.00	.00
递延资产	.00	.00	.00	.00	.00	.00	.00
资产合计	.00	.00	.00	.00	.00	.00	.00

图 4-12　计划录入窗口

在窗口的最上方有一选项“本月可用数 = 本月计划数+(上月计划数 – 上月实际数)”，用户如果选中该选项，即在选项框中打上“ √ ”，则“本月可用数”也将作为分析比较的一个列内容。

在以按月方式录入计划预算值时，为了便于操作，系统还特别提供了“复制给后续月份”功能。这样，在录入连续几个月计划预算数值都相等的指标计划值时，只需在相对最前面的一个月份内填入计划值，后续月份的计划值都可通过“复制给后续月份”键实现自动填入。

在录入结构分析的项目的计划预算值时，用户只需录入展开级次为最底层的指标的计划预算值即可，计划录入窗口中提供的“逐级汇总”按钮会帮助用户完成逐级汇总工作。

用户还可通过“计划录入”窗口中的“打印”按钮输出录入的计划数值。

2. 分析

计划设置好后便可对其进行分析。在进入具体的分析窗口前系统首先弹出格式及时间选择窗口供用户选择分析表的列内容和分析期间，如图 4-13 所示。

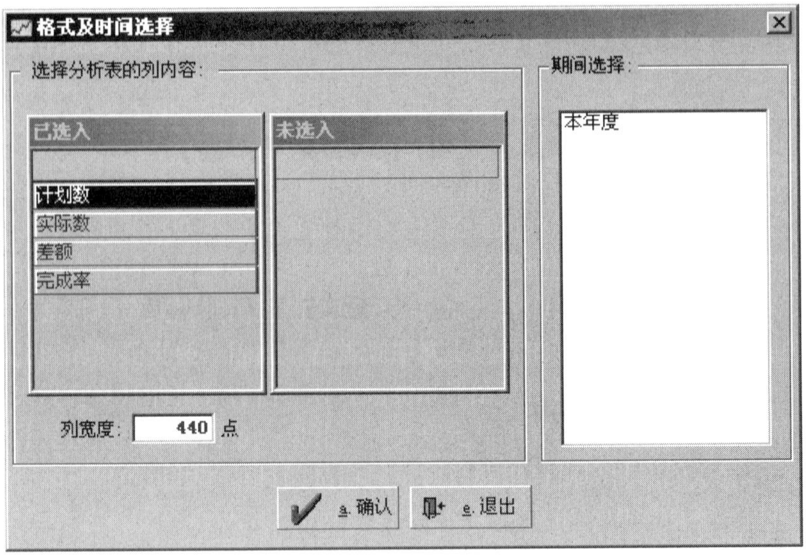

图 4-13　格式及时间选择窗口

图 4-13 中，列内容分别放置在“已选入”和“未选入”框中，其中放置在“已选入”框中的列内容为分析表中将采用的分析列，“未选入”框中则反之。分析表中有哪些列可由用户自由定义，如用户在“已选入”框中选中某列内容，按住鼠标左键不放直至将其拖拉至“未选入”框中，则该列内容将不在分析表中出现，用同样的方法也可将“未选入”框中的列内容转变为“已选入”列内容。列宽度也可由用户自己定义。期间选择可以是某个月，也可以是某几个月。进入计划分析表，用户也可灵活结合“分析功能”中的功能实现全面的对比分析。

第五章 国库制度与运作

第一节 现金管理与国库制度

一、现金管理与国库单一账户

1. 现金管理

现金管理就是对现金的收、付、存等各环节进行的管理。国家鼓励开户单位和个人在经济活动中，采取转账方式进行结算，减少使用现金。需要注意的是，国库现金和财政性存款在定义上存在一定差异，财政存款口径较国库存款口径略广。国库现金是指财政部在央行总金库的活期存款。财政性存款主要是财政金库款项和其他特种公款等，是各级财政部门代表本级政府掌管和支配的一种财政资产，包括国库存款和其他财政存款。国库存款是指在国库的预算资金(含一般预算和基金预算)存款。其他财政存款是指未列入国库存款的各项财政在银行的预算资金存款以及部分由财政部指定存入银行的专用基金存款等。

1) 现金使用范围

根据国家《现金管理暂行条例》，开户单位可以在下列范围内使用现金。

(1) 职工工资、津贴；

(2) 个人劳务报酬；

(3) 根据国家规定颁发给个人的科学技术、文化艺术、体育等各种奖金；

(4) 各种劳保，福利费用以及国家规定的对个人的其他支出；

(5) 向个人收购农副产品和其他物资的价款；

(6) 出差人员必须随身携带的差旅费；

(7) 结算起点以下的零星支出；

(8) 中国人民银行确定需要支付现金的其他支出。

除第(5)、(6)项外，开户单位支付给个人的款项，超过使用现金限额的部分，应当以支票或者银行本票支付；确需全额支付现金的，经开户银行审核后，予以支付现金。前款结算起点定为 1000 元。

开户单位必须严格遵守经开户行核定的库存现金限额。开户银行应当根据实际需要，核定开户单位 3 天至 5 天的日常零星开支所需的库存现金限额。边远地区和交通不便地区的开户单位的库存现金限额，可以多于 5 天，但不得超过 15 天的日常零星开支。经核定的库存现金限额，需要增加或者减少库存现金限额的，应当向开户银行提出申请，由开户银行核定。

2) 现金账目管理

开户单位应当建立健全现金账目，逐笔记载现金支付。账目应当日清月结，账款相符。开户单位现金收支应当依照下列规定办理。

(1) 开户单位现金收入应当于当日送存开户银行；当日送存确有困难的，由开户银行确定送存时间。

(2) 开户单位支付现金，可以从本单位库存现金限额中支付或者从开户银行提取，不得从本单位的现金收入中直接支付(即坐支)。因特殊情况需要坐支现金的，应当事先报经开户银行审查批准，由开户银行核定坐支范围和限额。坐支单位应当定期向开户银行报送坐支金额和使用情况。

(3) 开户单位从开户银行提取现金，应当写明用途，由本单位财会部门负责人签字盖章，经开户银行审核后，予以支付现金。

(4) 因采购地点不固定，交通不便，生产或者市场急需，抢险救灾以及其他特殊情况必须使用现金的，开户单位应当向开户银行提出申请，由本单位财会部门负责人签字盖章，经开户银行审核后，予以支付现金。

3) 现金管理处罚规定

开户单位有下列情形之一的，开户银行应当依照中国人民银行的规定，予以警告或者罚款；情节严重的，可在一定期限内停止对该单位的贷款或者停止对该单位的现金支付。

(1) 对现金结算给予比转账结算优惠待遇的；

(2) 拒收支票、银行汇票和银行本票的；

(3) 机关、团体、部队、全民所有制和集体所有制企业事业单位购置国家规定的专项控制商品，必须采取转账结算方式，不得使用现金；

(4) 用不符合财务会计制度规定的凭证顶替库存现金的；

(5) 用转账凭证套换现金的；

(6) 编造用途套取现金的；

(7) 互相借用现金的；

(8) 利用账户替其他单位和个人套取现金的；

(9) 将单位的现金收入按个人储蓄方式存入银行的；

(10) 保留账外公款的。

2. 国库单一账户

国库单一账户是指将政府所有财政性资金集中在财政部门，在人民银行开设的国库存款账户或国库指定的代理银行账户，用于记录、核算和反映纳入预算管理的财政收入和支出活动，并用于同财政部门在商业银行开设的零余额账户进行清算，实现支付(与零余额账户对应)。财政收入直接缴入国库或财政专户，支出通过国库单一账户体系直接支付到商品和劳务供应者或用款单位账户。

国库单一账户体系的建立是实现国库集中支付改革的关键所在和首要任务。所谓国库单一账户体系，是指以财政国库存款账户为核心的各类财政性资金账户的集合，包括财政部门在中国人民银行开设的国库单一账户(简称“国库单一账户”)、财政部门在商业银行开设的零余额账户(简称“财政零余额账户”)、财政部门在商业银行为预算单位开设的零余额账户(简称“预算单位零余额账户”)、财政部门在商业银行开设的财政专户、经国务院和省级人民政府批准或授权财政部门批准在商业银行开设的特殊专户(简称“特设专户”)。上述账户和专户要与财政部门及其支付执行机构、中国人民银行国库部门和预算单位的会计核算保持一致性，相互核对有关账务记录。建立国库单一账户体系后，相应取消各类收入过渡性账户。预算单位的财政性资金逐步全部纳入国库单一账户管理，如图 5-1 所示。

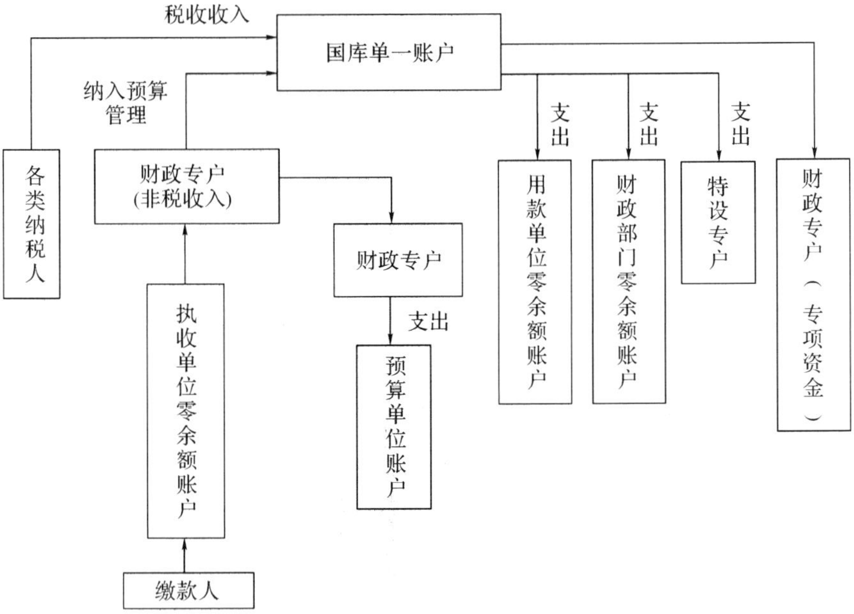

图 5-1 我国国库单一账户体系图

二、国库总分类账

国库总分类账是指按照总账科目设置账页的会计簿籍，用以记录资产、负债、净资产、收入、支出、结余的总括情况，是编制资产负债表的根据。通过总分类账可以查询到所有一级科目各个月的借贷方发生额及余额，以集中反映各账户所发生的增减变动。

总分类账一般采用“借方”、“贷方”、“余额”三栏式账簿，根据实际需要，也可以在“借方”、“贷方”两栏内增设“对方科目”栏。总分类账的账页格式，也可以采用多栏式格式，如把序时记录和总分类记录结合在一起联合账簿，即日记总账。国库总分类账的登记依据和方法，主要取决于所采用的会计核算形式。它可以直接根据各种记账凭证逐笔登记，也可以先把记账凭证按照一定方式进行汇总，编制成科目汇总表或汇总记账凭证等，再逐一登记。

国库会计核算与总预算会计、税收会计有着内在的逻辑联系。国库会计每天编制的收入日报表是总预算会计登记收入分类账的唯一合法凭证，是分析掌握预算拨款的可靠依据。因此，国库会计核算在凭证使用、科目设置、核算内容分类、国库报表编制等业务上与预算会计一致，如表 5-1 所示。

表 5-1　财政总预算会计总账科目

序　号	科目编号	会计科目名称
一、资产类		
1	1001	国库存款
2	1003	国库现金管理存款
3	1004	其他财政存款
4	1005	财政零余额账户存款
5	1006	有价证券
6	1007	在途款
7	1011	预拨经费
8	1021	借出款项
9	1022	应收股利
10	1031	与下级往来
11	1036	其他应收款
12	1041	应收地方政府债券转贷款
13	1045	应收主权外债转贷款
14	1071	股权投资
15	1081	待发国债
二、负债类		
16	2001	应付短期政府债券
17	2011	应付国库集中支付结余
18	2012	与上级往来
19	2015	其他应付款
20	2017	应付代管资金
21	2021	应付长期政府债券
22	2022	借入款项
23	2026	应付地方政府债券转贷款
24	2027	应付主权外债转贷款
25	2045	其他负债
26	2091	已结报支出
三、净资产类		
27	3001	一般公共预算结转结余
28	3002	政府性基金预算结转结余
29	3003	国有资本经营预算结转结余
30	3005	财政专户管理资金结余
31	3007	专用基金结余
32	3031	预算稳定调节基金
33	3033	预算周转金

续表

序号	科目编号	会计科目名称
34	3081 308101 308102 308103 308104	资产基金 应收地方政府债券转贷款 应收主权外债转贷款 股权投资 应收股利
35	3082 308201 308202 308203 308204 308205 308206	待偿债净资产 应付短期政府债券 应付长期政府债券 借入款项 应付地方政府债券转贷款 应付主权外债转贷款 其他负债
四、收入类		
36	4001	一般公共预算本级收入
37	4002	政府性基金预算本级收入
38	4003	国有资本经营预算本级收入
39	4005	财政专户管理资金收入
40	4007	专用基金收入
41	4011	补助收入
42	4012	上解收入
43	4013	地区间援助收入
44	4021	调入资金
45	4031	动用预算稳定调节基金
46	4041	债务收入
47	4042	债务转贷收入
五、支出类		
48	5001	一般公共预算本级支出
49	5002	政府性基金预算本级支出
50	5003	国有资本经营预算本级支出
51	5005	财政专户管理资金支出
52	5007	专用基金支出
53	5011	补助支出
54	5012	上解支出
55	5013	地区间援助支出
56	5021	调出资金
57	5031	安排预算稳定调节基金
58	5041	债务还本支出
59	5042	债务转贷支出

三、中国国库制度改革

1. 改革背景

财政国库管理制度改革是财税体制改革的重要内容，也是建立现代财政制度的重要抓手。我国 2001 年以前的财政国库支付管理制度，是以设立多重账户为基础的分散支付制度。财政性资金缴库和拨付方式，是通过征收机关和预算单位设立多重账户层层拨付、分散进行的。这种在传统体制下形成的运作方式的主要弊端是：重复和分散设置账户，导致财政资金活动透明度不高，不利于对其实施有效管理和全面监督；财政收支信息反馈迟缓，难以及时为预算编制、执行分析和宏观经济调控提供准确依据；财政资金入库时间延滞，收入退库不规范，大量资金经常滞留在预算单位，降低了使用效率；财政资金使用缺乏事前监督，截留、挤占、挪用等问题时有发生，甚至出现腐败现象。

为解决传统分散支付制度的弊端，根据党的十五届五中全会提出的积极推进财政预算制度改革的要求，逐步建立国库单一账户体系为基础、资金缴拨以国库集中收付为主要形式的国库管理制度，加强财政管理监督，提高资金使用效益。财政部与人民银行已特别发文要求实施《财政国库管理制度改革试点方案》。

2. 主要内容

现代财政国库管理制度是以国库单一账户为基础，资金缴拨以国库集中收付为主要方式的财政资金管理制度，主要包括国库集中收付制度、政府采购制度、国债与国库现金管理制度三个组成部分。国库集中收付制度是市场经济国家普遍采用的国库管理制度，指的是对财政资金实行集中收缴和支付的制度，其核心是通过国库单一账户对国库现金进行集中管理。国库集中收付制度改革是对传统财政资金收付运行机制的根本性变革，能够有效提高财政资金运行的安全性、效率和透明度。国库集中收付制度主要有三个基本特征：一是财政部门统一开设国库单一账户(即国库)；二是规范财政资金收付方式；三是实现财政收支实时动态监控。政府采购制度是市场经济国家管理政府公共支出的有效手段，指的是以各级政府及其所属机构，为开展日常政务活动或为满足社会公共需要，运用财政资金按照国家法律、法规及相关政策规定及相关程序和方式采购工程、货物和服务的行为。政府采购制度是对政府采购行为的制度化和规范化，是为规范政府采购行业而制定的一系列法律、法规、规章和办法的总称。国债管理制度是以政府借贷方式，集中部分社会资金支持经济发展，并实现宏观经济政策目标的有效手段。国债管理通常与国库现金管理密不可分，既包括宏观的国债政策管理，也包括微观的现金流量管理。国债管理与国库现金制度通常是财政政策与货币政策的有效结合。

新预算法将近年来财政国库管理制度改革的重要成果上升为法律条款，为进一步深化财政国库管理制度改革提供了坚实的法律保障。新预算法第 61 条规定：“国家实行国库集中收缴和集中支付制度，对政府全部收入和支出实行国库集中收付管理”，这不仅对多年来财政国库管理制度改革成果予以充分肯定，也对进一步深化改革提出更高要求。下一步，财政部将继续深化国库集中收付制度改革，实现国库集中收付制度“全覆盖”。对于财政专户的管理，新预算法第 56 条第 2 款规定：“对于法律有明确规定或者经国务院批准的特定专用资金，可以依照国务院的规定设立财政专户”，这意味着，在赋予财政专户合法地位的同时，也从法律层面对财政专户设立作出严格限定。下一步，财政部将按照新预算法的要求，从严管理财政专户，切实维护财政资金安全。

四、国库集中支付系统

国库集中支付管理系统是公共预算管理的核心系统之一，是根据各级财政部门财政资金管理需求，参照财政部关于建立公共财政的《财政国库管理制度改革试点方案》要求，进行专向开发的。适合各级财政部门建立国库集中支付的要求，同时考虑了地方财政现实管理特点的需要，为各种模式的公共财政集中收付提供的专业财政管理系统。按照财政国库管理制度的基本发展要求，国库集中支付系统的基本业务流程(如图 5-2 所示)可简单地概括为：建立国库单一账户体系，所有财政性资金都纳入国库单一账户体系管理，收入直接缴入国库或财政专户，支出通过国库单一账户体系支付到商品和劳务供应者或用款单位。

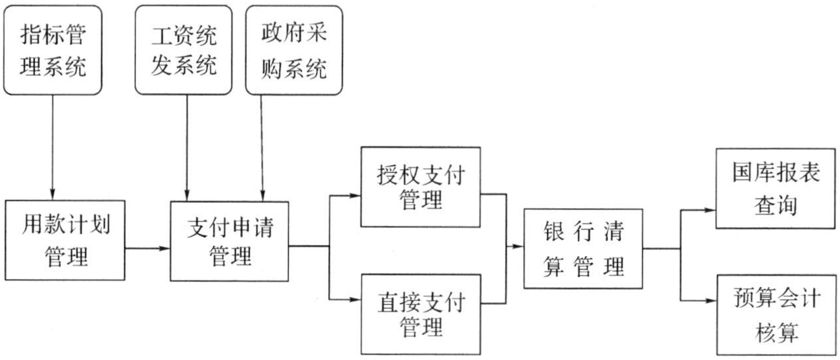

图 5-2 国库集中支付系统基本业务流程图

1. 用款计划管理

基层预算单位根据预算指标和实际需求编制分月用款计划，按直接支付、授权支付，分预算内外资金、款项、项目编制并上报主管部门；财政国库管理机构根据年度预算指标及库款预测等情况，确定各部门汇总的分月用款计划数，批复到一级预算部门；同时，将分月用款计划通知给财政国库支付执行机构。

2. 财政直接支付管理

财政直接支付是由财政部门开具支付令，通过国库单一账户体系，直接将财政资金支付到收款人或用款单位账户。实行财政直接支付的支付包括：工资支出、工程采购支出、货物服务采购和其他支出。财政直接支付具体工作流程如下：一级预算单位汇总下级单位的支付申请，填写《财政直接支付申请书》报国库执行机构；国库执行机构审核确认后，开具《财政直接支付清算汇总通知单》和《财政直接支付凭证》，经国库管理机构签发送人民银行、代理银行；代理银行根据《直接支付凭证》支付款项，向用款单位开具《财政直接支付入账通知书》，并将支付凭证回单返至支付中心；国库支付机构根据代理银行回单，记录各个预算单位的支出明细账，并向国库管理机构提供预算内外资金按一级预算单位汇总的支付信息；代理银行每日汇总直接支付数据，并与国库单一账户或预算外资金专户进行资金清算，如图 5-3 所示。

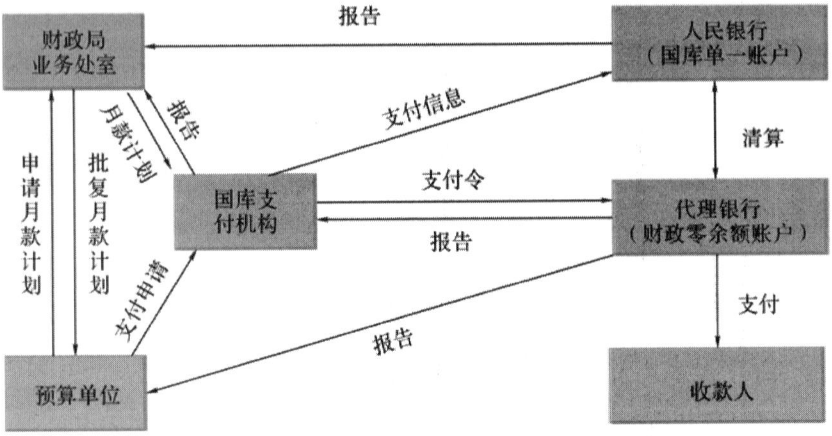

图 5-3　财政直接支付流程图

3. 财政授权支付管理

财政授权支付是预算单位根据财政授权，自行开具支付令，通过国库单一账户体系将资金支付到收款人账户。实行财政授权支付的支出包括未实行财政直接支付的购买支出和零星支出。财政授权支付具体工作流程如下：国库支付中心根据财政局审批后的月度用款计划，确定预算单位的授权支付额度，分别报人民银行和代理银行；代理银行收到《授权通知》后向分支机构通知预算单位用款额度，发《授权支付到账通知书》；预算单位支用授权额度时，填《财政授权支付凭证》送代理银行；代理银行在单位用款额度内根据《授权支付凭证》办理支付，代理银行按照额度控制支出；代理银行向支付机构报《财政支出日(旬、月)报表》，国库执行机构定期向国库管理部门报送日旬月报；代理银行汇总授权支付数据，报国库单一账户(人行)，人民银行根据在额度内与代理银行办理清算。财政授权支付流程如图 5-4 所示。

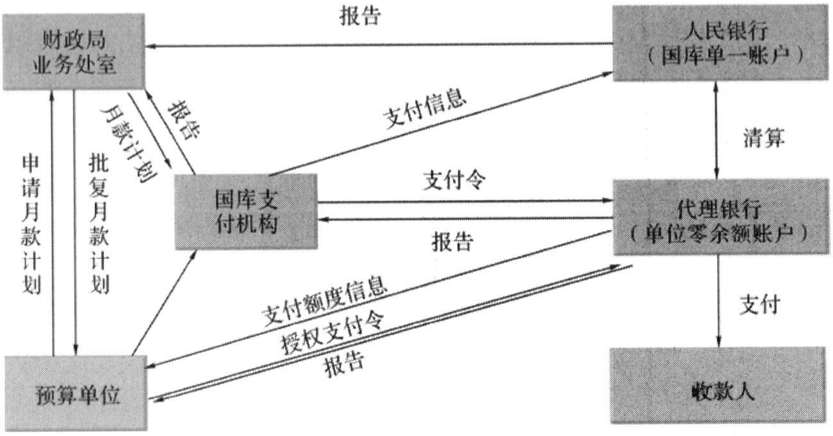

图 5-4　财政授权支付流程图

第二节　国库集中支付实务

一、用款计划

用款计划是办理国库集中支付的依据。各级预算单位编制本单位的用款计划，按级上报主管单位审核汇总，由一级预算单位报财政部门审核批复。其中计划分为直接支付和授权支付两部分。一般于月底上报下一个月的计划。本菜单是用来实现国库集中支付业务中的预算单位用款计划的申报及审批管理。

1. 计划录入

计划录入可以直接从实体单位对应账套或指标管理系统接收数据，也可以手工录入。具体操作，点击“计划录入”菜单，弹出预算单位用款计划表窗口，如图 5-5 所示。

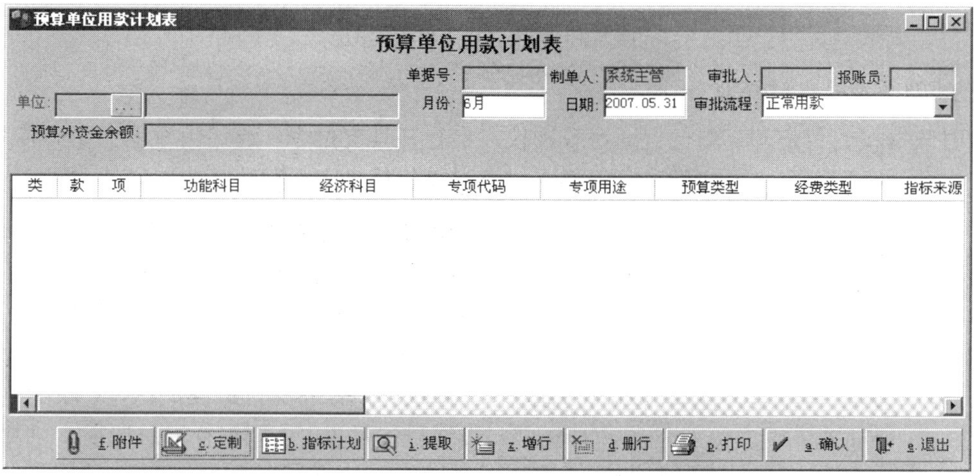

图 5-5　预算单位用款计划表窗口

“预算单位用款计划录入”可分为从相关账套或文件提取生成及手工录入两种方法。

方法一：用户可通过“提取”功能键来实现从指标管理系统中提取指标通知单、EXCEL文件、当前系统中已有的用款计划以及预算单位对应账套中已经录好的计划。点击“提取”按钮，系统弹出以下菜单，见图 5-6。用户可根据实际需要选择接收数据来源。

图 5-6　菜单窗口

方法二：用手工方法录入，先选上预算单位、月份，然后可以选择专项用途或类款项，预算科目必须选择末级科目，接着输入各项明细数据，按回车键，系统会自动生成小计金额、合计金额。如果有多项不同预算科目或专项用途的用款计划，则用户可选择增行，然后再输入相应的内容即可；一旦发现错误，可以进行重新修改录入内容或使用“删行”按钮将当前错误行删除。

2. 数据传出

数据传出功能和数据传入进行配合使用，用于预算单位和财政部门离线状态下将各预算单位录入的用款计划导出给财政部门，由财政部门导入后作为预算单位申请的计划。点击“数据传出”子菜单，系统打开数据传出窗口，如图 5-7 所示。用户可以在该窗口上指定传出数据的存放路径及传出的单据号范围来进行数据传出。

图 5-7 用款计划传出窗口

用户在图 5-7 中指定好传出的目标路径，选择传出用款计划，在单据号中录入要传出的单据号范围，点击“确认”按钮系统将所选择的单据传出到目标文件夹中，并弹出传出成功提示，如图 5-8 所示。

图 5-8 提示窗口

3. 数据传入

数据传入是用于将各预算单从新中大软件中传出的用款计划数据导入当前数据库中。点击“数据传入”子菜单，系统打开数据传出窗口，如图 5-9 所示。用户可以在该窗口上指定要传入的数据的存放路径及传入的单据号范围来进行数据导入。

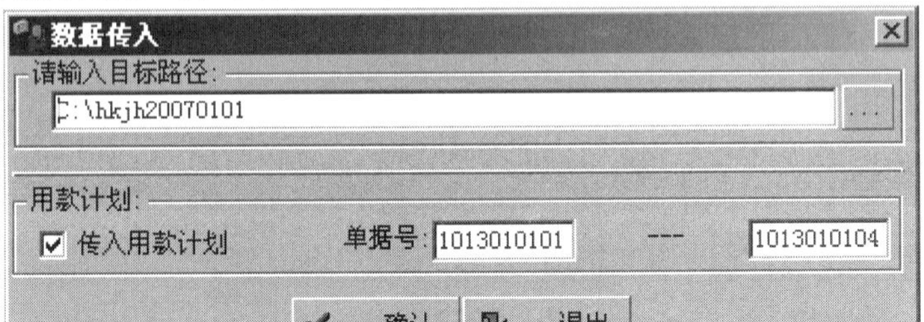

图 5-9 用款计划传入窗口

用户在图 5-9 中指定好传入数据的目标路径，将传入用款计划项目选上，在单据号中录入要导入的单据号范围，点击“确认”按钮系统将所指定的单据导入到当前账套中，并弹出传入成功提示，如图 5-10 所示。

图 5-10 提示窗口

4. 计划修改

计划修改是指对前面已经录入的用款计划进行修改，点击“计划修改”，系统弹出用款计划条件窗口，如图 5-11 所示。

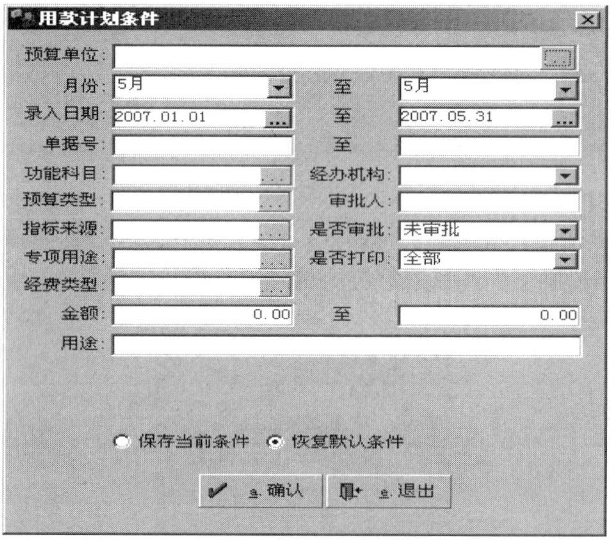

图 5-11 用款计划条件窗口

在用款计划条件窗口中选择预算单位及月份，系统立即弹出预算单位用款计划列表窗口，如图 5-12 所示。

图 5-12 预算单位用款计划列表窗口

用户可以选择自己的要修改的用款计划单据点击窗口下方的“修改”按钮系统弹出和录入窗口一样的用款计划修改窗口，用户可以在该窗口中对用款计划进行修改，修改的操作方式与录入相同，只是单位、月份不可以进行修改，用户根据需要修改完毕后点击“确认保存”即可。(注意：已审批的单据不能修改，如确实需要修改请先取消审批后再进行修改。)

5. 计划审批

计划审批是指相关部门对各预算单位上报的计划进行审批，审批后的计划将作为以后向财政国库支付执行机构提出支付申请的依据。系统对审批过的计划不允许再进行修改。用款计划的审批方式有单张审批和成批审批两种。

1) 单张审批

点击“用款计划→计划审批→单张审批”，系统弹出如图 5-11 所示的预算单位用款计划条件窗口，选择条件后点击“确认”按钮，系统打开待审批的预算单位用款计划表审批窗口，如图 5-13 所示。

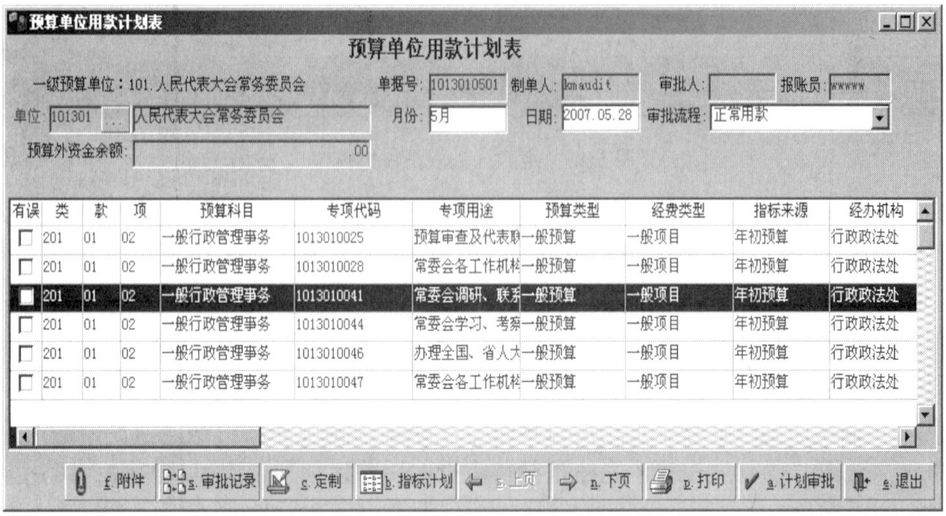

图 5-13　预算单位用款计划表审批窗口

点击图 5-13 窗口下方的“计划审批”按钮，完成用款计划审核后系统自动转到下一张用款计划审批窗口，用户可以继续对下一张单据进行审核。如启用审批流，系统会弹出如图 5-14 所示的“审批意见”窗口。录入审批意见，点击“确认”按钮完成单据审批。

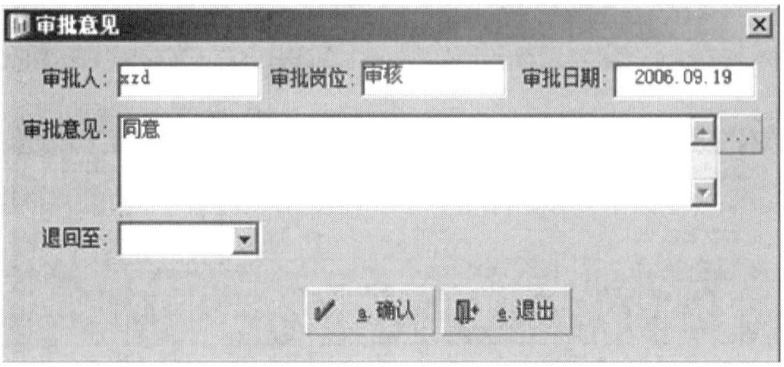

图 5-14　审批意见窗口

如用户需要取消已审核的用款计划单据，则要点击“用款计划→计划审批→单张审批”子菜单。系统弹出用款计划查询条件窗口，其中“审批状态”选择“已审批”，然后点击“确认”按钮，系统打开已审核的用款计划窗口，如图 5-15 所示。系统只在单张审批中提供取消审核功能。

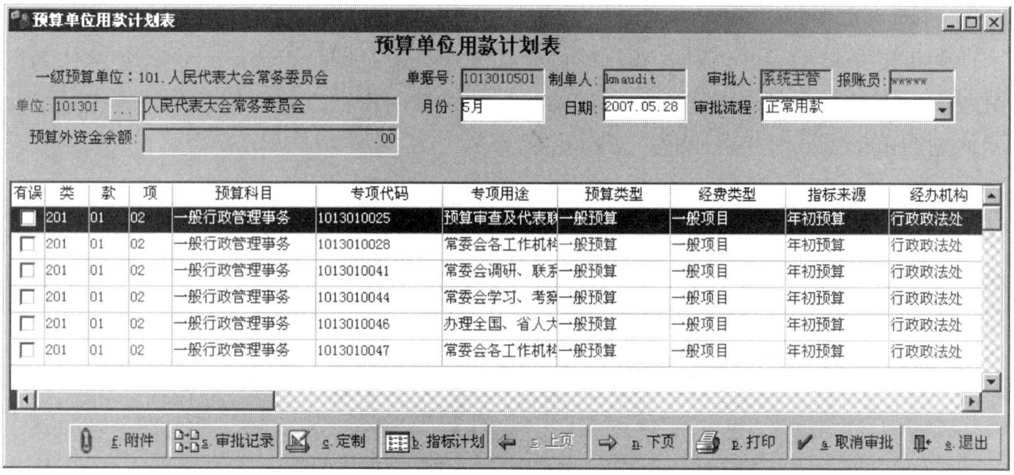

图 5-15 用款计划取消审批窗口

用户可以通过“上页”和“下页”按钮来切换其他待取消审批的单据。找到要取消的用款计划单据后，点击图 5-15 窗口下方的“取消审批”按钮，完成用款计划单据取消审核后，系统自动将“取消审批”按钮变为“计划审批”按钮，用户可以对该张用款计划再次进行审核。

2) 成批审批

点击“用款计划→计划审批→成批审批”子菜单，系统弹出用款计划查询条件窗口，选择条件后点击“确认”按钮，系统打开待审批的用款计划列表窗口，如图 5-16 所示。

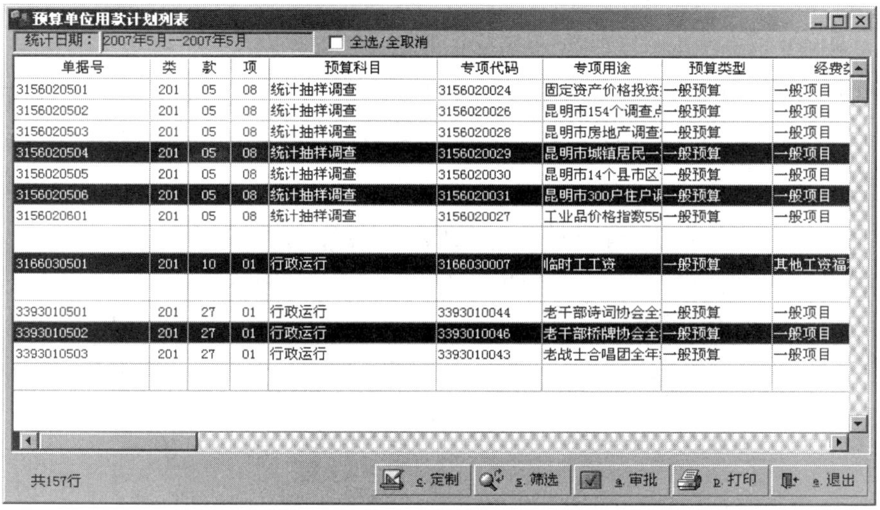

图 5-16 用款计划成批审批窗口

在该窗口可选择多张要审批的单据，点击窗口下方的“审批”按钮，系统自动进行单据审核，完成后系统提示审核成功，如图 5-17 所示。

图 5-17　审批完成提示窗口

对于多张审批完成的单据，如要取消审批，需在单张审批中完成取消审批。

6. 用款计划冻结

该系统具有冻结用款计划单据的功能，冻结后该笔用款计划单据将不能再申请支付，而且在预警控制中也不作为控制数统计。点击“用款计划→计划冻结”菜单，弹出用款计划查询条件窗口。在窗口中选择相应的条件后，点击“确认”后系统将把符合条件的所有用款计划显示在列表窗口，如图 5-18 所示。

单据号	预算单位	类	款	项	预算科目	合计（核定）	专项用途	经费类型
1023010701	XXX市政协	21	02		政府机关经费	46,014.00	副厅以上干部休假	一般项目
1023010702	XXX市政协	21	03		政协经费	50,000.00	党派业务费	一般项目
1023010801	XXX市政协	21	03		政协经费	120,000.00	党派业务费	一般项目
1023010802	XXX市政协	21	03		政协经费	163,800.00	民主评议机关作风	一般项目
1023010901	XXX市政协	21	02		政府机关经费	40,000.00	设备费	一般项目
	单位小计					419,814.00		
合计：						419,814.00		

图 5-18　预算单位用款计划列表窗口

在窗口中选择要进行冻结的用款计划，点击窗口下方的“冻结”按钮，系统即进行用款计划冻结，冻结成功后提示如图 5-19 所示。

当预算单位的用款计划可以解冻，允许预算单位继续使用时，可在图 5-18 所示窗口中选择已冻结的用款计划，然后点击窗口下方的“取消冻结”按钮，取消冻结成功后，系统提示如图 5-20 所示。

图 5-19　提示窗口

图 5-20　提示窗口

7. 计划查询

该菜单主要提供对系统中已存在的用款计划单据的查询及导出功能。点击“计划查询”菜单后，系统首先弹出用款计划条件窗口，如图 5-21 所示。

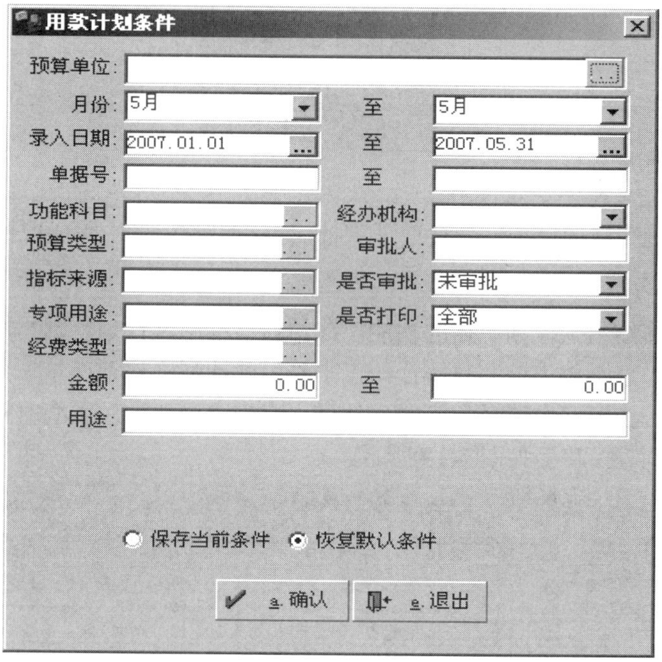

图 5-21 用款计划条件窗口

在本窗体中，用户可按预算单位、日期、月份、功能科目、预算类型等所有条件中的一个或多个条件组合后进行查询。选择条件后，点击“确认”按钮，系统就进入用款计划查询列表窗口(见图 5-22)，窗口中列示符合选定条件的所有用款计划单据。

图 5-22 用款计划查询列表窗口

在此窗口中，移动光标或滚动条可以预览单据的详细信息；选中单据，然后双击鼠标，可以打开用款计划单据的查询窗口查询详细信息；点击“筛选”按钮，可以重新进行条件的选择；点击“打印”按钮，就可以将本预算外收入列表打印输出。“导出”按钮用于将选中的用款计划数据导出符合中国人民银行(以下简称“人行”)要求的额度数据文件，可以由人行导入其使用的系统。

8. 计划报表

计划报表主要用来查询和输出各类用户需要的报表。系统提供按预算单位和预算科目两种查询口径，同时又可分月度和季度查询。窗口主要分为两个数据区域，首先在左边的数据区域选择单位代码与单位名称或预算科目代码和预算科目名称，然后在右边的数据区域选上月份或季度，系统自动会在右边的数据区域显示出您所需要的预算单位分月用款计划汇总表。下面列举预算单位按月查询的计划报表，如图 5-23 所示。

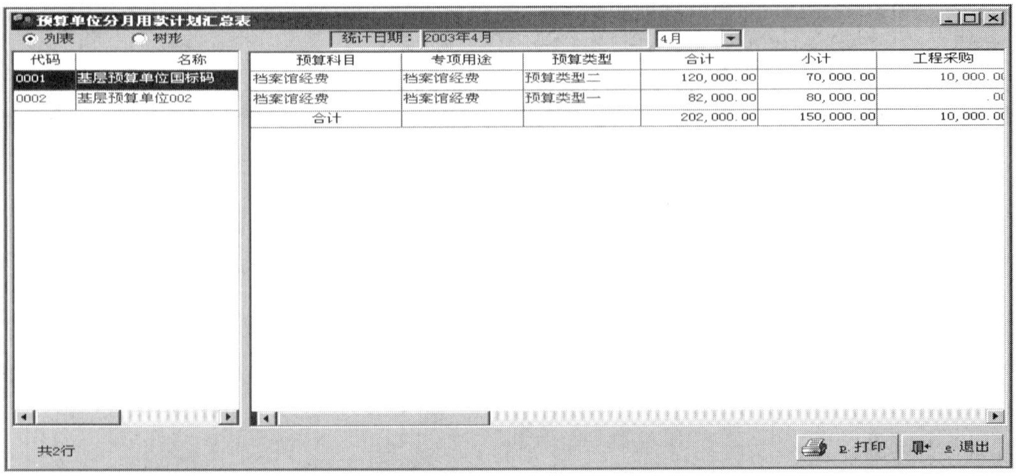

图 5-23　预算单位分月用款计划汇总表窗口

9. 导出给人行系统

该菜单是当人行集中支付系统和国库集中支付系统不在同一台服务器上时，将用款计划数据导出给人行集中支付系统时使用。另外，在直接支付菜单下也有该功能，可直接把支付凭证导出到人行集中支付系统中。在此只介绍用款计划导出，其他单据的导出请参考“用款计划导出”。点击“用款计划→导出给人行系统”菜单，打开导出条件窗口，如图 5-24 所示。

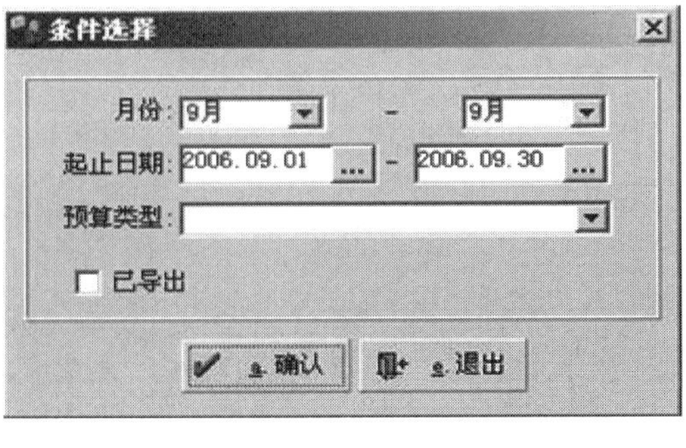

图 5-24　导出条件窗口

在窗口中选择导出的条件后，点击“确认”，系统将符合条件的所有用款计划显示在导出列表窗口中，如图 5-25 所示。窗口中显示为红色的记录为已导出过的用款计划。

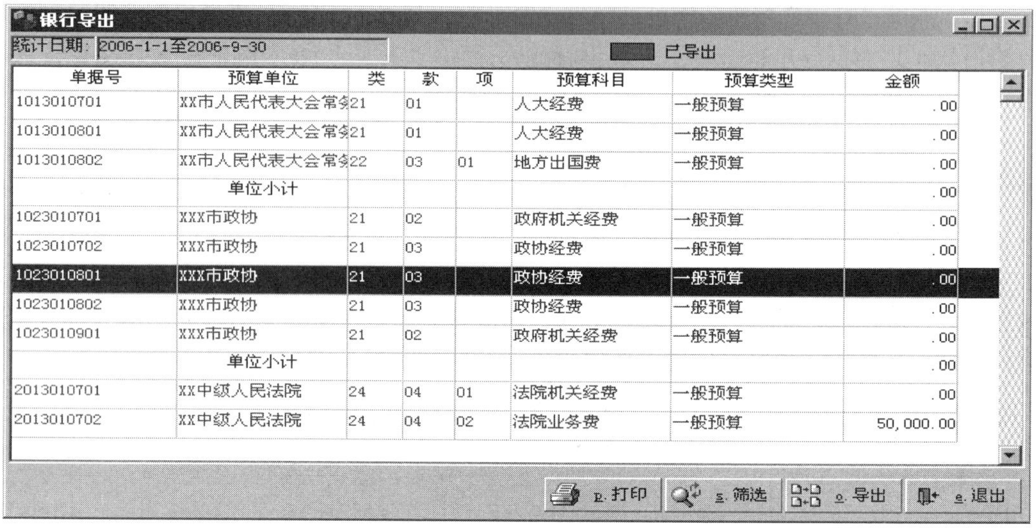

图 5-25　用款计划导出列表窗口

在该窗口中选择要导出的用款计划，点击窗口下方的“导出”按钮，系统自动将用款计划导出到财政业务数据中心的设置路径中。

二、支付申请

支付申请书包括申请书录入、修改、查询、审批、打印等功能。

1. 支付申请录入

支付申请录入的操作窗口如图 5-26 所示。

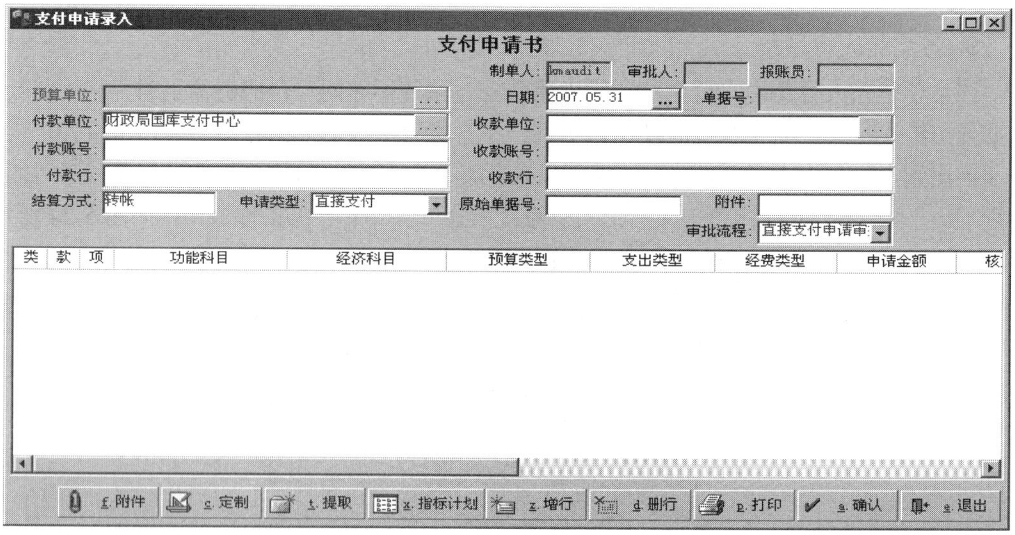

图 5-26　支付申请录入窗口

根据具体情况，逐一选择录入单据中的各项内容，各项内容都填写完毕后存盘即可。用户也可以使用窗口下方的“提取”按钮，使用其中相应功能提取数据生成支付申请，系统提供的提取功能如图 5-27 所示，用户可以根据实际情况选用。

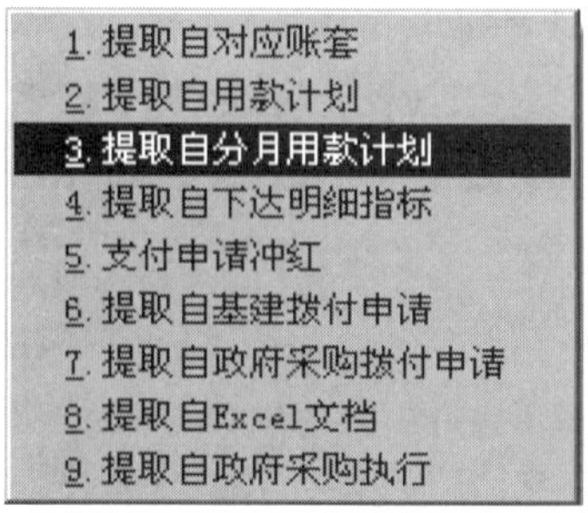

图 5-27　提取菜单窗口

2. 数据传出

数据传出和数据传入功能进行配合使用，用于预算单位和财政部门离线状态下将各预算单位录入的支付申请导出给财政部门，由直接财政部门导入后作为预算单位的支付申请，减少财政人员录入工作量。点击“数据传出”子菜单，系统打开数据传出窗口，如图 5-28 所示。用户可以在该窗口上指定传出数据的存放路径及传出的单据号范围来进行数据传出。

图 5-28　支付申请传出窗口

用户在图 5-28 中指定好传出的目标路径，将传出支付申请选上，在单据号中录入要传出的单据号范围，点击“确认”按钮，系统将所选择的单据传出到目标文件夹中，并弹出传出成功提示，如图 5-29 所示。

图 5-29　提示窗口

3. 数据传入

数据传入是用于将各预算单位从新中大软件中传出的支付申请数据导入当前数据库中。点击“数据传入”子菜单，系统打开数据传出窗口，如图 5-30 所示。用户可以在该窗口上指定要传入的数据的存放路径及传入的单据号范围来进行数据导入。

用户在图 5-30 中指定好传入数据的目标路径，将传入支付申请项目选上，在单据与中录入要导入的单据号范围，点击“确认”按钮，系统将所指定的单据导入到当前账套中，并弹出传入成功提示，如图 5-31 所示。

图 5-30　支付申请传入窗口

图 5-31　提示窗口

4. 申请书修改

该功能用于对未审批的支付申请进行修改。需要修改支付申请时，点击“申请书修改”功能菜单，系统首先弹出条件选择窗口，如图 5-32 所示。

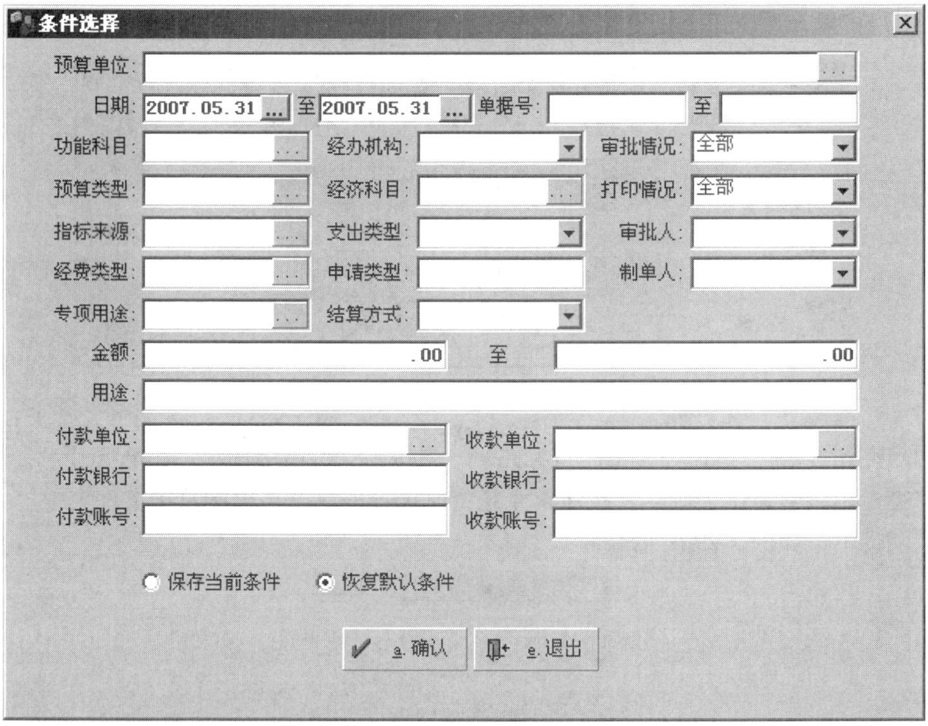

图 5-32　条件选择窗口

用户只需在该窗口录入要修改的申请书的相关条件，点击“确认”按钮，系统弹出支付申请列表，如图 5-33 所示。

在本窗体中，用户选中要修改的支付申请单据，点击“修改”按钮，系统弹出支付申请修改界面，用户在该界面修改完毕后点击“确认”按钮即可。

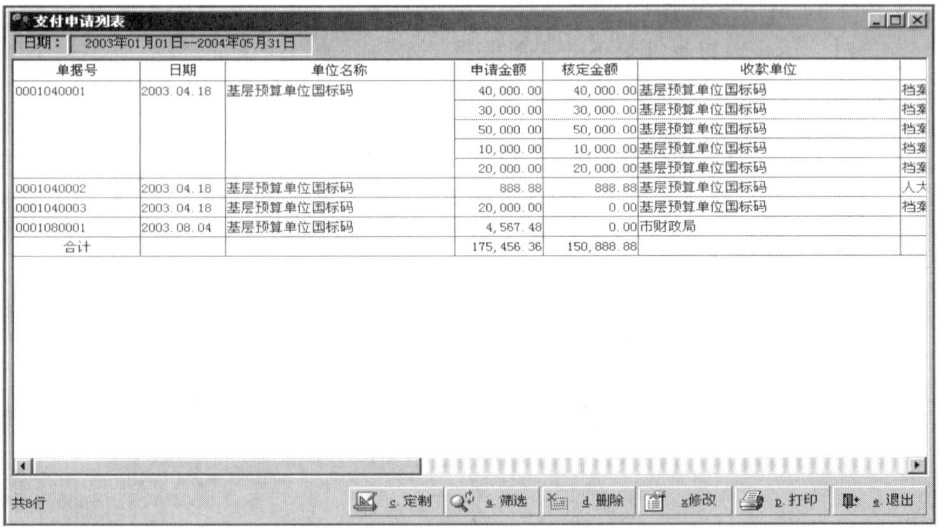

图 5-33　支付申请列表窗口

5. 申请书查询

该菜单是用来查询系统内的支付申请的，点击“申请查询”菜单，系统弹出如图 5-32 所示的条件筛选窗口，在该条件窗口中录入查询条件后，系统会将符合查询条件的所有单据全部显示到如图 5-33 所示的列表窗口，用户可以点击窗口下方的“查询”按钮进行支付申请单据详细信息查询。

6. 申请书审批

支付申请书审批是相关部门对各预算单位上报的计划进行审批，审批后的支付申请将作为财政国库支付执行机构办理直接支付业务的依据。系统对审批过的支付申请不允许再进行修改。支付申请的审批方式有单张审批和成批审批两种。

1) 单张审批

点击“单张审批”子菜单，系统弹出如图 5-32 所示的条件窗口，选择条件后点击“确认”按钮，系统打开待审批的预算单位支付申请审批窗口，如图 5-34 所示。

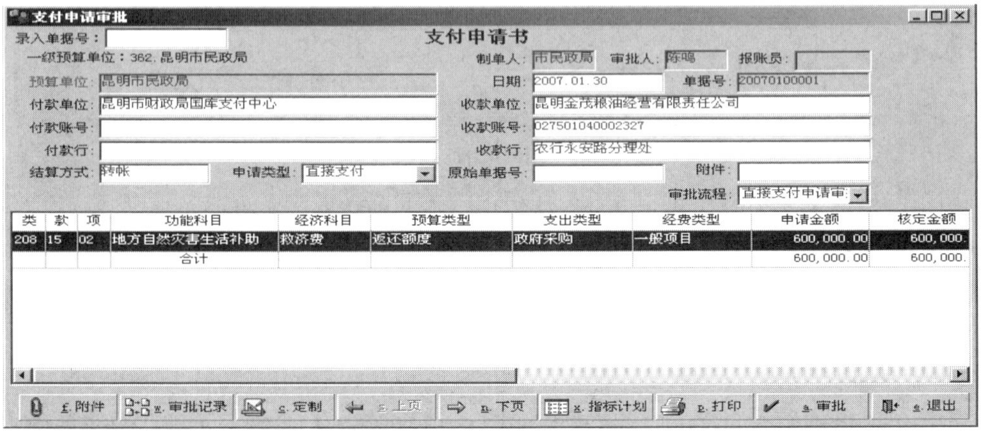

图 5-34　支付申请审批窗口

点击图 5-34 窗口下方的“审批”按钮，完成用款计划审核后系统自动转到下一张支付申请审批窗口，用户可以继续对下一张单据进行审核。如启用审批流程，系统会弹出审批意见窗口，如图 5-35 所示。录入审批意见，点击“确认”按钮完成单据审批。

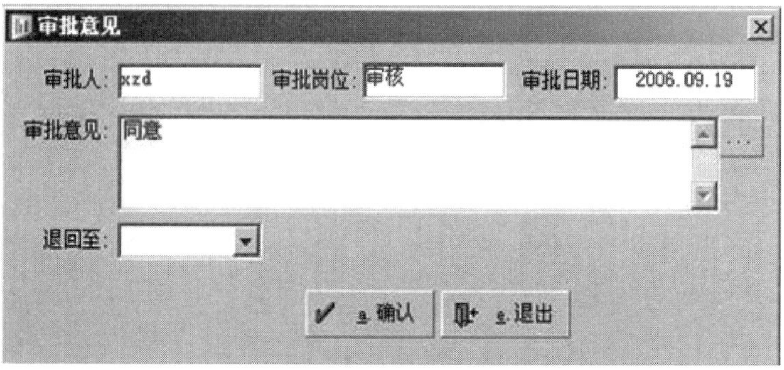

图 5-35 审批意见窗口

如用户需要对已审核的支付申请单据取消审核，则要点击“支付申请→申请审批→单张审批”子菜单。系统弹出如图 5-32 所示的条件窗口，其中“审批状态”选择“已审批”，然后点击“确认”按钮，系统打开已审核的用款计划窗口，如图 5-36 所示。系统只在单张审批中提供取消审核功能。

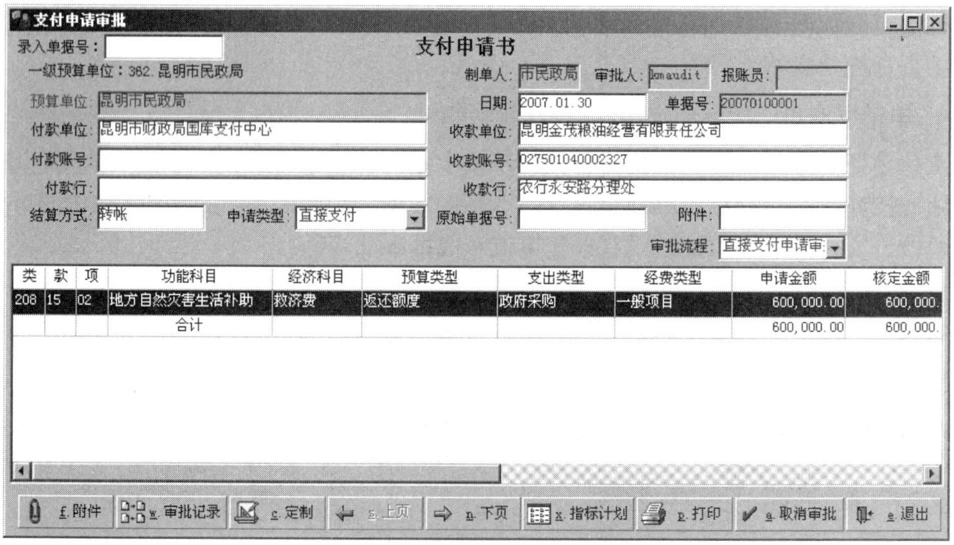

图 5-36 支付申请取消审批窗口

用户可以通过“上页”和“下页”按钮来切换其他待取消审批的单据。找到要取消的用款计划单据后，点击 5-36 窗口下方的“取消审批”按钮，完成用款计划单据取消审核后，系统自动将“取消审批”按钮变为“计划审批”按钮，用户可以对该张支付申请再次进行审核。

2) 成批审批

点击“成批审核”子菜单，系统弹出如图 5-32 所示的条件窗口，选择条件后点击“确认”按钮，系统打开待审批的支付申请列表窗口，如图 5-37 所示。

单据号	日期	申请金额	核定金额	收款单位	类	款	项	功能科目
20070100002	2007.01.30	400,000.00	400,000.00	云南滇池绿洲工贸有限公司	208	15	02	地方自然灾害生活补
20070300001	2007.03.14	543,624.60	543,624.60	云南科海电子有限公司	207	01	04	图书馆
20070300002	2007.03.14	924,329.45	924,329.45	江门市新会区二轻机械厂有限公司	207	01	04	图书馆
20070300003	2007.03.20	628,158.50	628,158.50	昆明铁路机械学校	205	03	02	中专教育
20070300004	2007.03.29	256,120.00	256,120.00	北京探针生物技术有限公司	210	99		其他医疗卫生支出
20070300005	2007.03.29	783,888.00	783,888.00	昆明康源达经贸有限公司	210	99		其他医疗卫生支出
20070400001	2007.04.09	130,500.00	130,500.00	云南省计算机软件技术开发研究中心	213	01	99	其他农业支出
20070400002	2007.04.09	59,760.00	59,760.00	云南实创电子有限公司	213	01	99	其他农业支出
20070400003	2007.04.09	368,760.00	368,760.00	云南爱迪科技有限公司	213	01	99	其他农业支出
20070400004	2007.04.09	439,110.82	439,110.82	江门市新会区二轻机械厂有限公司	207	01	04	图书馆
20070400005	2007.04.16	94,190.00	94,190.00	云南冶金仁达电脑有限公司	213	01	99	其他农业支出
20070400006	2007.04.16	5,810.00	5,810.00	昆明今朝数码科技有限公司	213	01	99	其他农业支出
20070400007	2007.04.16	57,600.00	57,600.00	上海三菱电梯有限公司	213	01	99	其他农业支出
20070400008	2007.04.23	300,000.00	300,000.00	昆明市公安局	204	02	05	国内安全保卫
20070400009	2007.04.25	3,225.00	3,225.00	昆明航邦科技有限公司	205	03	04	职业高中教育

图 5-37　支付申请成批审批窗口

在该窗口可选择多张要审批的单据，点击窗口下方的“成批审批”按钮，系统自动进行单据审核，完成后系统提示审核成功，如图 5-38 所示。

图 5-38　审批完成提示窗口

对于多张审批完成的单据，如要取消审批，需到单张审批中完成取消审批。

7. 汇总打印

汇总打印功能菜单用于一次选中的多张支付申请进行汇总套打。用户可选择对申请书进行套打，自定义套打格式要求用户在“财政业务数据中心”的“国库集中支付/套打格式”中事先设置好方可使用该功能。

三、直接支付

财政直接支付是对于一些大额资金的支出，如工程支出、服务采购、工资支出等业务的管理，由各预算单位根据用款计划，根据实际业务发生情况，提出直接支付申请，在经过业务处(科)室、支付中心审批后(由于前面已经对各预算单位的用款计划进行了严格的审批，所以也省去业务处(科)室的审批过程，直接由国库支付中心进行审批，以提高效率)，开出直接支付令(直接支付凭证)，并通过代理银行将款项直接付给供应商，最后银行反馈回入账通知单的过程。本菜单就是实现财政直接支付凭证的管理，主要包括开具支付令、审批、查询、汇总打印等功能。

1. 凭证录入

点击“直接支付/凭证录入”，系统弹出如图 5-39 所示的“直接支付凭证录入”窗口。

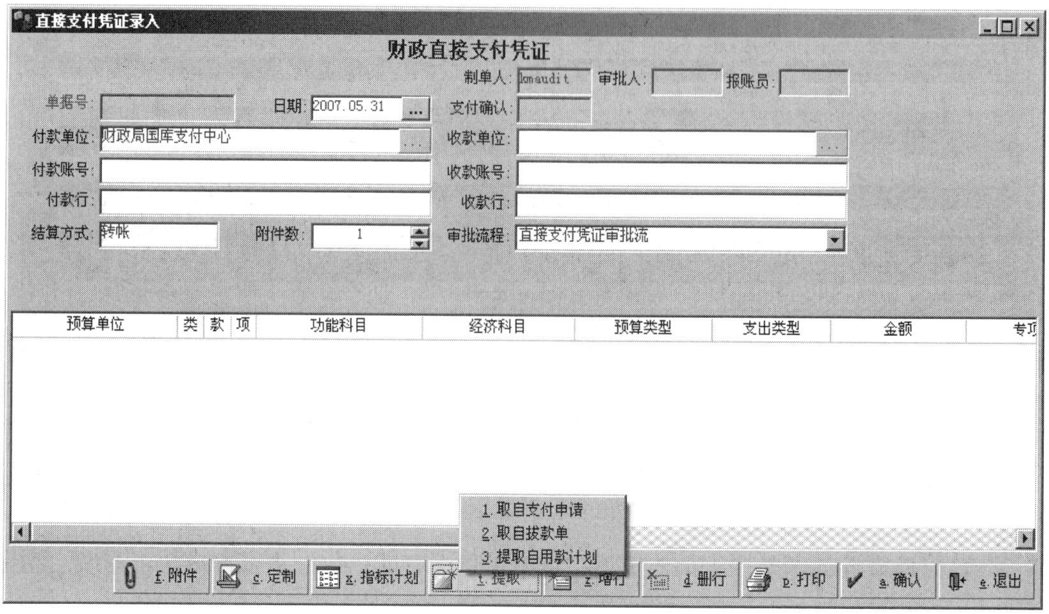

图 5-39　直接支付凭证录入窗口

用户可先依次录入各项内容，然后点击“确认”，系统将自动保存。用户也可以使用窗口下方的“提取”按钮，使用其中相应功能提取数据生成直接支付凭证，系统提供的提取功能如图 5-39 下方弹出的菜单所示，用户可以根据实际情况选用。

2. 数据传出

该功能和数据传入进行配合使用，用于系统离线部署的情况下将一台机器上录入的直接支付凭证导出给另一部门导入后进行相关的审核、打印等操作，以减少相关人员录入工作量。

点击“数据传出”子菜单，系统打开数据传出窗口，如图 5-40 所示。用户可以在该窗口上指定传出数据的存放路径及传出的单据号范围来进行数据传出。

用户在图 5-40 中指定好传出的目标路径，将传出直接支付凭证选上，在单据号中录入要传出的单据号范围，点击“确认”按钮，系统将所选择的单据传出到目标文件夹中，并弹出传出成功提示，如图 5-41 所示。

图 5-40　直接支付凭证传出窗口

图 5-41　提示窗口

3. 数据传入

数据传入是用于将各预算单从新中大软件中传出的直接支付凭证数据导入当前数据库中。点击“数据传入”子菜单，系统打开数据传出窗口，如图 5-42 所示。用户可以在该窗口上指定要传入的数据的存放路径及传入的单据号范围来进行数据导入。

图 5-42　直接支付凭证传入窗口

用户在图 5-42 中指定好传入数据的目标路径，将传入直接支付凭证项目选上，在单据号中录入要导入的单据号范围，点击“确认”按钮，系统将所指定的单据导入到当前账套中，并弹出传入成功提示，如图 5-43 所示。

图 5-43　提示窗口

4. 凭证修改

该功能用于对未审批的直接支付凭证进行修改。当需要进行修改直接支付凭证时，点击“凭证修改”功能菜单，系统首先弹出条件选择窗口，如图 5-44 所示。

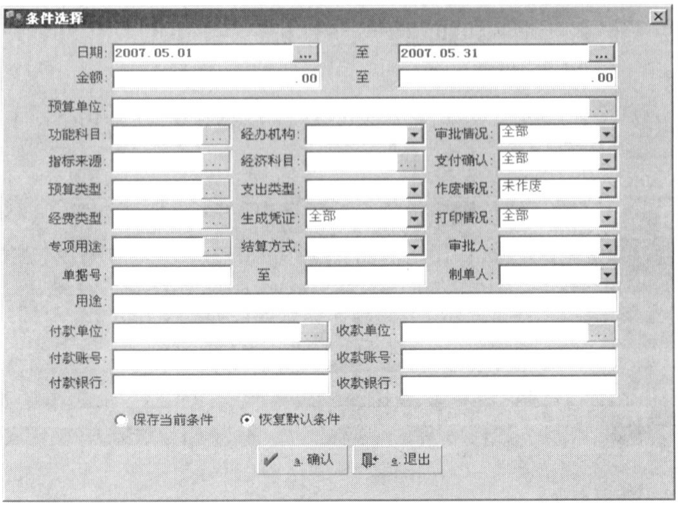

图 5-44　条件选择窗口

用户只需在该窗口录入要修改的直接支付凭证的相关查询条件，点击“确认”按钮，系统弹出直接支付凭证列表，如图 5-45 所示。

图 5-45　直接支付凭证列表窗口

在本窗体中，用户选中要修改的直接支付凭证单据，点击窗口下方的“修改”按钮，系统弹出直接支付申请修改界面(与图 5-39 直接支付凭证录入窗口类似)，用户在该界面修改完毕后点击“确认”按钮即可。

5. 凭证查询

该菜单是用来查询系统内的直接支付凭证使用的，点击“凭证查询”菜单，系统弹出如图 44 所示的条件筛选窗口，在该条件窗口中录入查询条件后，系统会将符合查询条件的所有单据全部显示到如图 5-45 所示的列表窗口，用户可以点击窗口下方的“查询”按钮进行直接支付凭证各单据详细信息查询。另外，先选择单据后，点击窗口下方的“连续套打”按钮，可以实现对直接支付凭证的连续打印。

6. 凭证审批

直接支付凭证审批是对系统内已经录入的直接支付凭证进行审批。系统对进行过审批的支付申请都不允许再进行修改。直接支付凭证的审批方式有单张审批和成批审批两种，同时直接支付还提供了成批取消功能。

1) 单张审批

点击“单张审核”子菜单，系统弹出如图 5-44 所示的条件窗口，选择条件后点击“确认”按钮，系统打开待审批的直接支付凭证审批窗口，如图 5-46 所示。

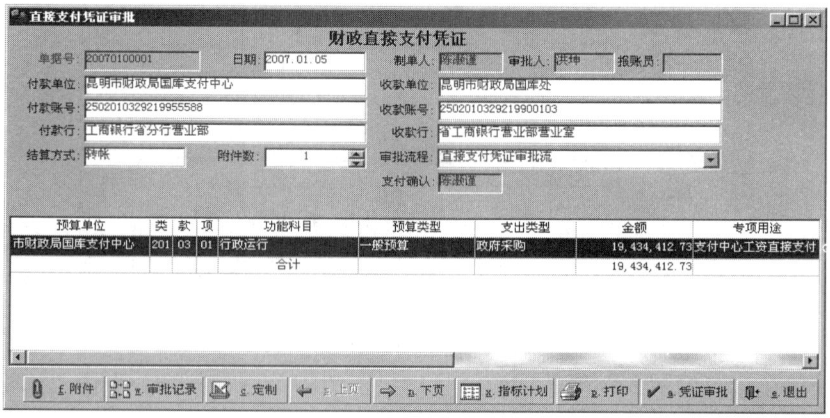

图 5-46　直接支付凭证审批窗口

点击图 5-46 窗口下方的“凭证审批”按钮，完成对当前直接支付凭证的审核后系统自动转到下一张直接支付凭证审批窗口，用户可以继续对下一张单据进行审核。如果启用了审批流，系统会弹出审批意见窗口，如图 5-47 所示。录入审批意见，点击“确认”按钮完成单据审批。

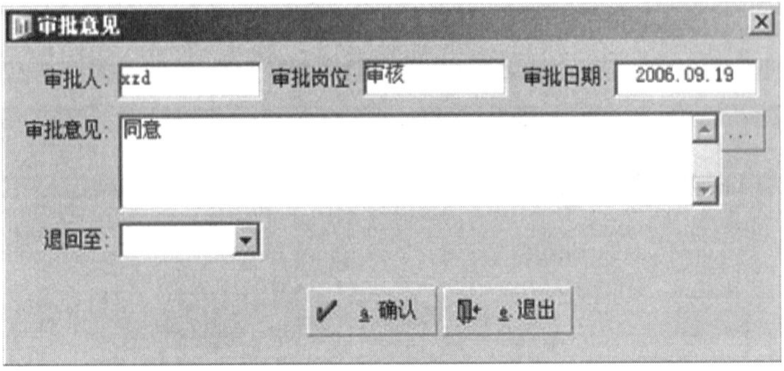

图 5-47　审批意见窗口

如用户需要对已审核的直接支付凭证单据取消审核，则要点击“直接支付→凭证审批→单张审批”子菜单。系统弹出如图 5-44 所示的条件窗口，其中“审批状态”选择“已审批”，然后点击“确认”按钮，系统显示出已审核的直接支付凭证取消审批窗口，如图 5-48 所示。系统只在单张审批中提供取消审核功能。

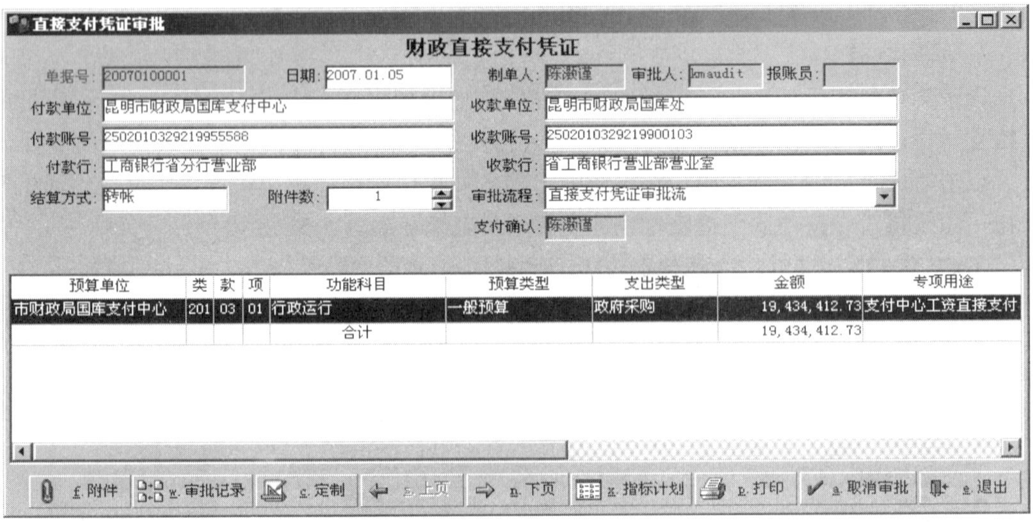

图 5-48　直接支付凭证取消审批窗口

用户可以通过“上页”和“下页”按钮来切换其他待取消审批的单据。找到要取消的直接支付凭证单据后，点击 5-48 窗口下方的“取消审批”按钮，完成直接支付凭证单据取消审核后，系统自动将“取消审批”按钮变为“取消审批”按钮，用户可以对该张直接支付凭证再次进行审核。

2) 成批审批

点击“成批审核”子菜单，系统弹出如图 5-32 所示的条件窗口，选择条件后点击“确认”按钮，系统打开待审批的支付申请列表窗口，如图 5-49 所示。

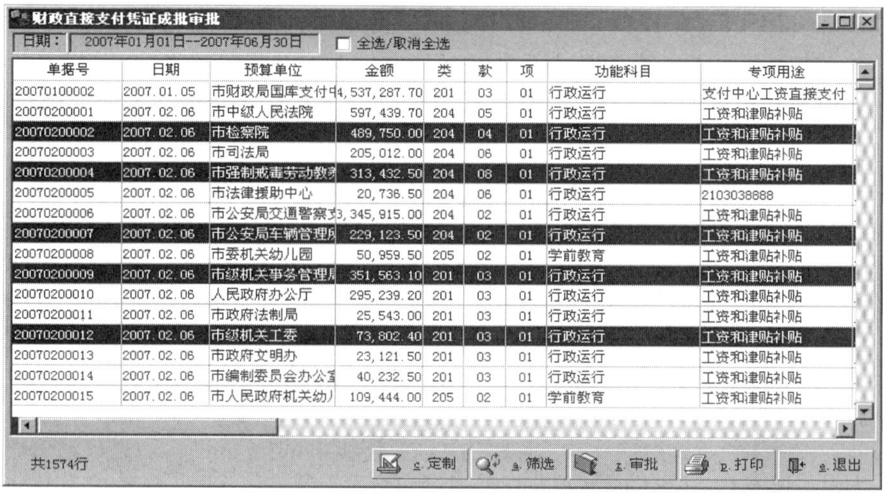
财政直接支付凭证成批审批
日期： 2007年01月01日--2007年06月30日
全选/取消全选
单据号 日期 预算单位 金额 类 款 项 功能科目 专项用途
20070100002 2007.01.05 市财政局国库支付中 4,537,287.70 201 03 01 行政运行 支付中心工资直接支付
20070200001 2007.02.06 市中级人民法院 597,439.70 204 05 01 行政运行 工资和津贴补贴
20070200002 2007.02.06 市检察院 489,750.00 204 04 01 行政运行 工资和津贴补贴
20070200003 2007.02.06 市司法局 205,012.00 204 06 01 行政运行 工资和津贴补贴
20070200004 2007.02.06 市强制戒毒劳动教养 313,432.50 204 08 01 行政运行 工资和津贴补贴
20070200005 2007.02.06 市法律援助中心 20,736.50 204 06 01 行政运行 2103038888
20070200006 2007.02.06 市公安局交通警察支 3,345,915.00 204 02 01 行政运行 工资和津贴补贴
20070200007 2007.02.06 市公安局车辆管理所 229,123.50 204 02 01 行政运行 工资和津贴补贴
20070200008 2007.02.06 市委机关幼儿园 50,959.50 205 02 01 学前教育 工资和津贴补贴
20070200009 2007.02.06 市级机关事务管理局 351,563.10 201 03 01 行政运行 工资和津贴补贴
20070200010 2007.02.06 人民政府办公厅 295,239.20 201 03 01 行政运行 工资和津贴补贴
20070200011 2007.02.06 市政府法制局 25,543.00 201 03 01 行政运行 工资和津贴补贴
20070200012 2007.02.06 市级机关工委 73,802.40 201 03 01 行政运行 工资和津贴补贴
20070200013 2007.02.06 市政府文明办 23,121.50 201 03 01 行政运行 工资和津贴补贴
20070200014 2007.02.06 市编制委员会办公室 40,232.50 201 03 01 行政运行 工资和津贴补贴
20070200015 2007.02.06 市人民政府机关幼儿 109,444.00 205 02 01 学前教育 工资和津贴补贴
共1574行
c.定制 a.筛选 z.审批 p.打印 e.退出

图 5-49　直接支付凭证成批审批窗口

在该窗口可选择多张要审批的单据，点击窗口下方的“审核”按钮，系统自动进行单据审核，完成后系统提示审核成功，如图 5-50 所示。

提示
审批完成!
确定

图 5-50　审批完成提示窗口

对于多张审批完成的单据，如要取消审批，可以到单张审批中完成取消审批，也可以使用成批取消功能。

7. 成批取消

该子菜单是用于成批将已审批的直接支付凭证进行取消审核，该功能仅对自己审批的直接支付凭证进行取消审批操作，如果直接支付凭证已经支付确认则不能成批取消审批。

点击“成批取消”子菜单，在系统弹出的条件窗口中选择相应条件后，点击“确认”按钮，系统将符合条件的直接支付凭证全部列示出来，如图 5-51 所示。

财政直接支付凭证成批取消审批
日期： 2007年01月01日--2007年06月30日
全选/取消全选
单据号 日期 预算单位 金额 类 款 项 功能科目 专项用途
20070100001 2007.01.05 市财政局国库支付中 3,434,412.73 201 03 01 行政运行 支付中心工资直接支付
20070100002 2007.01.05 市财政局国库支付中 4,537,287.70 201 03 01 行政运行 支付中心工资直接支付
20070200001 2007.02.06 市中级人民法院 597,439.70 204 05 01 行政运行 工资和津贴补贴
20070200002 2007.02.06 市检察院 489,750.00 204 04 01 行政运行 工资和津贴补贴
20070200003 2007.02.06 市司法局 205,012.00 204 06 01 行政运行 工资和津贴补贴
20070200004 2007.02.06 市强制戒毒劳动教养 313,432.50 204 08 01 行政运行 工资和津贴补贴
20070200005 2007.02.06 市法律援助中心 20,736.50 204 06 01 行政运行 2103038888
20070200006 2007.02.06 市公安局交通警察支 3,345,915.00 204 02 01 行政运行 工资和津贴补贴
20070200007 2007.02.06 市公安局车辆管理所 229,123.50 204 02 01 行政运行 工资和津贴补贴
20070200008 2007.02.06 市委机关幼儿园 50,959.50 205 02 01 学前教育 工资和津贴补贴
20070200009 2007.02.06 市级机关事务管理局 351,563.10 201 03 01 行政运行 工资和津贴补贴
20070200010 2007.02.06 人民政府办公厅 295,239.20 201 03 01 行政运行 工资和津贴补贴
20070200011 2007.02.06 市政府法制局 25,543.00 201 03 01 行政运行 工资和津贴补贴
20070200012 2007.02.06 市级机关工委 73,802.40 201 03 01 行政运行 工资和津贴补贴
20070200013 2007.02.06 市政府文明办 23,121.50 201 03 01 行政运行 工资和津贴补贴
20070200014 2007.02.06 市编制委员会办公室 40,232.50 201 03 01 行政运行 工资和津贴补贴
共1575行
c.定制 a.筛选 z.取消 p.打印 e.退出

图 5-51　成批取消审批窗口

在该窗口中选择要取消审批的直接支付凭证单据，然后点击窗口下方的“取消”按钮，系统自动将所选单据取消审批。

8. 支付确认

该功能是提供用户对已录入的直接支付凭证是否支付完成进行管理，用户可以在明确该支付凭证中所需的金额已经由银行支付或是该单据已送交银行办理支付时来此对相应的单据进行支付确认。系统提供了三个支付确认方式：单张支付确认、成批支付确认、外部文件支付确认。其中，单张支付确认、成批支付确认的使用方法和审批的单张审批、成批审批使用方法相似，请参考审批一节操作方法使用。外部文件确认是指根据导入的TXT文件中的数据来自动对系统内存在的支付单据进行支付确认。该TXT文件格式如图5-52所示，第一列为支付凭证单据号、第二列为单据日期、第三列为支付金额，必须三个条件完全符合时系统才会自动完成单据的支付确认。

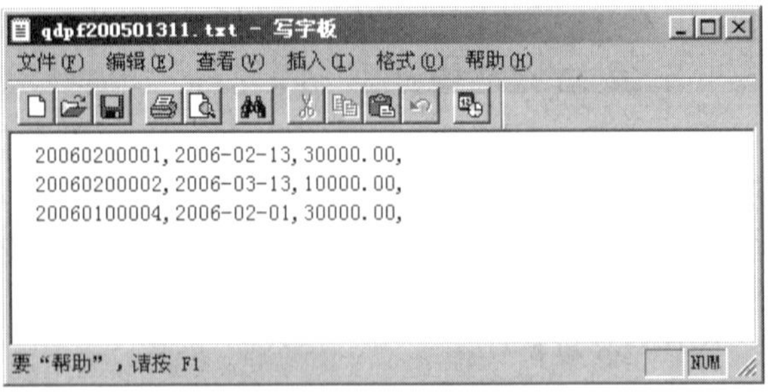

图5-52　文件格式窗口

9. 财务凭证

“财务凭证”是指将已经支付确认的支付业务单据转换成账务中的会计凭证，在“财政直接支付凭证生成财务凭证”窗口中，选中所需要生成凭证的支付单据，点击“财务凭证”按钮，系统弹出一选择菜单，如图5-53所示。

图5-53　生成凭证菜单

用户如选择“中心凭证”，系统弹出如图5-54所示的窗口。

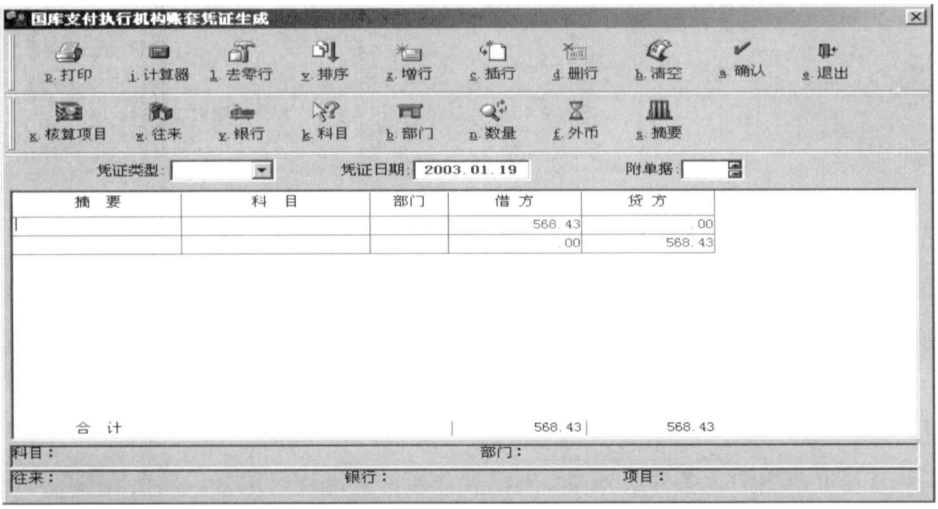

图5-54　国库支付执行机构账套凭证生成窗口

在本窗口中，用户只需核对无误后点击确认存入即可。用户如选择“单位凭证”，系统首先弹出选择凭证分录窗口，如图 5-55 所示。

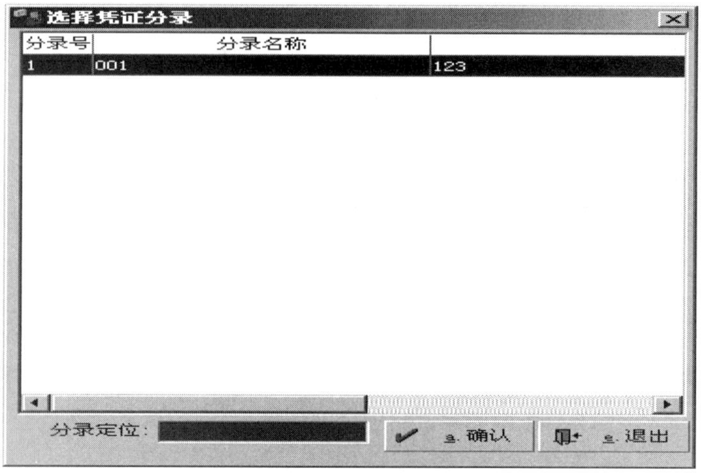

图 5-55　选择凭证分录窗口

用户确认了选中的凭证分录之后，系统弹出如图 5-55 所示的实体账套凭证生成窗口，用户核实无误后点击确认即可。生成财务凭证所需的要素与“财政业务数据中心”的“国库集中支付→凭证设置”中的参数有关。

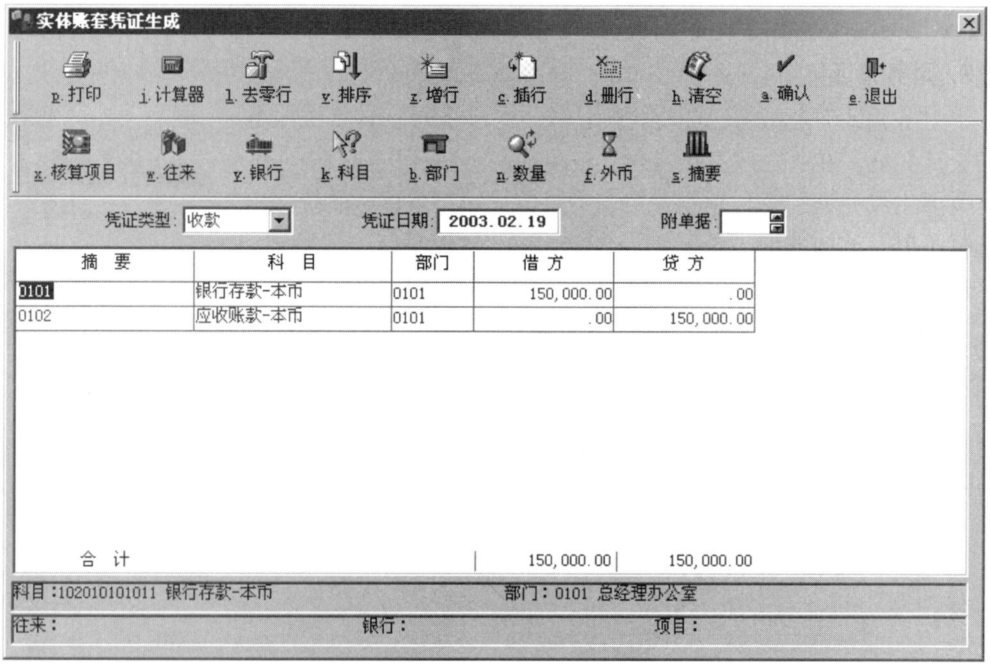

图 5-56　实体账套凭证生成窗口

10. 凭证作废

系统首先要求用户在条件选择窗口对需要作废的凭证进行选择，确认后系统弹出如图 5-57 所示的窗口，用户可通过翻页按钮对需要作废的凭证进行操作。

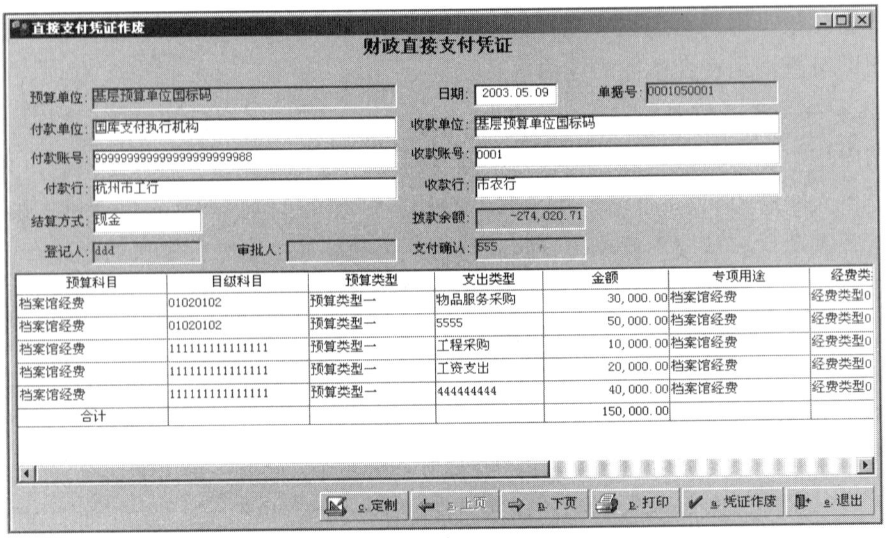

图 5-57　直接支付凭证作废窗口

11. 银行支付确认

该功能用于和银行联网模式下，对银行已支付单据进行确认，以方便和银行对账。其具体操作方式同上述支付确认操作方法类似，参照支付确认一节进行即可。

12. 直接支付报表

该菜单下提供的是专门针对直接支付业务的一些查询汇总报表或单据的功能，可根据各自实际情况进行使用，在此只介绍“直接支付清算汇总通知单”和“直接支付入账通知书”两个子菜单，其他功能不做详细说明。

1) 直接支付清算汇总通知单

财政部国库支付执行机构在复核执行《财政直接支付申请书》后，开具汇总了所有一级预算单位支付申请的《直接支付清算汇总通知单》，经复核及加盖印章签字后，分送中国人民银行和代理银行。直接支付清算汇总通知单如图 5-58 所示。

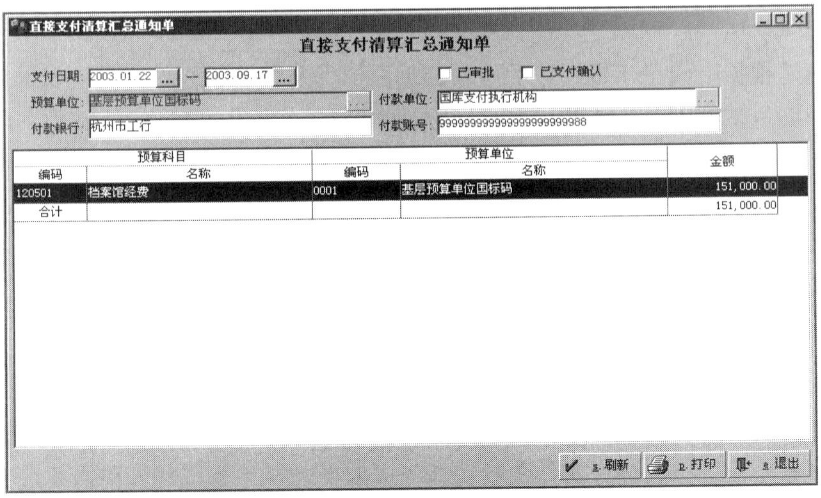

图 5-58　直接支付清算汇总通知单窗口

在本窗体中，用户可通过对支付日期、预算单位、付款单位等条件的更改，点击“刷新”按钮即可查询到符合条件的详细信息。

2) 直接支付入账通知书

在国库集中支付中，一般代理银行根据《财政直接支付凭证》办理支付后，开具《财政直接支付入账通知书》发送给一级预算单位和基层预算单位。《财政直接支付入账通知书》作为一级预算单位和基层预算单位收到和付出款项的凭证。本软件提供的财政直接支付入账通知书反映了某单位、某时期内已通过银行付款的经费情况，也可用于与银行对账。查询时可以根据需要设置条件，具体操作：点击“直接支付入账通知书”菜单，弹出如图5-59所示的窗口。

图5-59 查询条件窗口

选择“预算单位”及所设定的“日期”，确定后，即弹出了“财政直接支付入账通知书”。用户还可以对此通知书进行打印，也可以通过“筛选”按钮，直接修改查询条件进行查询。

四、授权支付

授权支付是对预算单位日常工作中的一些零星支出，由授权给单位的在一定额度范围内可以自行办理支出的业务。对于授权支付的管理比较宽松，一般不需要进行审批，但也有一些特殊情况，如属于授权支付的业务范围，但支付金额较大的情况，需要加强控制。各预算单位在确定了本单位的授权额度范围后，可以在该额度内自主开支。预算单位根据业务情况，自行开出授权支付令(如果金额较大的，则需要通过国库支付中心进行审批)，直接交给代理银行办理，只要在授权范围内的，代理银行可办理结算。该菜单功能主要实现国库集中支付中授权支付业务管理，主要包括授权支付额度通知单的生成下达、打印和授权支付凭证的录入、审批、打印、查询等功能。

1. 额度通知单

该功能是根据财政已审批通过的用款计划向银行及预算单位下达授权支付额度通知单的业务管理。包括额度通知单的生成、打印及额度下达情况的查询等功能。

2. 汇总

主要用于支付中心根据审批通过的用款计划按单位和科目等要素汇总生成额度通知单，并可以将额度通知单打印下达给相关银行和预算单位，作为预算单位进行授权支付和代理银行受理授权支付业务的依据。点击“授权支付/额度通知单”，系统弹出授权支付额度通知单窗口(见图5-60)。

在本窗体中，用户可通过对月份、预算单位、付款银行等条件的更改，点击“刷新”按钮即可查询到符合条件的详细信息，点击下方的“套打”按钮进行套打即可。用户还可以通过“财务凭证”按钮进行实体账套凭证生成的操作，在生成凭证前需要选到财政业务数据中心设置各实体单凭证模板。

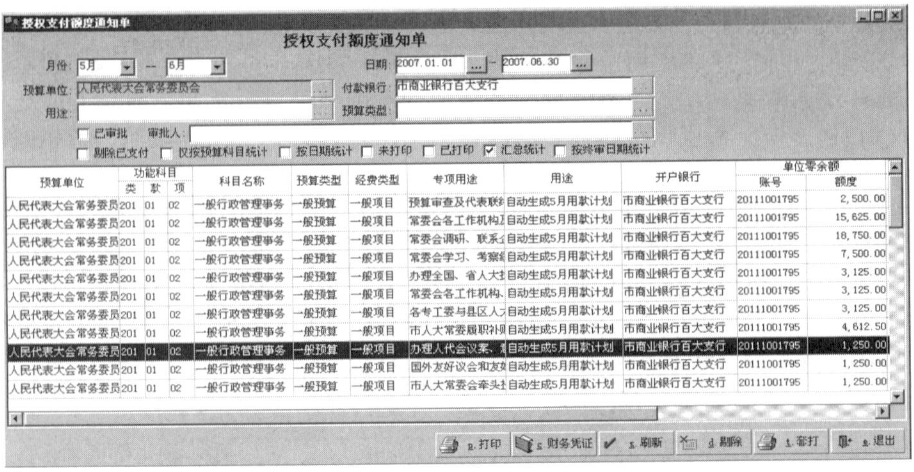

图 5-60　授权支付额度通知单汇总窗口

3. 明细

该功能的用途和汇总功能相同，其操作窗口也相似，其主要区别有以下几点：一是该功能生成用款计划时是按用款计划明细列出来的，而不进行汇总处理；二是使该窗口下方的连续打印系统会自动生成一个流水提取编号，用户可以随时用该编号来查询本次下达的额度数据，如图 5-61 所示。其他项按预算科目汇总功能和汇总窗口中的功能相同，且本窗口中只提供按预算科目汇总功能。

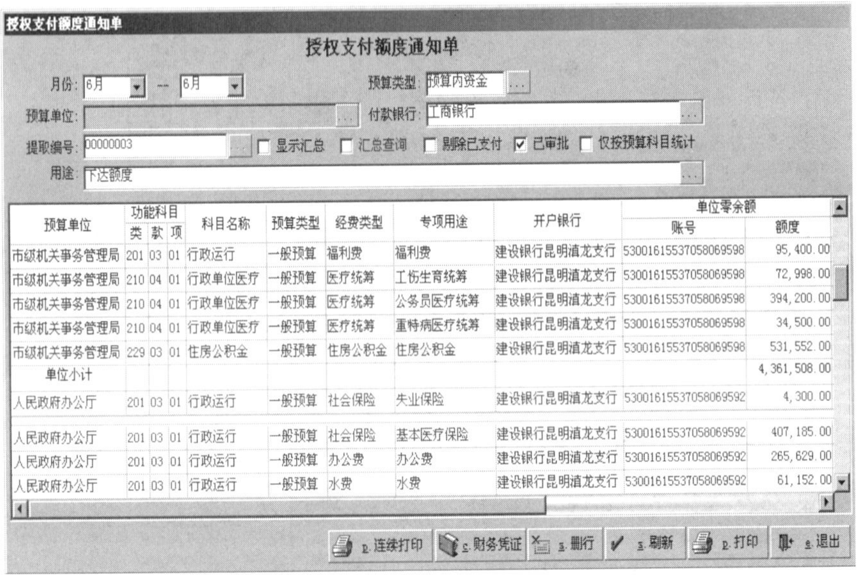

图 5-61　授权支付额度通知单明细窗口

在图 5-61 窗口中选择月份和预算单位后，点击窗口下方的“刷新”按钮，系统默认将已审批通过的授权支付用款计划数据列示出来。如列示出来的数据中有的数据用户本次不下达，则可以选择该行后，点击窗口下方的“删行”按钮将当前行删除。

确认当前准备下达额度的数据无误后，点击窗口下方的“连续打印”按钮将当前数据按在财政业务数据中心定义好的打印格式打印出来。同时系统会根据打印顺序生成一个 8 位的流水号放在提取编号中，用户以后如需要查询次下达的额度数据，直接在提取编号中录入本次打印产生的流水号点击窗口下方的“刷新”按钮即可查询到对应的额度记录数据。如需要按预算科目对当前下达的明细额度数据进行汇总，直接同时选择窗口上部的“汇总查询”和“仅按预算科目统计”两个项目，再点击“刷新”按钮即可以实现汇总。

4. 授权额度查询

该功能用于对授权支付额度的下达情况的查询。包括各预算单位已下达的和未下达的额度，下达给各银行的额度等功能。点击“授权额度查询”子菜单，系统弹出条件窗口，用户在可以任意选择条件进行授权支付额度的查询，如图 5-62 所示。

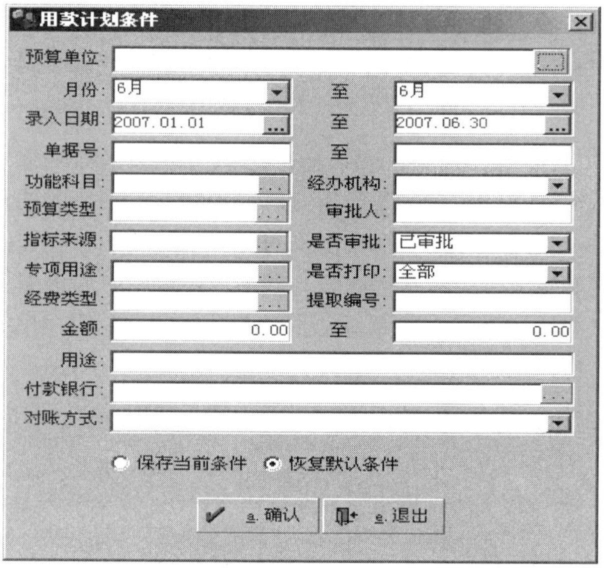

图 5-62　授权支付额度查询条件窗口

在上述窗口中选择相应条件后，点击“确认”按钮，系统将符合条件的授权支付额度记录列示出来，如图 5-63 所示。

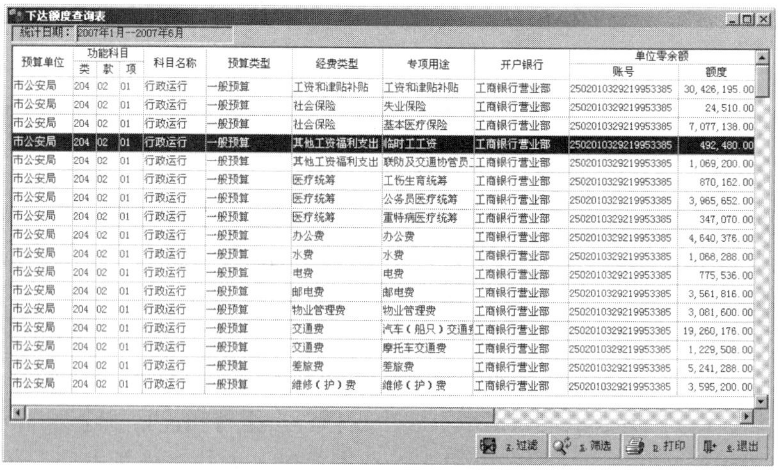

图 5-63　授权支付额度查询列表窗口

在该窗口下方的“过滤”按钮，可以实现在查询出来额度数据中过滤已下达和未下达的额度数据。

5. 凭证录入

点击“授权支付→凭证录入”，系统弹出如图 5-64 所示的授权支付凭证录入窗口。

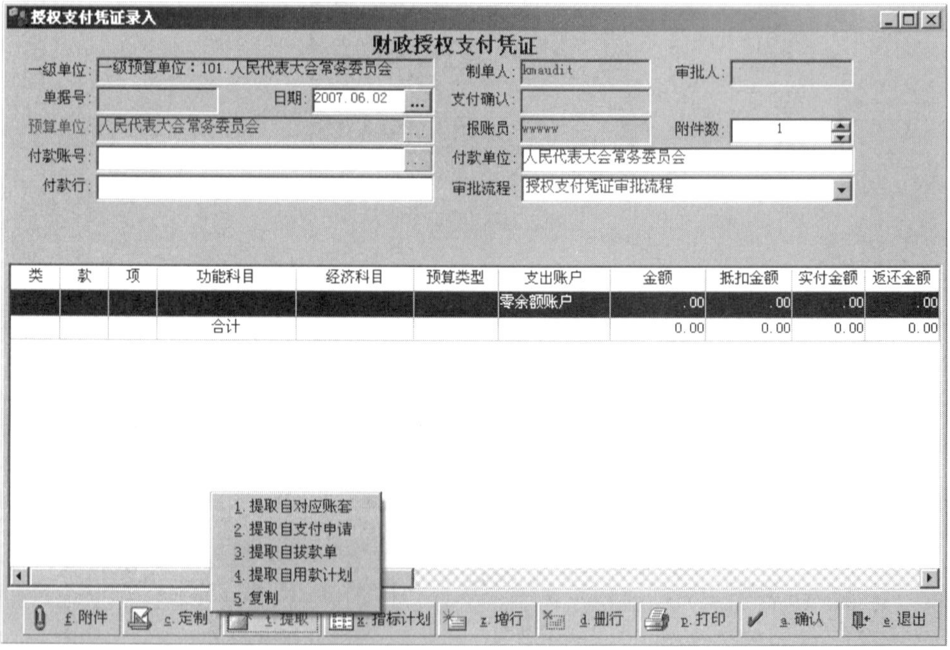

图 5-64　授权支付凭证录入窗口

用户可先依次录入各项内容，然后点击“确认”按钮，系统将自动保存。用户也可以点击窗口下方的“提取”按钮，使用其中的相应功能提取数据生成授权支付凭证，系统提供的提取功能如图 5-64 下方弹出的菜单所示，用户可以根据实际情况选用。

6. 数据传出

该功能和数据传入进行配合使用，用于系统离线部署的情况下将一台机器上录入的授权支付凭证导出给另一部门导入后进行相关的审核、打印等操作，以减少相关人员录入工作量。点击“数据传出”子菜单，系统打开数据传出窗口，如图 5-65 所示。用户可以在该窗口上指定传出数据的存放路径及传出的单据号范围来进行数据传出。

图 5-65　授权支付凭证传出窗口

用户在图 5-65 中指定好传出的目标路径，将传出授权支付凭证选上，在单据号中录入要传出的单据号范围，点击“确认”按钮，系统将所选择的单据传出到目标文件夹中，并弹出传出成功提示，如图 5-66 所示。

图 5-66　提示窗口

7. 数据传入

数据传入是用于将各预算单从新中大软件中传出的授权支付凭证数据导入当前数据库中。点击“数据传入”子菜单，系统打开数据传出窗口，如图 5-67 所示。用户可以在该窗口上指定要传入的数据的存放路径及传入的单据号范围来进行数据导入。

图 5-67　授权支付凭证传入窗口

用户在图 5-67 中指定好传入数据的目标路径，将传入授权支付凭证项目选上，在单据号中录入要导入的单据号范围，点击“确认”按钮，系统将所指定的单据导入到当前账套中，并弹出传入成功提示，如图 5-68 所示。

图 5-68　提示窗口

8. 凭证修改

该功能用于对未审批的授权支付凭证进行修改，其操作方法同直接支付凭证修改相似。当需要进行修改授权支付凭证时，点击“凭证修改”功能菜单，系统首先弹出条件选择窗口，如图 5-69 所示。

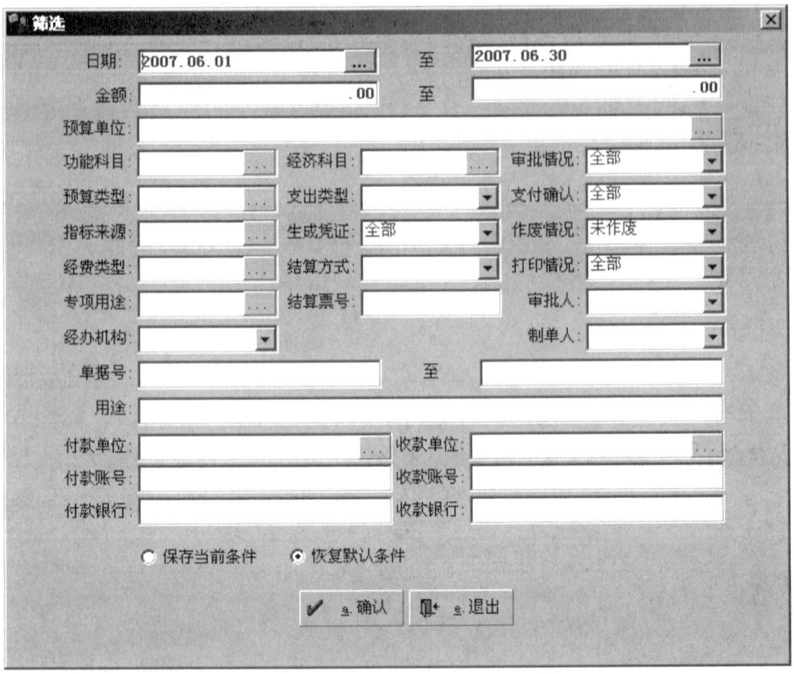

图 5-69　条件选择窗口

用户只需在该窗口录入要修改的授权支付凭证的相关查询条件，点击“确认”按钮，系统弹出授权支付凭证列表，如图 5-70 所示。

财政授权支付凭证列表

日期: 2007年02月01日--2007年06月30日

单据号	日期	预算单位	金额	类	款	项	功能科目	专项用途
20070200001	2007.02.01	市中级人民法院	22,829.28	204	05	01	行政运行	办公费
20070200002	2007.02.01	市中级人民法院	7,936.50	204	05	01	行政运行	維修（护）费
20070200003	2007.02.01	市中级人民法院	32,700.00	204	05	01	行政运行	工资和津贴补贴
20070200004	2007.02.01	市委统战部	12,150.00	201	27	05	专项业务	市统一战线2007年春节
20070200005	2007.02.01	市外宣办	3,600.00	201	27	01	行政运行	公务费
20070200006	2007.02.01	市委办公厅	6,752.90	201	27	01	行政运行	汽车（船只）交通费
20070200007	2007.02.01	市外宣办	5,600.00	201	27	01	行政运行	市委外宣办迎接第三届
20070200008	2007.02.01	市委组织部	12,850.00	201	27	01	行政运行	会议费
20070200009	2007.02.01	市委宣传部	3,210.00	201	27	01	行政运行	汽车（船只）交通费
20070200010	2007.02.01	人民代表大会常务委	11,000.00	201	01	01	行政运行	办公费
20070200011	2007.02.01	中国致公党昆明市委	2,279.00	201	28	01	行政运行	会议费
20070200012	2007.02.01	人民代表大会常务委	6,624.00	201	01	01	行政运行	公用经费
20070200013	2007.02.01	人民政府办公厅	6,769.64	201	03	01	行政运行	办公费
20070200014	2007.02.01	人民代表大会常务委	2,140.00	201	01	01	行政运行	汽车（船只）交通费
20070200015	2007.02.01	昆明市环境监察支队	1,155.00	211	01	01	行政运行	汽车（船只）交通费
20070200016	2007.02.01	市级机关事务管理局	21,174.72	201	03	01	行政运行	联防及交通协管员工资

共11290行　c.定制　a.筛选　d.删除　x修改　p.打印　e.退出

图 5-70　授权支付凭证列表窗口

在本窗体中，用户选中要修改的授权支付凭证单据，点击窗口下方的“修改”按钮，系统弹出授权支付申请修改界面(与图 5-70 授权支付凭证录入窗口类似)，用户在窗口中修改完毕后点击“确认”按钮保存修改信息即可。

9. 凭证查询

该菜单是用来查询系统内的授权支付凭证使用，点击“凭证查询”菜单，系统弹出如

图 5-69 所示的条件筛选窗口，在该条件窗口中录入查询条件后，系统会将符合查询条件的所有单据全部显示到如图 5-70 所示的列表窗口，用户可以点击窗口下方的“查询”按钮进行授权支付凭证各单据详细信息查询。另外，先选择单据后，点击窗口下方的“连续套打”按钮，可以实现对授权支付凭证的连续打印。

10. 凭证审批

授权支付凭证审批是对系统内已经录入的授权支付凭证进行审批。系统对进行过审批的支付申请都不允许再进行修改。授权支付凭证的审批方式有单张审批和成批审批两种。

1) 单张审批

使用单张审批。点击“单张审核”子菜单，系统弹出如图 5-69 所示的条件窗口，选择条件后点击“确认”按钮，系统打开待审批的授权支付凭证审批窗口，如图 5-71 所示。

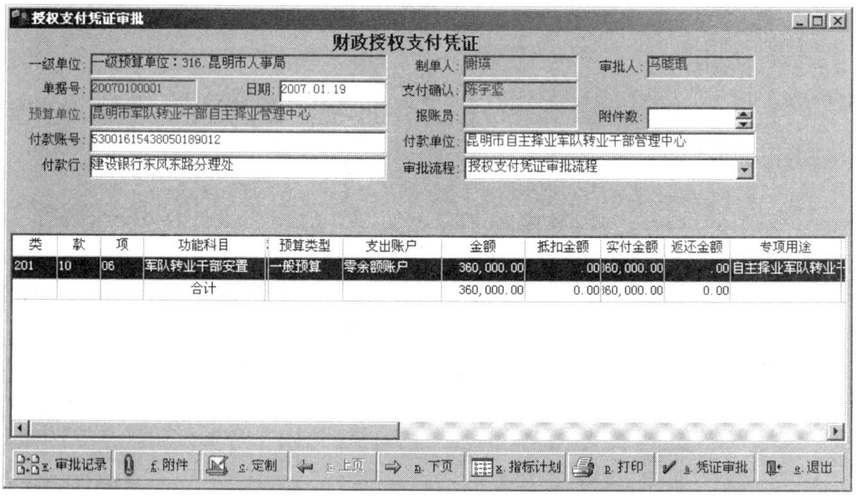

图 5-71 授权支付凭证审批窗口

点击图 5-71 窗口下方的“审批”按钮，完成对当前授权支付凭证的审核后系统自动转到下一张授权支付凭证审批窗口，用户可以继续对下一张单据进行审核。如果启用了审批流，系统会弹出审批意见窗口，如图 5-72 所示。录入审批意见，点击“确认”按钮完成单据审批。

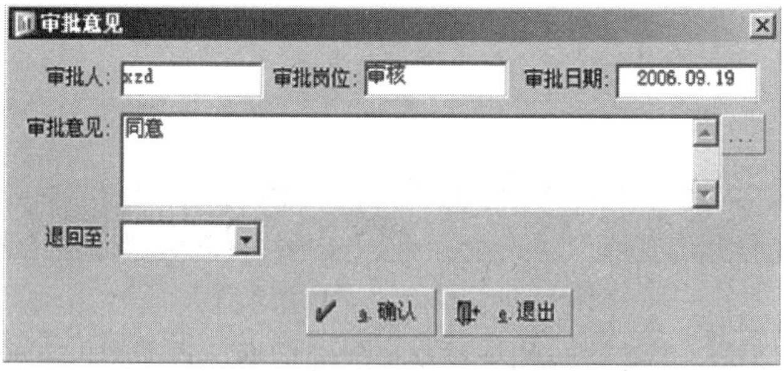

图 5-72 审批意见窗口

如用户需要对已审核的授权支付凭证单据取消审核，则要点击“授权支付→凭证审批→单张审批”子菜单。系统弹出如图 5-69 所示的条件窗口，其中“审批情况”选择“已审批”，然后点击“确认”按钮，系统显示出已审核的授权支付凭证取消审批窗口，如图 5-73 所示。

授权支付系统只在单张审批中提供取消审核功能。

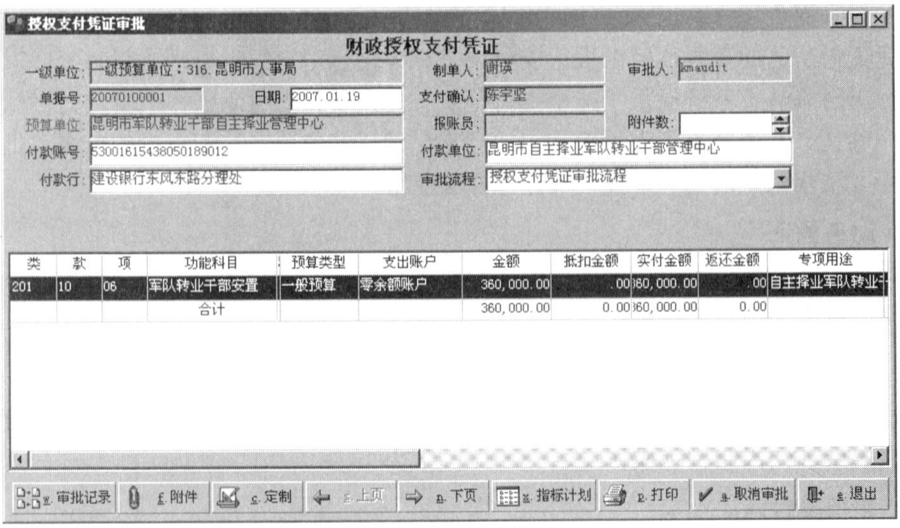

图 5-73　授权支付凭证取消审批窗口

用户可以通过“上页”和“下页”按钮来切换其他待取消审批的单据。找到要取消的授权支付凭证单据后，点击图 5-73 窗口下方的“取消审批”按钮，完成授权支付凭证单据取消审核后，系统自动将“取消审批”按钮变为“取消审批”按钮，用户可以对该张授权支付凭证再次进行审核。

2) 成批审批

点击“成批审核”子菜单，系统弹出如图 5-69 所示条件窗口，选择条件后点击“确认”按钮，系统打开待审批的支付申请列表窗口，如图 5-74 所示。

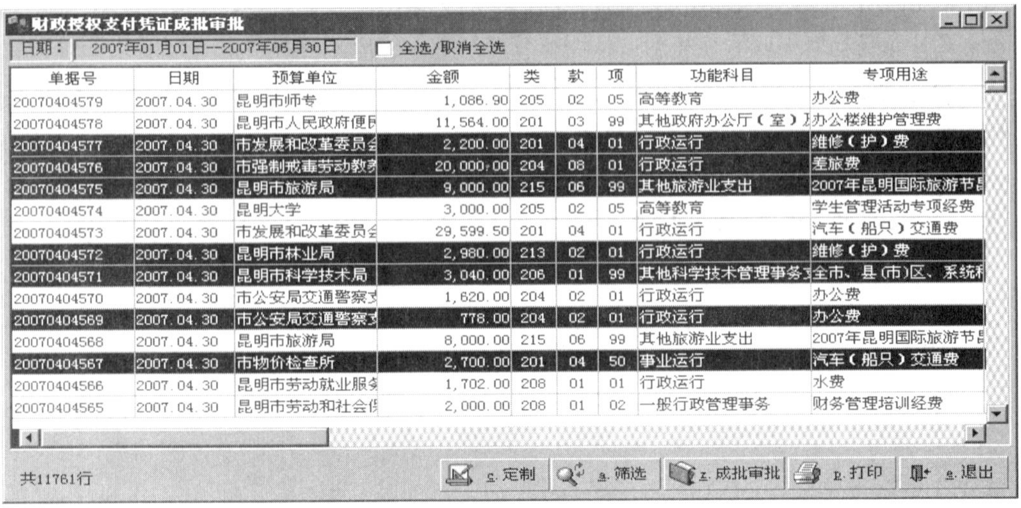

图 5-74　授权支付凭证成批审批窗口

在该窗口可选择多张要审批的单据，点击窗口下方的“成批审批”按钮，系统自动进行单据审核，完成后系统会提示审核成功。对于多张审批完成的单据，如要取消审批，需到单张审批中完成取消审批。

11. 支付确认

该功能是提供用户对已录入的直接支付凭证是否支付完成进行管理，用户可以在明确该支付凭证中所需的金额已经由银行支付或是该单据已送交银行办理支付时来此对相应的单据进行支付确认。系统提供了三个支付确认方式：单张支付确认、成批支付确认、外部文件支付确认。其中，单张支付确认、成批支付确认的使用方法和审批的单张审批、成批审批使用方法相似，请参考审批一节操作方法使用。

12. 财务凭证

授权支付凭证的生成财务凭证方法和授权支付凭证的方法相似，用户可参照“直接支付—生成凭证”的内容进行操作。

13. 凭证作废

授权支付凭证的作废方法和直接支付凭证的操作方法相似，用户可参照“直接支付—凭证作废”章节的内容进行操作。

14. 银行支付确认

该功能用于和银行联网模式下，对银行已支付单据进行确认，以方便和银行对账。其具体操作方式同上述支付确认操作方法类似，参照支付确认一节进行即可。

15. 授权支付报表

该菜单下提供的是专门针对授权支付业务的一些查询汇总报表或单据的功能，可根据各自实际情况进行使用，在就不做详细说明。

五、清算凭证

清算凭证用于国库与财政对支付资金的清算时记录清算金额数据，主要包括从直接支付和授权支付提取数据生成清算数据、打印清算通知单、生成总预算等清算记账凭证等功能。

1. 凭证录入

点击“授权支付”→“凭证录入”菜单，系统弹出如图 5-75 所示的清算凭证录入窗口。

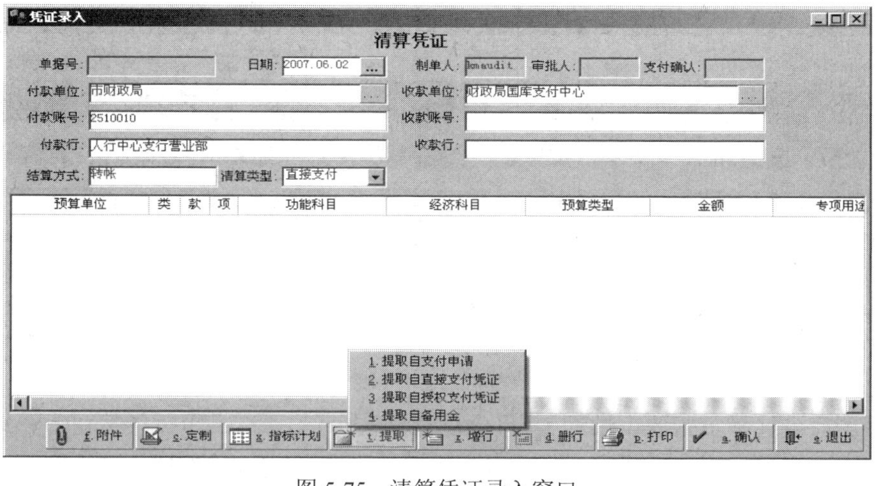

图 5-75 清算凭证录入窗口

在本窗口中，用户可根据实际情况手工录入相关信息，也可利用“提取”按钮将支付申请、直接支付凭证、授权支付凭证或是备用金中的已确认可以清算的数据导入该凭证中。

2. 凭证修改

清算凭证的修改方法与直接支付凭证的相似，用户可参照“直接支付—凭证修改”章节的内容进行操作。

3. 凭证查询

清算凭证的查询方法与直接支付凭证的相似，用户可参照“直接支付—凭证查询”章节的内容进行操作。

4. 凭证审批

清算凭证的审批方法与直接支付凭证的相似，用户可参照“直接支付—凭证审批”章节的内容进行操作。

5. 支付确认

清算凭证的支付确认方法与直接支付凭证的相似，用户可参照“直接支付—支付确认”章节的内容进行操作。

6. 财务凭证

清算凭证生成财务凭证的操作方法与直接支付凭证的相似，所不同的是直接支付凭证生成财务凭证的类型有中心凭证和单位凭证两种，而清算凭证生成财务凭证时的类型是支出财务凭证和收入财务凭证两种，有关操作方法用户可参照“直接支付—财务凭证”章节的内容。

7. 凭证作废

清算凭证的作废方法与直接支付凭证的相似，用户可参照“直接支付—凭证作废”章节的内容进行操作。

六、国库报表

国库报表主要包括指标计划查询表、目级科目支出汇总表、指标拨款支出明细表、预算支出结算清单、财政支出日(月、旬)报表、预算执行表、用款计划执行情况汇总表。在此只介绍几种常用报表的使用和用途，其他报表根据实际需要使用即可。

1. 指标计划查询表

指标计划查询表主要用于对各预算单位指标拨款的使用情况进行查询。可以按预算科目、预算类型、经费类型、专项用途、指标来源等类别来查询，也可按全部类别统一进行查询。各查询表的界面非常相似，整个界面分成两个区域，左边的区域都是各个预算单位，右边的区域根据不同的查询类别显示有所不同。下面列举按预算科目查询的指标计划查询表，如图 5-76 所示。

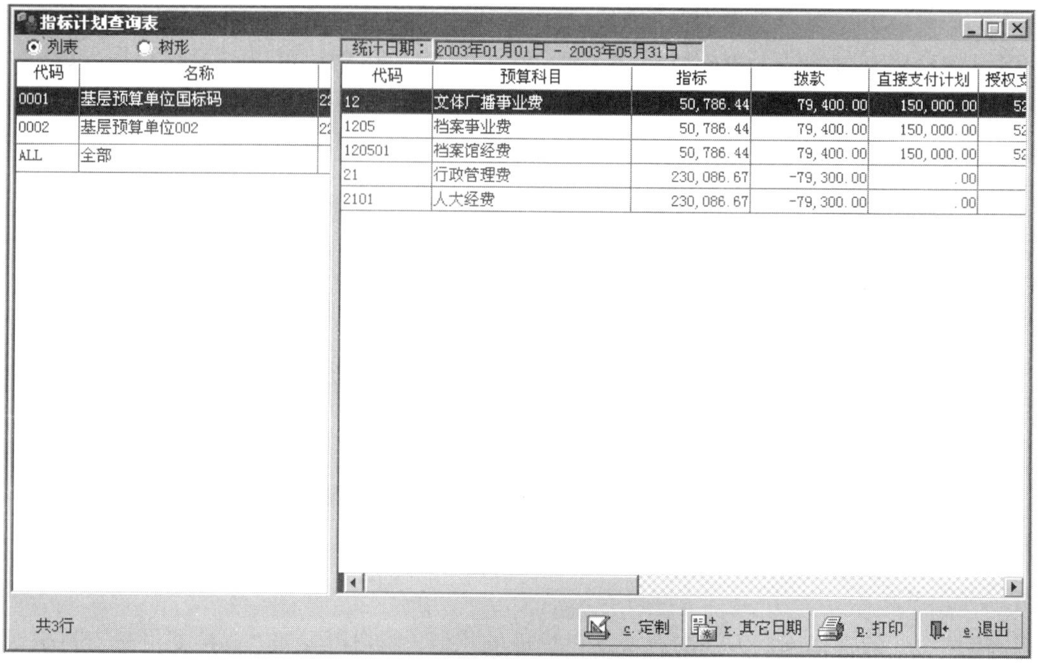

图 5-76　指标计划查询表窗口

2. 目级科目支出汇总表

目级科目支出汇总表主要是反映各预算单位根据目级科目汇总的直接支付和授权支付情况，窗口如图 5-77 所示。

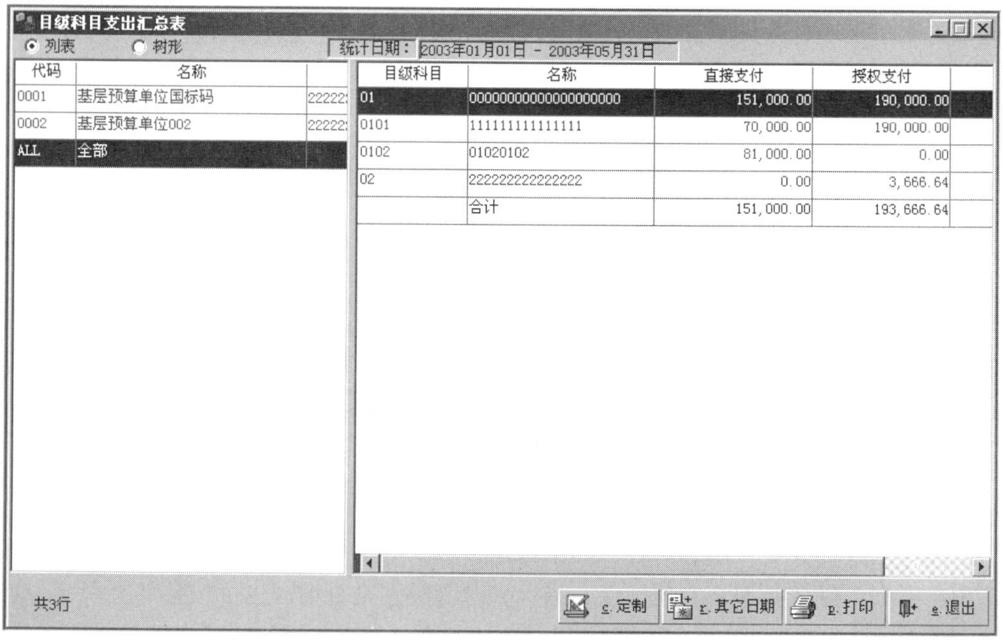

图 5-77　目级科目支出汇总表窗口

3. 指标拨款支出明细表

指标拨款支出明细表主要反映各预算单位的指标拨款支出详情，窗口如图 5-78 所示。

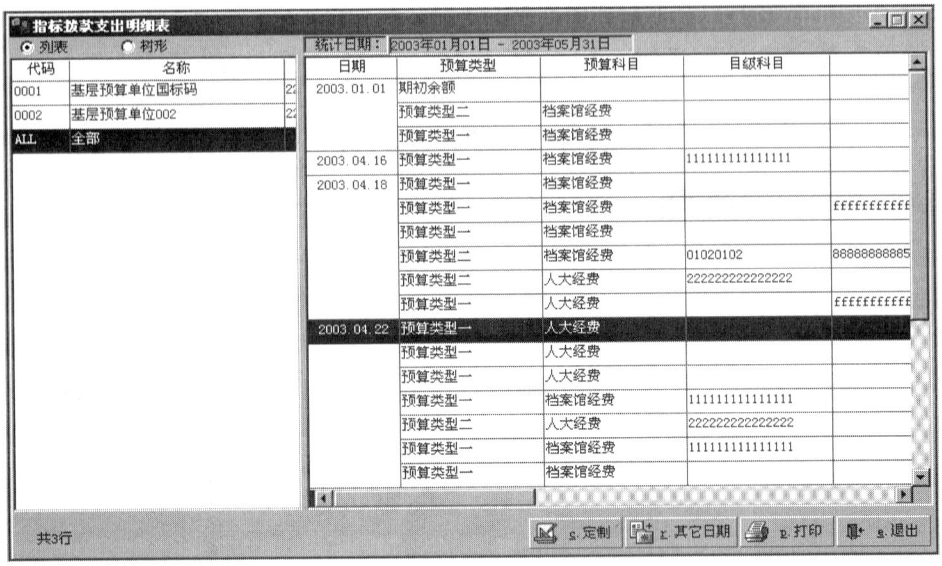

图 5-78　指标拨款支出明细表窗口

4. 预算支出结算清单

预算支出结算清单主要用来反映各预算单位的预算支出情况，包括直接支付和授权支付的金额，窗口如图 5-79 所示。

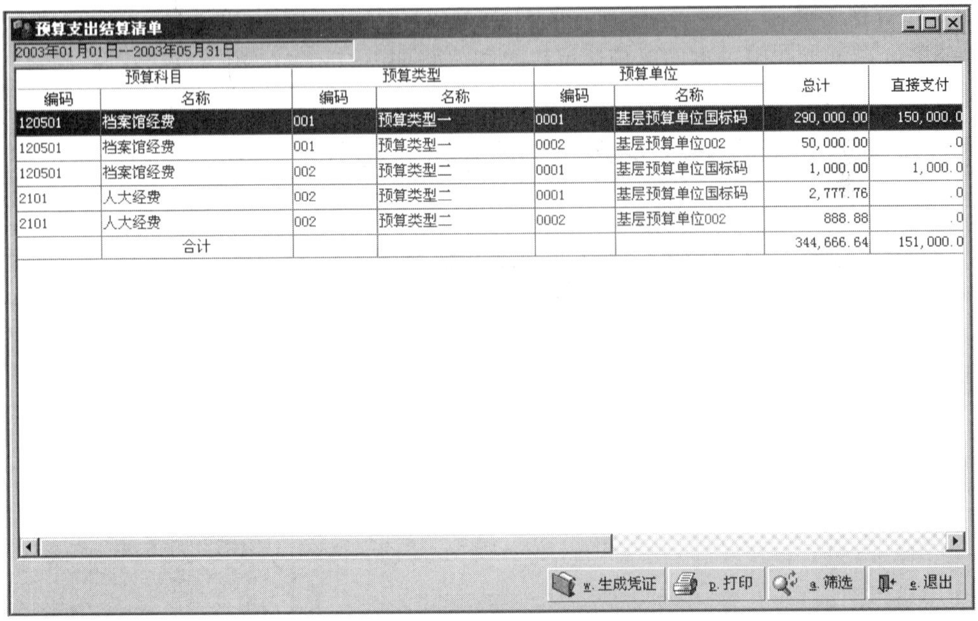

图 5-79　预算支出结算清单窗口

5. 财政支出日(月、旬)报表

代理银行按日、旬、月向财政国库支付执行机构报送《财政支出(日、旬、月)报表》，月报同时报中国人民银行。支出日、旬、月报以基层预算单位为单位，按预算科目的项级科目编报。代理银行还要向一级预算单位和有资金转拨关系的各级预算单位报送该单位授权支付支出日、旬、月报，窗口如图 5-80 所示。

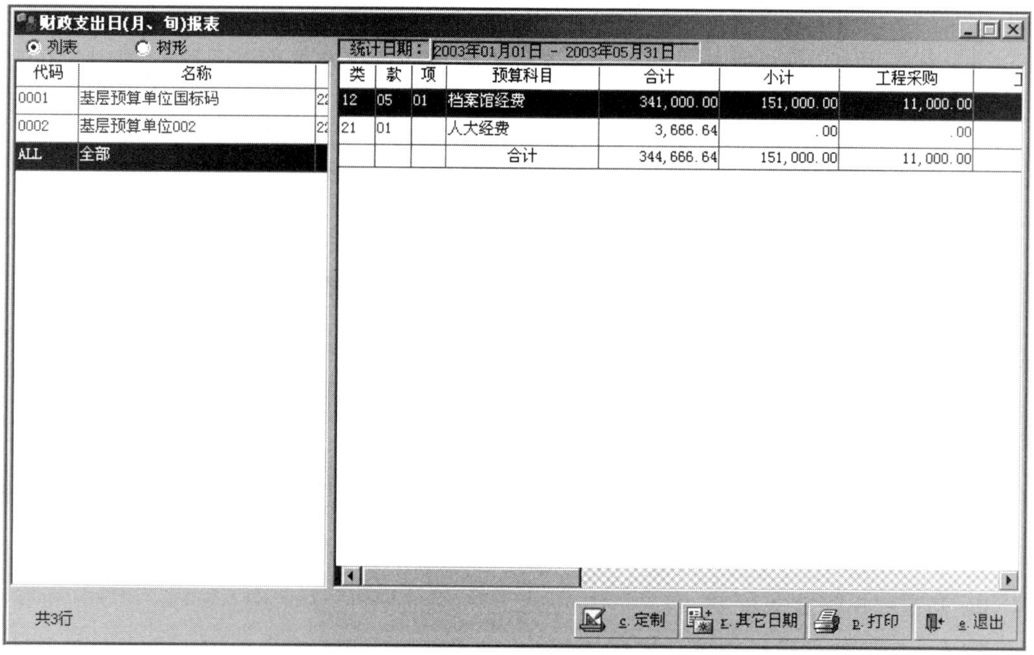

图 5-80　财政支出 (日、旬、月) 报表窗口

6. 预算执行表

预算执行表主要用于查询各预算单位在某一时期内对预算的具体执行情况，窗口如图 5-81 所示。

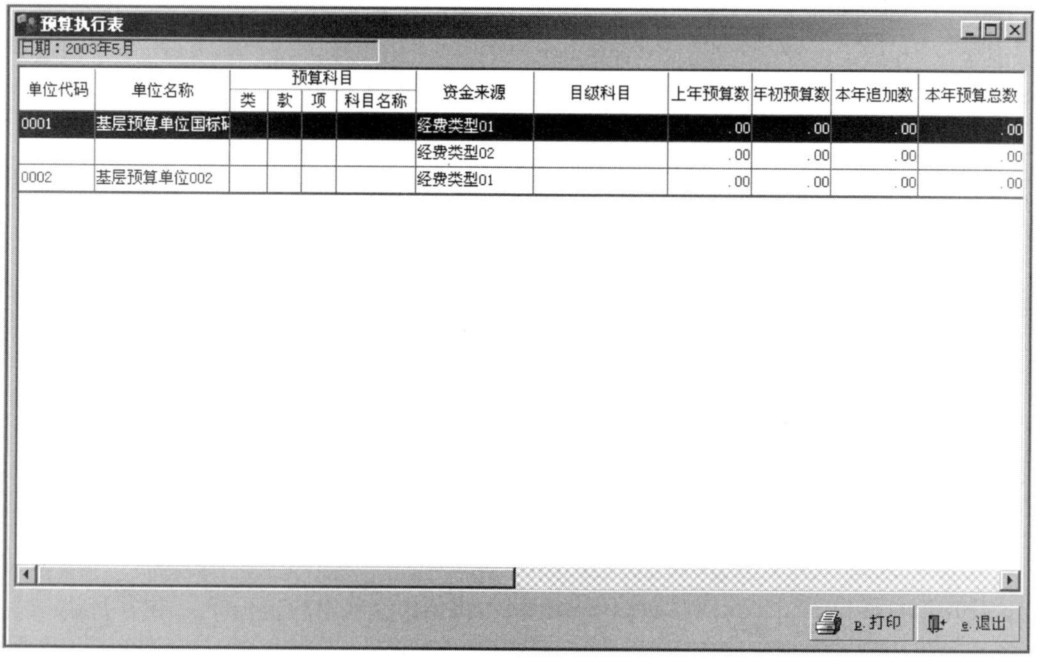

图 5-81　预算执行表窗口

7. 用款计划执行情况汇总表

用款计划执行情况汇总表主要包括预算科目用款计划执行情况汇总表和预算单位用款计划执行情况汇总表，两表都是用来查询用款计划的具体执行情况，界面也很类似，只是统计口径不一样，下面列举预算科目用款计划执行情况汇总表的窗口，如图 5-82 所示。

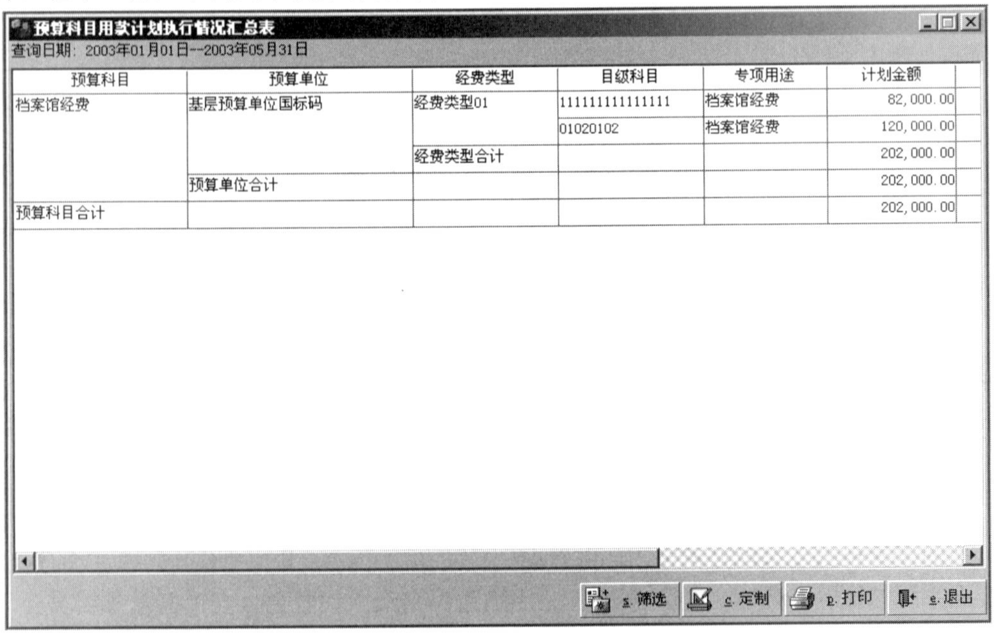

预算科目	预算单位	经费类型	目级科目	专项用途	计划金额
档案馆经费	基层预算单位国标码	经费类型01	111111111111111	档案馆经费	82,000.00
			01020102	档案馆经费	120,000.00
		经费类型合计			202,000.00
	预算单位合计				202,000.00
预算科目合计					202,000.00

图 5-82 预算科目用款计划执行情况汇总表窗口

第六章 预算会计

第一节 预算会计系统

一、财务会计与预算会计

《政府会计准则——基本准则》(2015)第一条规定："政府会计由财务会计和预算会计构成"。这一规定进一步明确了政府会计核算目标，兼顾了当前实际情况和长远改革方向的制度安排，使得政府会计核算既能反映预算收支等预算管理所需信息，又能反映资产、负债、运行成本等财务管理所需信息。

财务会计指通过对政府会计主体(包括与本级政府财政部门直接或者间接发生预算拨款关系的国家机关、军队、政党组织、社会团体、事业单位和其他单位)已经完成的资金运动全面系统的核算与监督，向会计信息使用者(包括各级人民代表大会及其常务委员会、各级政府及其有关部门、政府会计主体自身、社会公众和其他利益相关者)提供单位的财务状况与经营成果等经济信息为主要目标而进行的经济管理活动。预算会计是以预算(政府预算和单位预算)管理为中心，以经济和社会事业发展为目的，以预算收支核算为重点，用于核算社会再生产过程中属于分配领域中的各级政府部门、行政单位、事业单位预算资金运动过程和结果的会计体系。

政府财务会计和预算会计的区别主要体现为会计要素和会计基础的不同。从会计要素上看，政府财务会计要素包括资产、负债、净资产，收入、费用。政府预算会计要素包括预算收入、预算支出与预算结余。从会计基础上看，财务会计实行权责发生制，预算会计一般采用收付实现制(现金制)。但二者有一定的交叉，财务会计中对于财政拨款收入按照收付实现制核算，预算会计中对于质量保证金、专用基金的核算也部分采用了权责发生制基础(应计制)。例如，在实际业务操作中，考虑到部门预算管理相关要求，并兼顾实务工作需要，以下三类业务采用了权责发生制的处理：一是财政应返还额度，主要针对国库集中支付下当年未支而需结转下一年度支付的用款或支付额度；二是应以同级财政拨款支付的质量保证金；三是从预算收入中计提的专用基金。

基于现金制的预算会计反映和预算工作的执行、监督，是政府会计进行预算管理的重要途径。而要提高公共资金的使用效率则必须以财务会计为基础，进一步完善政府会计体系。对于政府财务会计而言，要充分借鉴企业财务会计改革的成功经验，通过引入基于基金制的会计模式，从而全面反映和监督政府在各个阶段的相关经济活动，具体包括政府债权债务以及国有资产保值增值和现金流量等各类会计信息，在提高政府财政收支透明度的同时，为其绩效评估工作的开展提供良好的信息支持。

二、会计系统与预算系统

规范政府会计核算、保证会计信息质量，涉及会计系统和预算系统的协调统一。从定义上看，会计系统是对影响预算单位的经营业绩和财务状况的事件进行日常处理的一整套记录、程序和设施，主要包括信息收集系统、信息存储系统和信息输出系统。预算系统是指把财政资金运行的收纳、保管、支出环节和预算工作的编制、执行、决算阶段中的一切方面和过程作为元素，按一定的预算秩序和内部联系组成，为达到平衡的目的，具有分配、调节和监督功能的有机整体。可见，预算系统与会计系统具有紧密联系。预算系统通过会计特有的程序与方法进行资金的控制与监督，会计系统作为预算系统的信息载体，通过预算报告披露预算执行结果。我国政府预算编制实行部门预算制度，即一个部门一本预算，各主管部门在所属单位上报的预算基础上，汇编本部门预算，经财政部门审核后报人民代表大会审议通过，反映部门所有收入和支出。单位预算由收入预算和支出预算组成，实行“大收大支”的预算收支总额控制制度。部门预算的编制实行“二上二下”，即自下而上、自上而下的程序。根据行政事业单位的机构建制和经费领拨关系，行政事业单位的会计组织系统分为主管会计单位、二级会计单位和基层会计单位三级。主管会计单位(简称“主管单位”)，是指向财政部门领报经费，并发生预算管理关系，有所属会计单位的会计单位。二级会计单位(简称“二级单位”)，是指向主管会计单位或上一级会计单位领报经费，并发生预算管理关系，有下一级会计单位的会计单位。三级会计单位(也称“基层会计单位”)，是指向上一级会计单位领报经费，并发生预算管理关系，没有下级会计单位的会计单位。向同级财政部门领报经费，没有下级会计单位的，视同基层会计单位。

三、现金会计与应计会计

现金制与应计制是两种不同基础的政府会计。两者的主要差异表现在对于收入和费用的确认期不同。在确认收入或费用时，现金会计(采用收付实现制会计基础)以是否收到或支出现金为标准，即凡是在本期收到的收入和支出费用，不论是否属于本期，都应作为本期的收入和费用处理；反之，即使收入取得或费用发生，没有实际款项的收付不作为当期的收入和费用。应计会计(采用权责发生制会计基础)则以应归属期为标准，即凡是当期已经实现的收入和已经发生或应当负担的费用，不论款项是否收付，都应作为当期的收入或费用处理；凡是不属于当期的收入和费用，即使款项已经在当期收付，都不作为当期的收入和费用。和应计制比较，现金制处理方法比较简单，是政府会计的传统模式，但目前已有许多国家在其政府会计中采用了应计制。

在现金会计时期，政府会计的功能主要反映在政府年度预算执行情况的结果上，对准确反映预算收支情况、加强预算管理和监督发挥了重要作用。但是随着经济社会发展，现金会计已经难以满足建立现代财政制度、促进财政长期可持续发展和推进国家治理现代化的要求，主要表现在：无法全面准确反映政府负债，难以为有效防范财政风险、促进财政长期可持续发展提供可靠的信息支撑；无法完整清晰反映政府资产，不利于强化政府资产管理、增强政府公共服务能力；无法科学合理反映政府成本费用，不利于降低行政成本、提升政府运行效率。政府绩效管理需要有全面的信息作为决策依据，其中最重要的就是反映财政资金(超出目前一般意义上的纯预算资金)运动的信息，以及与上述资金运动相关的非财务信息，如政府担保、政府对某些事项的承诺等等。但是，目前的现金制会计无法提供满足这些需求的信息。因此，必须推进政府会计改革，建立全面反映政府资产负债、收入费用、运行成本、现金流量等财务信息的权责发生制政府综合财务报告制度。2014 年 12 月，按照党的十八届二中、三中、四中全会精神，根据新修订的《中华人民共和国预算法》和《国务院关于深化预算管理制度改革的决定》(国发〔2014〕45 号)有关要求，为建立权责发生制的政府综合财务报告制度，全面、准确反映各级政府整体财务状况、运行情况和财政中长期可持续性，国务院批准了财政部制定的《权责发生制政府综合财务报告制度改革方案》。方案要求我国政府应该建立全新的会计计算体系，建立完整的综合财务报告框架体系，完善政府综合财务报告分析应用体系，加强政府的债务的管理，力争在 2020 年前建立具有中国特色的政府会计准则体系和权责发生制政府综合财务报告制度。

1. 收入确认与计量

政府财务会计要素中的收入是指报告期内导致政府会计主体净资产增加的、含有服务潜力或者经济利益的经济资源的流入。收入的确认应当同时满足以下条件：① 与收入相关的含有服务潜力或者经济利益的经济资源很可能流入政府会计主体；② 含有服务潜力或者经济利益的经济资源流入会导致政府会计主体资产增加或者负债减少；③ 流入金额能够可靠地计量。政府预算收入是指政府会计主体在预算年度内依法取得的并纳入预算管理的现金流入。预算收入一般在实际收到款项时予以确认，并按照实际收到的金额进行计量。采用权责发生制确认的收入，应当在提供服务或者发出存货，同时收讫价款或者取得索取价款的凭据时予以确认，并按照实际收到的金额或者有关凭据注明的金额进行计量。年终结账时，应将预算收入类科目的贷方余额转入相应的结转结余类账户。

对于总会计核算而言，一般公共预算本级收入、政府性基金预算本级收入、国有资本经营预算本级收入、财政专户管理资金收入和专用基金收入应当按照实际收到的金额入账。转移性收入应当按照财政体制的规定或实际发生的金额入账。债务收入应当按照实际发生额或借入的金额入账，债务转贷收入应当按照实际收到的转贷金额入账。已建乡(镇)国库的地区，乡(镇)财政的本级收入以乡(镇)国库收到数为准。县(含县本级)以上各级财政的各项预算收入(含固定收入与共享收入)以缴入基层国库数额为准。未建乡(镇)国库的地区，乡(镇)财政的本级收入以乡(镇)总会计收到县级财政返回数额为准。对于行政事业单位而言，在收到同级财政部门的财政补助收入时，其确认与计量原则取决于财政部门财政资金的支付方式。在财政直接支付方式下，预算单位应在收到财政部门委托财政零余额账户代理银行转来的财政直接支付入账通知书时，按照财政实际支付的金额确认财政补助收入。即财政直接支付方式下，预算单位在实际使用了财政资金的同时确认财政补助收入。在财政授权支付方式下，预算单位在收到单位的零余额账户代理银行转来的财政授权支付到账通知书时，按照通知书上所列的用款额度确认财政补助收入。预算单位收到的用款额度不是实际的货币资金，在商业银行开设的单位零余额账户不是实存资金账户，是一个过渡性的待结算账户。在财政实拨资金方式下，预算单位在收到单位的开户银行转来的收款通知书时，按照通知书上所列的收款金额确认财政补助收入。在财政实拨资金方式下，预算单位收到的是货币资金，在商业银行开设的是实存资金账户。

2. 费用与支出

政府财务会计要素中的费用是指报告期内导致政府会计主体净资产减少的、含有服务潜力或者经济利益的经济资源的流出。费用的确认应当同时满足以下条件：① 与费用相关的含有服务潜力或者经济利益的经济资源很可能流出政府会计主体；② 含有服务潜力或者经济利益的经济资源流出会导致政府会计主体资产减少或者负债增加；③ 流出金额能够可靠地计量。政府预算会计中的支出是指政府会计主体在预算年度内依法发生并纳入预算管理的现金流出。预算支出一般在实际支付时予以确认，并按照实际支付的金额进行计量。采用权责发生制确认的支出或者费用，应当在其发生时予以确认，并按照实际发生额进行计量。事业单位开展非独立核算经营活动的，应当正确归集开展经营活动发生的各项费用数；无法直接归集的，应当按照规定的标准或比例合理分摊。事业单位的经营支出与经营收入应当配比。年终结账时，应将预算支出类科目的借方余额转入相应的结转结余类账户。年终结账后，该科目无余额。

对于总会计核算而言，一般公共预算本级支出、政府性基金预算本级支出、国有资本经营预算本级支出一般应当按照实际支付的金额入账，年末可采用权责发生制将国库集中支付结余列支入账。从本级预算支出中安排提取的专用基金，按照实际提取金额列支入账。财政专户管理资金支出、专用基金支出应当按照实际支付的金额入账。转移性支出应当按照财政体制的规定或实际发生的金额入账。债务转贷支出应当按照实际转贷的金额入账。债务还本支出应当按照实际偿还的金额入账。凡是属于预拨经费的款项，到期转列支出时，应当按本条前款规定列报口径转列支出。对于收回当年已列支出的款项，应冲销当年支出。对于收回以前年度已列支出的款项，除财政部门另有规定外，应冲销当年支出。

3. 绩效导向与政府会计改革

政府会计是政府财务信息供给的重要工具。政府会计的主要目的是要保证财政预算透明、公平和公正地执行，有效地反映财政资金使用是否具有效率性和效益性，考察政府部门预算的合理性及其执行情况，同时，考察政府采购的成本是否具有公允性，政府会计信息是对政府工作评价和判断的支撑之一。因此，政府会计改革应当把建立新型的政府会计，提高政府绩效以及提升公共利益作为改革的根本目标。

当前我国预算会计仍然存在着会计目标片面、资产负债表不全面、会计报表信息单一和绩效评估体系缺失等问题。以绩效评价为导向的政府会计改革首先是要建立财务会计和预算会计并存的财务体系，会计信息要兼顾预算管理与财务管理双重目标，全面反映财政资金在“投入-产出-结果”中的安排情况和使用效率，提高财政透明度以及会计预算的准确性，从而为政府部门的相关决策提供准确、可靠的会计信息，形成对政府各项工作的支持，并维持政府部门的持续运作。在构建资产负债表的过程中，应以明确政府会计主体为基础，政府必须充分考虑事业单位会计、行政单位会计以及财务总预算会计三方面会计主体，确保各部门会计报表的完整性与可靠性。此外，进一步扩大资产负债表所涉及的内容范围，要根据实际情况扩大财政支出的核算范围，在保留原有的现金实际收付的基础上，将当期已发债务的现金支付额度纳入其中，进一步反映政府的真实财务情况，降低财政风险发生的概率。同时，还需进一步完善以财务报告系统为核心的评估体系，通过预算会计数据按照权责发生制原则进行调整，补充完善相关资产负债信息，并将政府财政层面的会计报表和单位层面的会计报表进行合并，更加全面、准确地反映政府财政状况和运营情况，为防范财政风险、实现财政可持续发展、加强政府财政财务管理等提供更加有效的信息支持。

第二节　预算会计实务

一、核算账套实务

1. 核算账套建立

1) 建立账套

点击“账套功能”→“新建账套”菜单，弹出如图 6-1 所示的窗口。

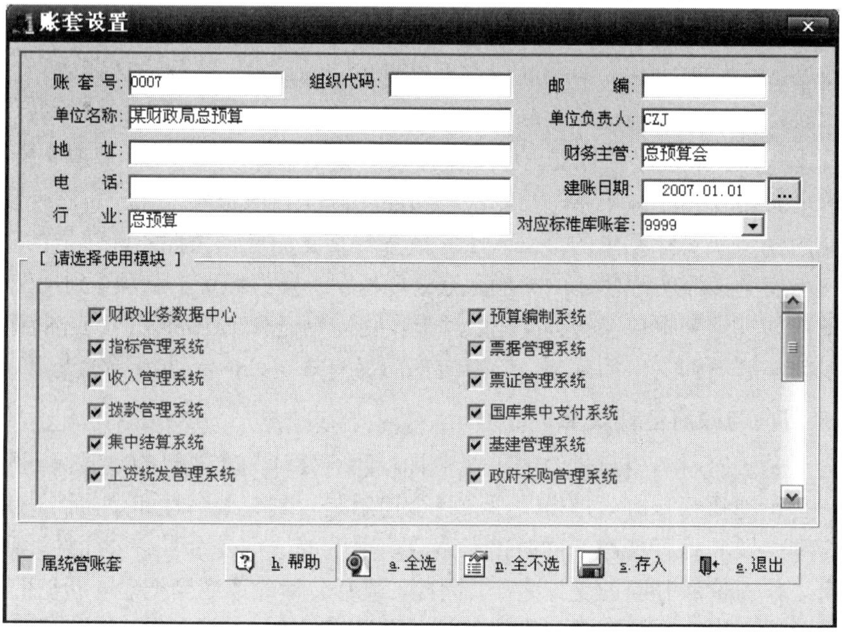

图 6-1　核算账套建立窗口

用户在进入软件实际操作前，可以按照如下格式建立一个属于自己的账套：

账套号：<0001>；账套名称：<学生名>练习账套；

单位名称：班级学生姓名学号；行业：总预算；

单位负责人：学生姓名；财务主管：老师姓名；

建账日期：2017.01.01。

请选择使用模块：财政业务数据中心、预算编制系统、指标管理系统、拨款管理系统、国库集中支付系统、工资统发管理系统、政府采购管理系统、资产管理系统、账务处理系统、报表中心、非税收入管理系统(银行版)、非税收入管理系统(单位版)、非税收入管理系统(财政版)及项目管理系统。

需要说明的事项：

(1) 在以上的参数中，账套号、单位名称、行业、单位负责人、财务主管、建账日期及模块选择(至少一个模块)这几项是必须要填的，其余则可视情况填写。

(2) 在以上的参数中，账套号、行业、建账日期这几项是不允许直接修改的。

(3) 本系统内定了 20 多种行业的初始会计科目和会计报表，根据所选的行业，系统会自动生成相应行业的会计报表。

(4) “财务主管”输入时要注意，因为在首次使用其他模块时，财务主管就是软件的首位操作员。

(5) “建账日期”是指计算机正式记账的月份。假如当前月份是 2005 年 3 月份，而又想从本年的 1 月份开始做账，则“建账日期”处输入的是 2005 年 1 月 1 日。“建账日期”还将影响账务初始时科目余额的输入，如某单位的建账日期为 2005 年 1 月 1 日，初始化时应录入 2004 年年底的余额；如某单位的建账日期为 2005 年 7 月 1 日，则初始化时应录入 2005 年 6 月底的余额和 1 至 6 月的借贷方累计发生数。

(6) 建账日期在“存入”后即使可以修改，也不会生效。

(7) 报表模块需要和账务处理模块同时安装。可以单独安装账务模块，但仅安装报表模块没有意义。

(8) 模块中不是黑体字的代表这些模块没有购买或未经许可。

(9) 属统管账套：如果此账套需要通过 Web 远程管理平台进行远程申报，请在此打钩。

2) 维护账套

(1) 增加账套。在核算单位模块中的“账套功能”菜单下的“新建账套”中可以进行各种版本账套的增加。

(2) 修改账套信息。在核算单位模块中的“账套功能”菜单下的“修改账套信息”中可以对本账套的一些基本信息进行修改。修改后的内容只对以后新建年度和模块有效，系统不会更改以前年度和当前年度的模块的相关信息，如财务主管、建账日期等。需要注意如下事项：

① 只能进行局部的修改。并不是所有的项目都可以修改，如账套号、行业性质、建账日期等是不允许修改的，如果要对这些选项进行修改，则必须把此账套删除，然后重新增加账套。

②“财务主管”名称的修改，只能针对以后的年度有效，对于以前年度和当前年度，财务主管是不允许修改的。

③ 其他的内容可以自由修改。

3) 删除账套

在核算单位模块中的“账套功能”菜单下的“删除账套”中可以把选中的账套删除。删除账套后的数据是无法恢复的，因此，对账套删除操作要千万慎重。

2. 数据备份

在进行备份之前，可以事先定义一些备份方案，如选择所要备份的账套及该账套的模块等。

1) 增加一个备份方案

在核算单位模块中的“新增方案”窗口中点击“增加”按钮，出现如图 6-2 所示的窗口，即可进行新增备份方案。

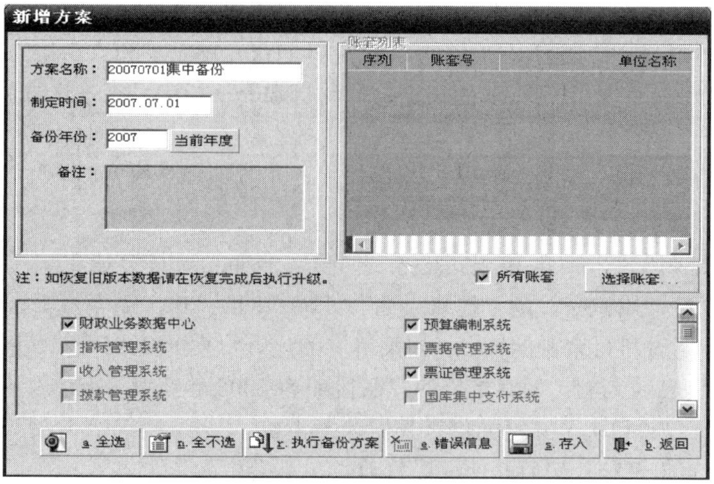

图 6-2 新增方案窗口

在此窗口中输入方案名称、制定时间、备份年度，在右边选择需进行备份的账套，也可以选择所有账套(点击“所有账套”选项即可)；还可以对每个账套的模块进行选择，如想要备份该模块的哪几个账套。

点击“执行备份方案”按钮，系统将会根据用户所设置的内容进行数据备份工作，如果在备份过程中出现了错误信息，可以通过点击

按钮进行查看。

2) 执行一个备份方案

选择需要执行的备份方案，双击该方案后在弹出的窗口中点击“执行备份方案”按钮，系统会提示输入备份路径，如图 6-3 所示。

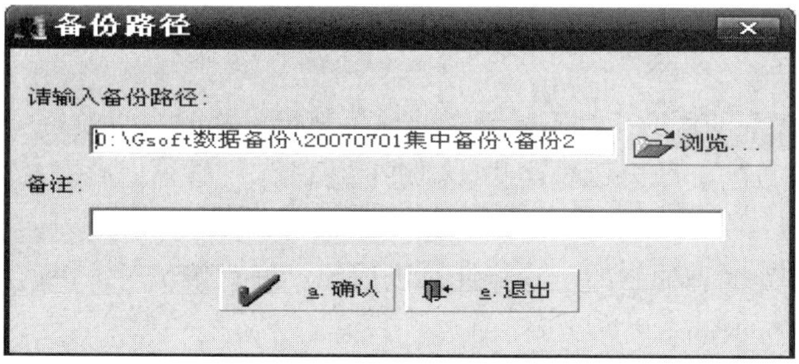

图 6-3 备份路径选择窗口

选择备份路径后，点击“确认”按钮即可进行备份。系统会自动按照设置的备份方案进行数据的备份工作，在备份过程中，也可以对此备份进行终止操作。

3) 查看错误信息

在备份过程中，如果出现了一些错误，或非常态的数据时，系统会自动在备份过程中提示系统管理员，并将相关信息记录下来。可以通过点击“错误信息”按钮查看在数据备份时产生的错误。

3. 数据恢复

1) 备份列表

在做了一次甚至是很多次备份之后，可以通过备份列表来查看备份记录。依次选择菜单“备份与恢复”→“集中恢复”，将弹出如图 6-4 所示的窗口。

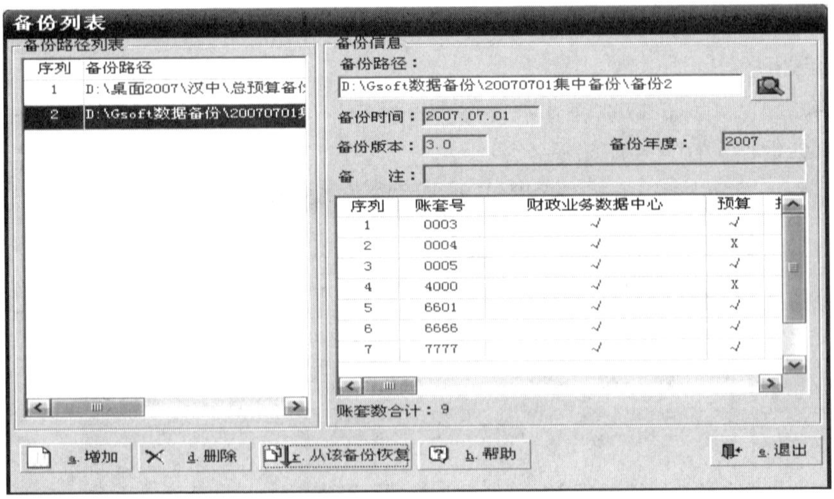

图 6-4　备份列表窗口

在该列表的左边窗口内，列出了您所做的备份路径，选择其中的一个备份路径，在右边窗口中就会显示出该备份的相关信息，包括备份路径、备份时间、备份版本、备份年度、备份中所包含的账套及模块等。

2) 恢复一个数据备份

如果想用当前备份数据进行数据恢复，则只要选中相应的备份路径，点击“从该备份恢复”按钮后，就会出现如图 6-5 所示的窗口，在此窗口中可以根据用户所选中的备份方案执行相应备份。

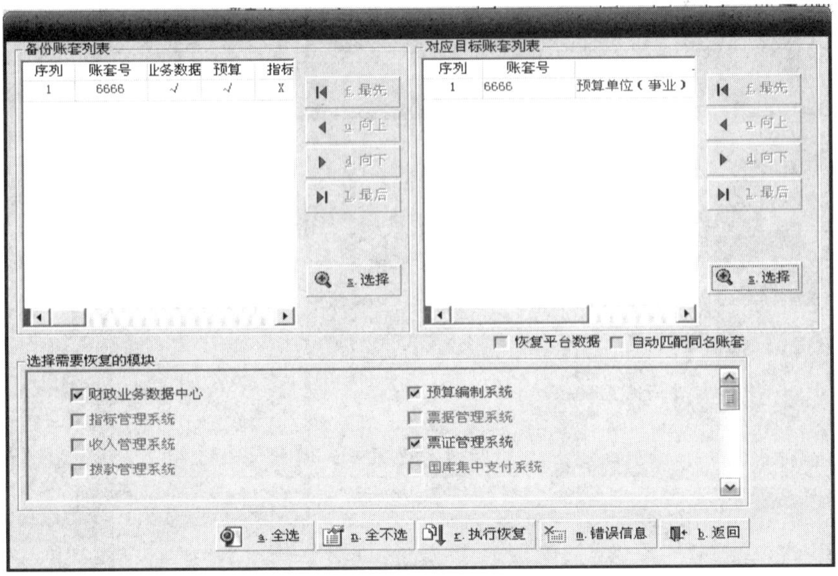

图 6-5　数据恢复选择窗口

恢复时将覆盖当前系统中所选择账套的所有数据。在图 6-5 所示的窗口中，需要选择一个备份数据中的账套列表，再选择一个对应目标账套列表，系统在恢复时，按照两个窗口中对应排列顺序一一进行恢复，所以在数据恢复时要注意。也可以选择覆盖同名账套，按账套号的对应关系进行恢复。

4. 年结处理

通过年结功能用户可以选择其中一个模块进行年结，也可以一次性对所有模块进行年结处理，年结窗口如图 6-6 所示。

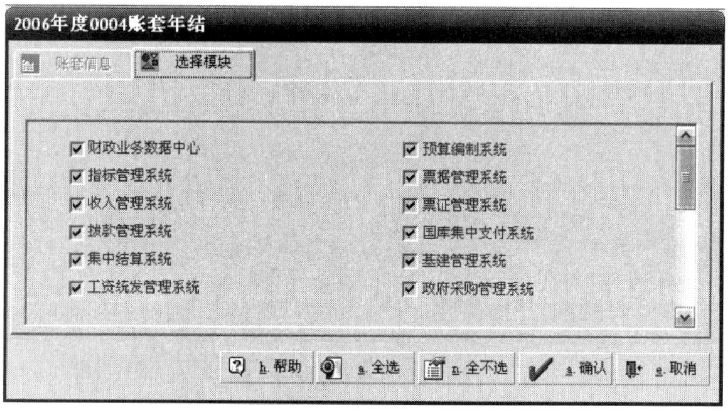

图 6-6　年结窗口

账务以外的各个模块年结的前提是账务已结或者先通过账套管理生成下一年度账本功能，否则不能年结其他模块。

5. 模块升级

账套管理中提供了数据升级工具。用户可以选取一个模块针对此模块数据进行升级，也可以全选模块对所有模块进行升级。

· 所有账套：选中此选项系统会对用户选中年度的所有账套的数据进行升级。如图 6-7

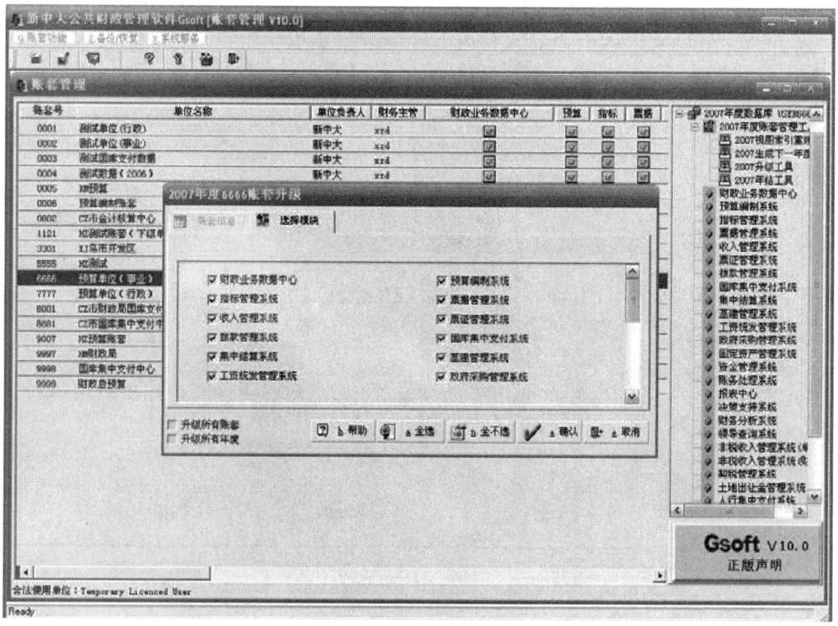

图 6-7　模块升级选择窗口

选中的是2006年度，则选中后就意味着针对2006年的所有账套数据进行升级。

• 所有年度：针对选中的账套的所有年度数据进行数据升级。

如果既选中所有账套又选中所有年度则针对所有账套的所有年度数据一次性全部升级。如果账套数和年度数比较多则最好不要把两个选项一起选中，因为这可能会花费很长的升级时间，也可能因为系统性能不足导致升级失败。

二、预算会计总账处理

1. 初始化设置

点击财务管理下的总账处理，进入总账处理系统窗口，如图6-8所示。点击“1.初始设置”选项，打开初始设置窗口，如图6-9所示。

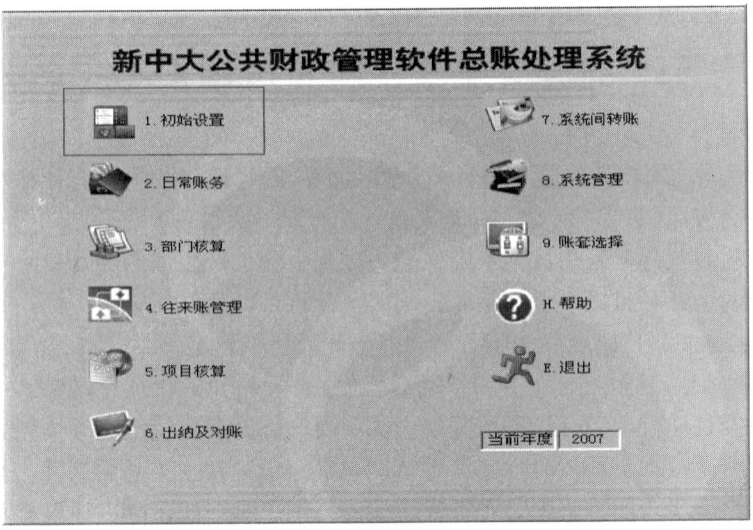

图6-8　总账处理系统窗口

进行初始化设置包括以下内容：

1) 科目设置

因为各单位使用的都是标准的行政事业单位科目体系，因此各单位原先在用的许多明细科目在此科目体系中并没有设置。所以必须先增加用户所需要的会计科目，如图6-9所示。

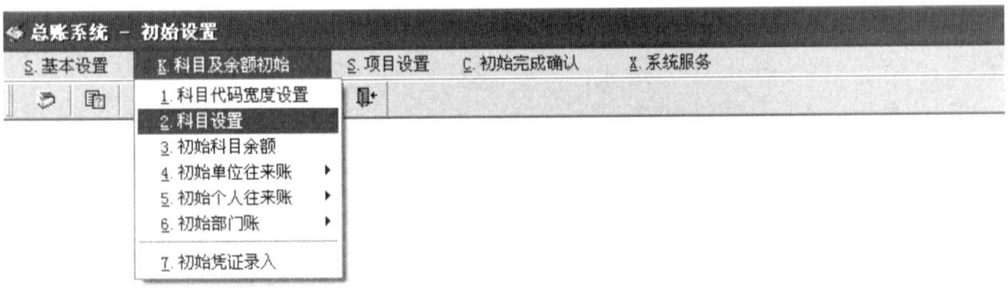

图6-9　初始设置窗口

点击功能菜单中的“科目设置”选项，出现科目设置列表，如图 6-10 所示。

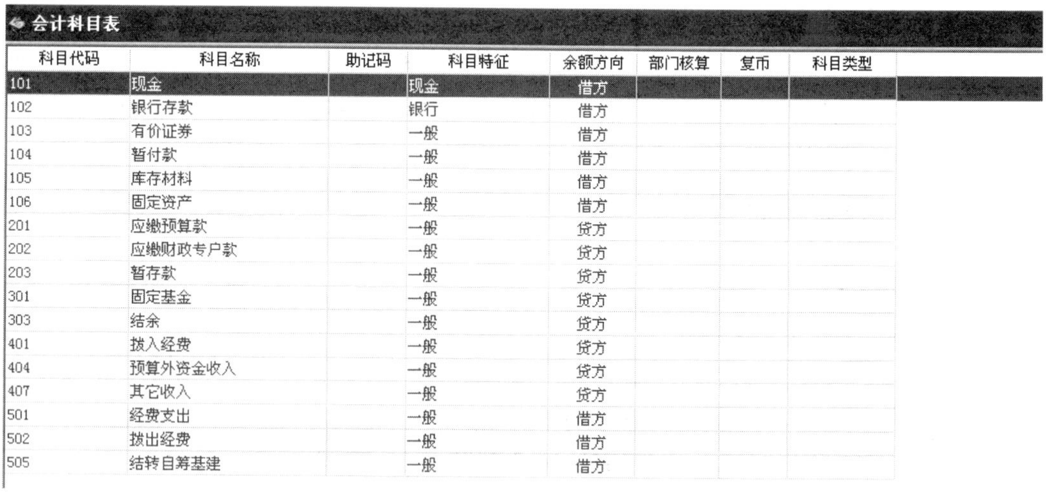
会计科目表

科目代码	科目名称	助记码	科目特征	余额方向	部门核算	复币	科目类型
101	现金		现金	借方			
102	银行存款		银行	借方			
103	有价证券		一般	借方			
104	暂付款		一般	借方			
105	库存材料		一般	借方			
106	固定资产		一般	借方			
201	应缴预算款		一般	贷方			
202	应缴财政专户款		一般	贷方			
203	暂存款		一般	贷方			
301	固定基金		一般	贷方			
303	结余		一般	贷方			
401	拨入经费		一般	贷方			
404	预算外资金收入		一般	贷方			
407	其它收入		一般	贷方			
501	经费支出		一般	借方			
502	拨出经费		一般	借方			
505	结转自筹基建		一般	借方			

图 6-10　科目设置窗口

(1) 科目代码。本软件的会计科目体系按照标准的行政事业单位会计科目体系设置。会计科目代码是按照 3、2、2、2、2、2 来设置的。即一级科目 3 位数，二级科目 2 位数依次类推。会计科目代码一旦生成就不能修改。如果发现已经生成的会计科目中有错误，则请先删除错误的会计科目，再重新录入正确的会计科目。

(2) 科目名称。科目的名称按照所需要的会计科目来设定。

(3) 科目特征。在输入会计科目的时候需选择会计科目的特征。财务软件将会计科目分为四类：一类是现金，当会计科目是现金类科目时，其科目特征必须为现金；二类是银行，当会计科目是银行类科目时，其科目特征必须为银行；三类是往来款，暂存暂付可以设置为单位往来，所有的往来款都进行往来核算；四类是一般，除上述三类科目之外，全部设置为一般。

(4) 部门核算。如果科目涉及部门核算的应选择核算到部门(简化操作时可不设置该项)。一般支出类科目是核算到部门的。

(5) 增加会计科目。点击功能菜单中的会计科目增加窗口中的“增加”按钮，如图 6-11 所示。

图 6-11　会计科目增加窗口

点击“增加”按钮后，将会弹出科目设置对话框，如图 6-12 所示。

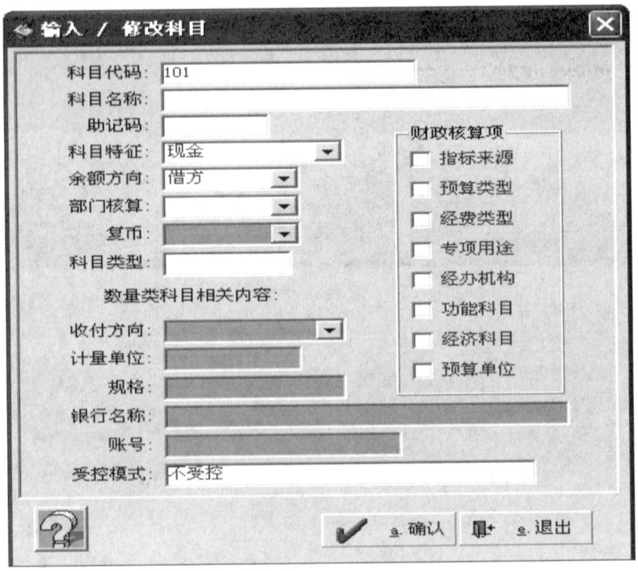

图 6-12　会计科目设置窗口

首先请填写正确的会计科目和科目名称，再选择科目特征。如果账套需要进行部门核算的，在部门核算处选择“是”。增加行政单位、事业单位支出类科目时，在财政核算项的预算类型和功能科目前打“√”，需要注意的是，增加会计科目只能增加末级科目。

2) 科目余额设置

点击“科目及余额初始”→“初始科目余额”进入初始科目余额设置界面，如图 6-13 所示。在初始科目余额设置的时候，根据需要输入年初余额、累计发生额和当前余额。(注意：余额在末级科目处录入)

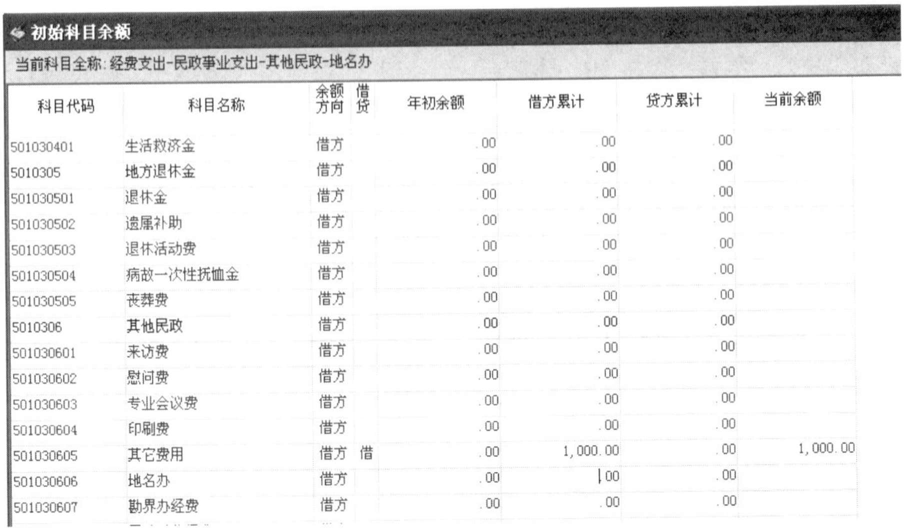
初始科目余额

当前科目全称: 经费支出-民政事业支出-其他民政-地名办

科目代码	科目名称	余额方向	借贷	年初余额	借方累计	贷方累计	当前余额
501030401	生活救济金	借方		.00	.00	.00	
5010305	地方退休金	借方		.00	.00	.00	
501030501	退休金	借方		.00	.00	.00	
501030502	遗属补助	借方		.00	.00	.00	
501030503	退休活动费	借方		.00	.00	.00	
501030504	病故一次性抚恤金	借方		.00	.00	.00	
501030505	丧葬费	借方		.00	.00	.00	
5010306	其他民政	借方		.00	.00	.00	
501030601	来访费	借方		.00	.00	.00	
501030602	慰问费	借方		.00	.00	.00	
501030603	专业会议费	借方		.00	.00	.00	
501030604	印刷费	借方		.00	.00	.00	
501030605	其它费用	借方	借	.00	1,000.00	.00	1,000.00
501030606	地名办	借方		.00	.00	.00	
501030607	勘界办经费	借方		.00	.00	.00	

图 6-13　初设科目余额设置窗口

余额录入完毕后点击系统下方的“逐级汇总”(见图 6-14)，以对余额进行平衡校验。平衡校验的目的是，确保在初始科目余额设置时务必做到借方起初余额和贷方起初余额相等、借方累积发生额和贷方累积发生额相等、借方期末余额和贷方期末余额相等。

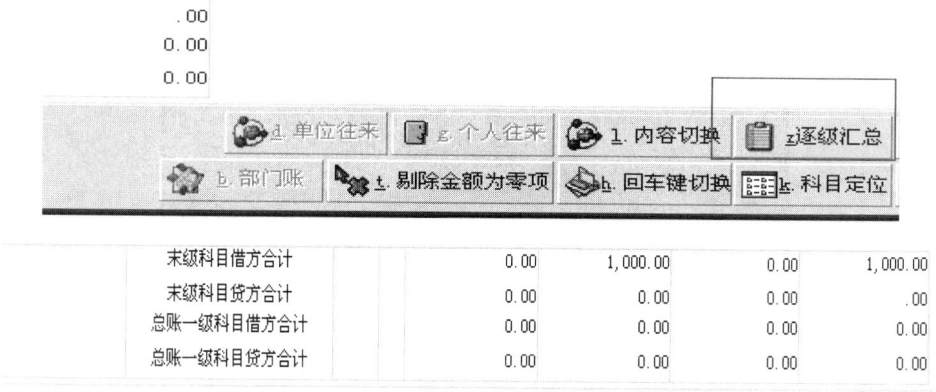

图 6-14 科目余额平衡校验设置窗口

3) 初始化完成

在设置完所需的期初科目及余额等设置以后，即可进行初始完成确认。在确认初始化完成之前，应先对之前所输入的内容进行检查。如图 6-15 所示，首先点击“初始完成确认”→“验证”→“连续完成上述工作”检查科目；验证完成，确认无误后点击“初始完成确认”按钮。

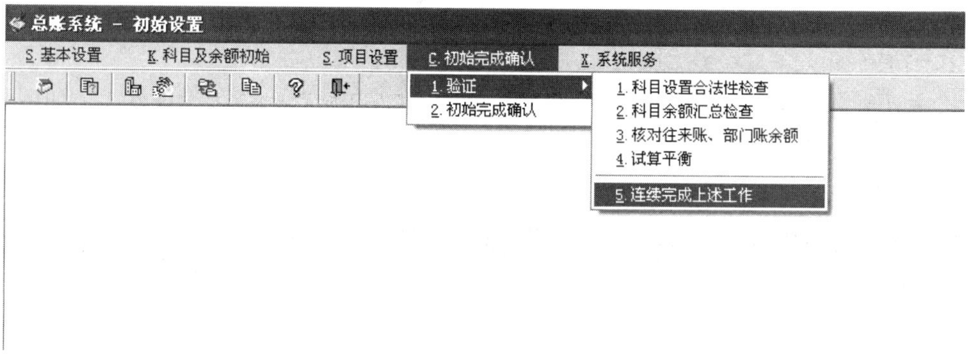

图 6-15 初始化完成确认菜单

完成初始化后请进行数据备份。数据备份的目的在于初始化后发现错误的初始化设置可以恢复该备份，并进行修改和重新初始化，如图 6-16 所示。

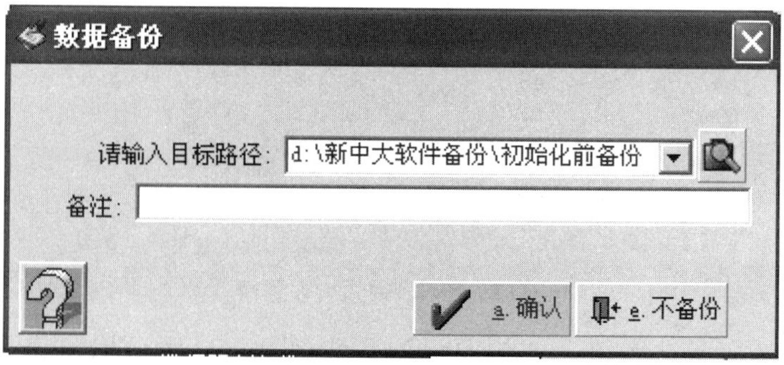

图 6-16 初始化数据备份窗口

数据备份统一在 D 盘中建立软件备份。初始化数据放在初始化前备份文件夹中。

2. 账务处理

账务处理的主要工作在“日常账务”中进行。进入总账处理系统界面(见图 6-8)，点击“日常账务”进入日常账务处理。

1) 凭证处理设置

如图 6-17 所示，点击“基础设置”下拉菜单中的“凭证处理设置”。

图 6-17　日常账务处理窗口

弹出“凭证处理设置”窗口后，点击上方的“凭证处理方式”选项，并进行相应的勾选操作，如图 6-18 所示。

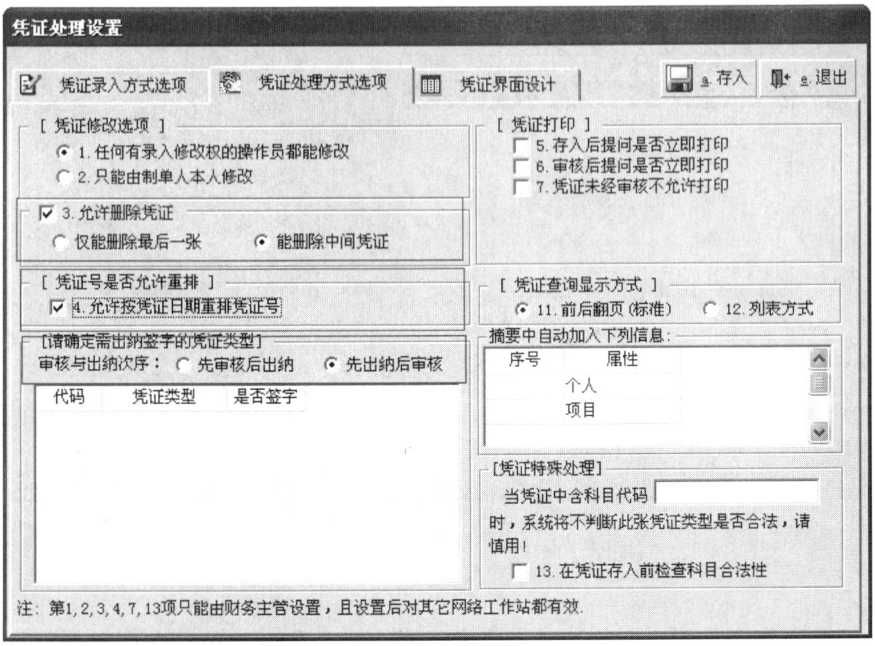

图 6-18　凭证处理方式选项设置窗口

在“允许删除凭证”前打“√”，并选择“能删除中间凭证”；在允许按凭证日期重排凭证号处打 “√”；选择“先审核后出纳”；将“存入后提问是否立即打印”前的勾取消。点击“按凭证界面设计”，并按图 6-19 所示项目进行勾选，所有设置完成后点击存入。

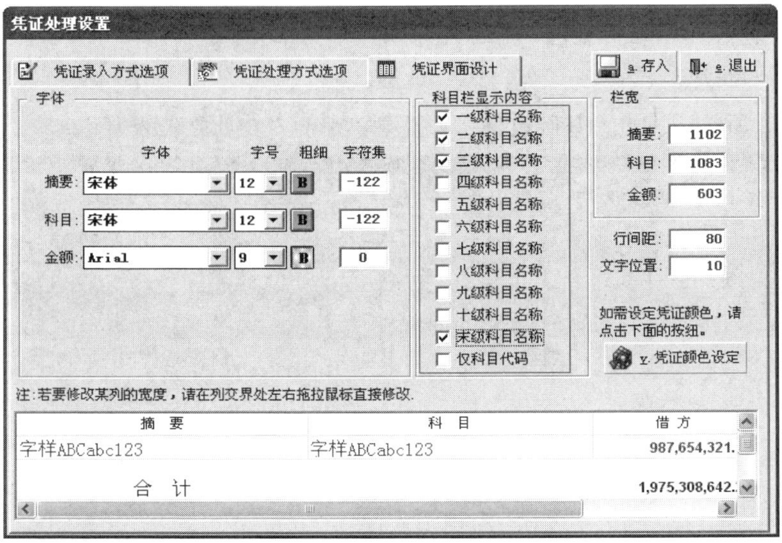

图 6-19 凭证界面设计设置窗口

2) 凭证打印设置

返回日常账务处理界面(见图 6-17)，点击“基础设置→凭证打印设置”，弹出凭证打印格式选择窗口，如图 6-20 所示，采用自定义格式按照实际需要进行相应设置。

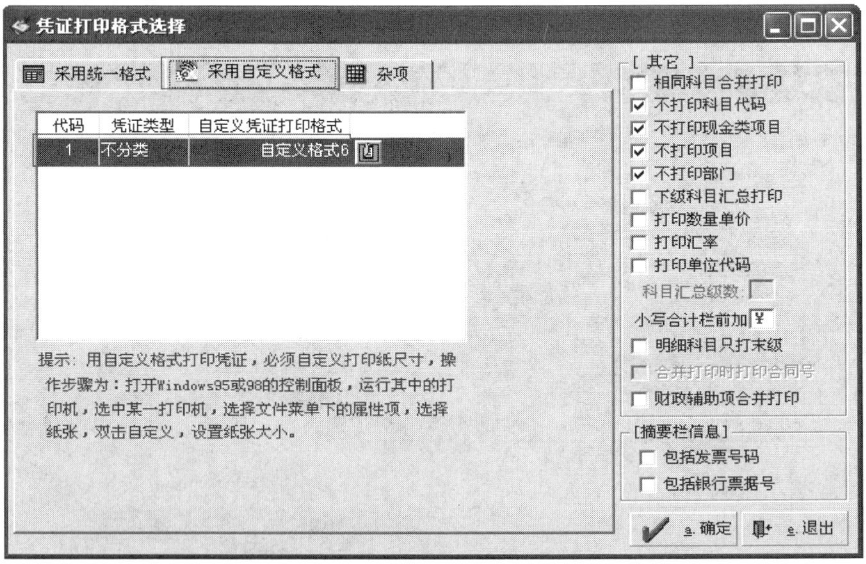

图 6-20 凭证打印格式选择设置窗口

3) 凭证录入

进入“日常账务”后，如果要录入普通记账凭证，点击“凭证处理→记账凭证录入”即可，如图 6-21 所示。

图 6-21　凭证处理菜单

进入记账凭证录入窗口，在输入(或选入)“摘要”，“科目”，“借贷方金额”，如图 6-22 所示，输好完毕后点击“存入”即可。

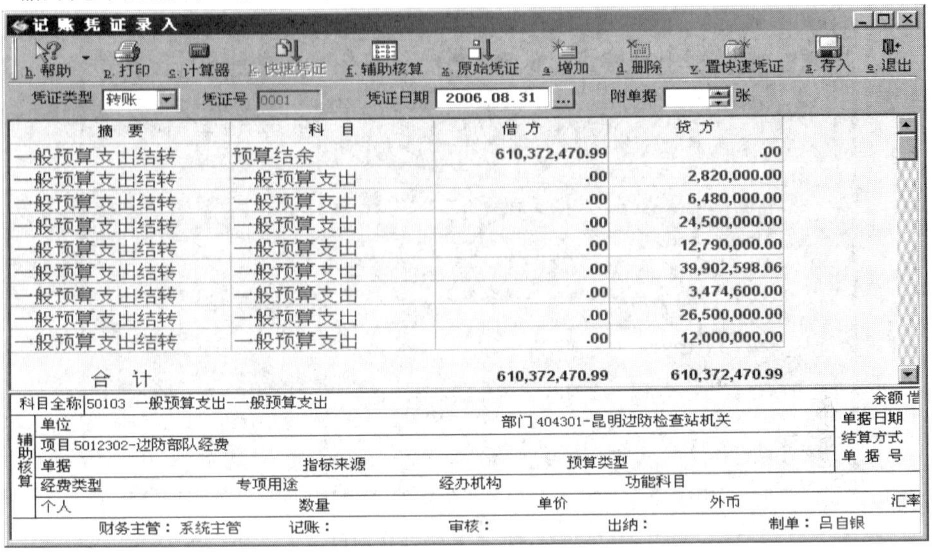

图 6-22　记账凭证录入窗口

如对当前凭证进行修改、审批、记账等工作可分别到“凭证处理”菜单下的“凭证修改”、“审核”、“记账”中进行。

4) 重新排列凭证号

因为系统允许凭证日期与凭证号之间顺序颠倒，如果用户要更正已存在颠倒关系的凭证间的正确顺序关系，可通过该功能实现。该功能只有在选中了“基础设置→凭证处理设置→凭证处理方式选项”中的“允许按凭证日期重排凭证号”选项的情况下才能起效。系统提供两种重排凭证号的方式，分别为“按凭证日期重排”和“手工指定凭证号重排”，重排的具体操作一试即会，在此不再展开介绍。

5) 凭证查询

本软件提供在未记账的情况下，可以查询各种账簿，具体包括明细账、日记账、日报表、总分类账、科目余额表、数量科目收付结存表等。往来账包括单位往来账和个人往来账的查询。点击“凭证处理→凭证查询、打印→简单条件查询”即可，如图 6-23 所示。

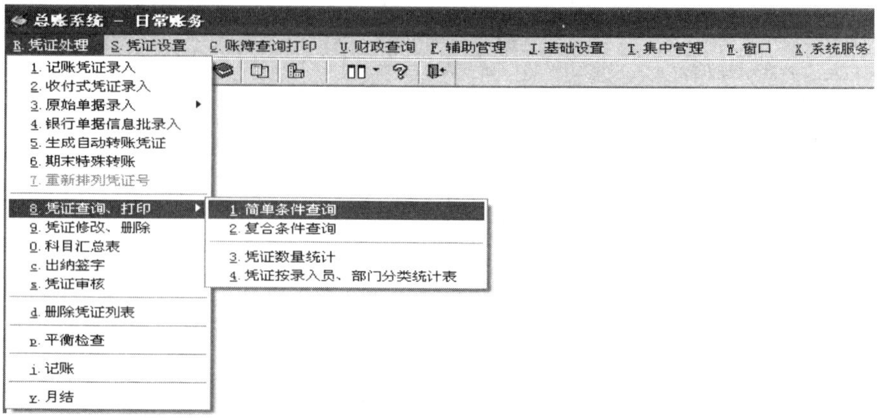

图 6-23　凭证查询、打印窗口

在查询条件中选择条件及方式，点击“确认”按钮后即可查询，如图 6-24 所示。

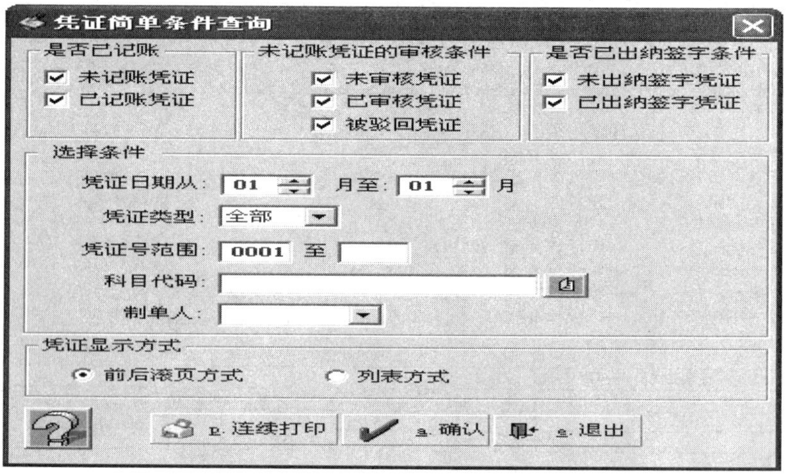

图 6-24　凭证简单条件查询窗口

6) 凭证修改

对于未审核的凭证进行修改，可点击“凭证处理－凭证修改删除”(见图 6-25)；对于已经审核过的凭证进行修改，应先由审核员解除审核，再进行凭证的修改或删除。

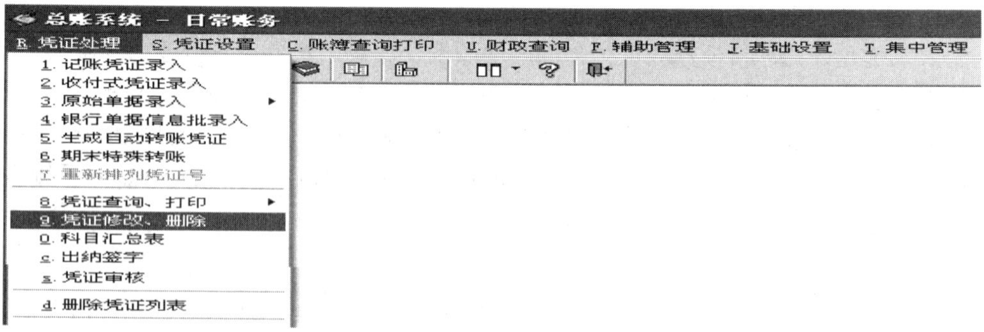

图 6-25　凭证审核窗口

在凭证审核窗口中，可通过“本张签字”、“全部签字/不签字”这两个功能按钮完成该步操作。签字表示通过审核，不签字表示解除审核，“全部签字/不签字”则可对全部选中的凭证都起作用。进行“本张签字”操作后，该按钮改成“本张取消签字”。凭证需通过审核或解除审核时应遵循3条原则：

(1) 所有审核必须由有审核权限的操作员操作。

(2) 不能审核由审核人本人制单的凭证。

(3) 只能由审核人本人解除审核。

7) 记账

凭证经审核后可记账，记账过程实际上是完成会计循环中以下两部分的工作：

(1) 试算平衡。在此过程中系统统计参与本次记账的已审核凭证张数、发生总笔数、借方金额、贷方金额和本月未审核凭证张数，如果借贷不平衡或凭证数为0则不再继续下去。当出现借贷不平衡时，用户应认真检查，找出错误，及时予以更正，因为该步工作顺利与否将直接影响系统后续的“过账”处理。

(2) 过账。把已审核过的凭证记入各类序时账簿和分类账簿的过程称为“过账”。序时账簿如现金日记账和银行存款日记账；分类账簿又分为根据一级账户设置的总账(如总分类账、数量汇总账、复币汇总账等)和各类明细账(如普通明细账、部门账、往来账、银行账(银行未达账)等)。

每个月记账的次数没有限制，可以只记一次，也可以分多次记。但是记账的日期是有限制的，如果上月尚未结账则本月不能记账；如果本月已结账则不能再在本月记账。经过记账处理后的凭证将不能再被修改，所以请做好备份，一旦发现问题还可以恢复数据。

8) 明细账查询

点击“账簿查询打印－普通明细账”，如图6-26所示。

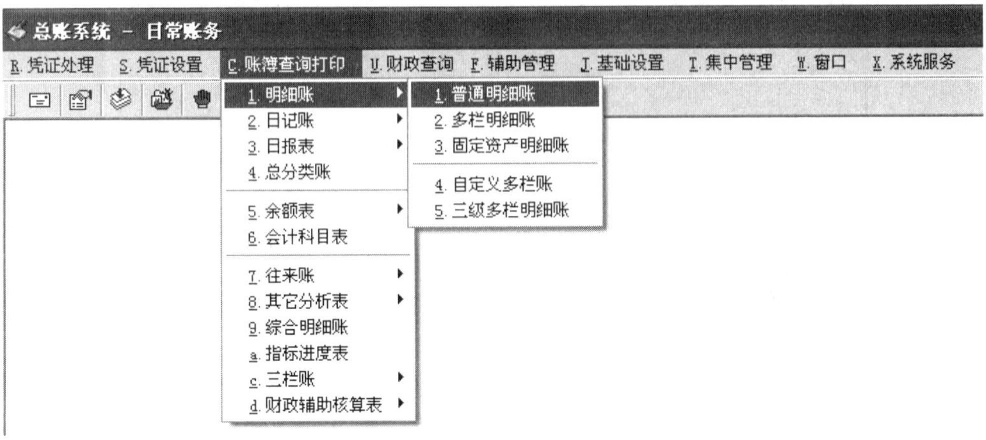

图6-26　明细账查询窗口

普通明细账可以查询各级科目的明细账，多栏明细账虽然查询的是下级明细科目的账，在输入科目时要求输入的首先是上一级科目，这样多栏账可以每栏列出一个明细科目的发生额。如果子科目数量比较多，用户可以从中任意选择若干个子科目以分批显示或打印。

9) 月结

已经结账月份不能再录入凭证，当前月自动过渡到下月。

10) 账簿打印设置

在明细账中点击“打印”按钮，如图 6-27 所示。

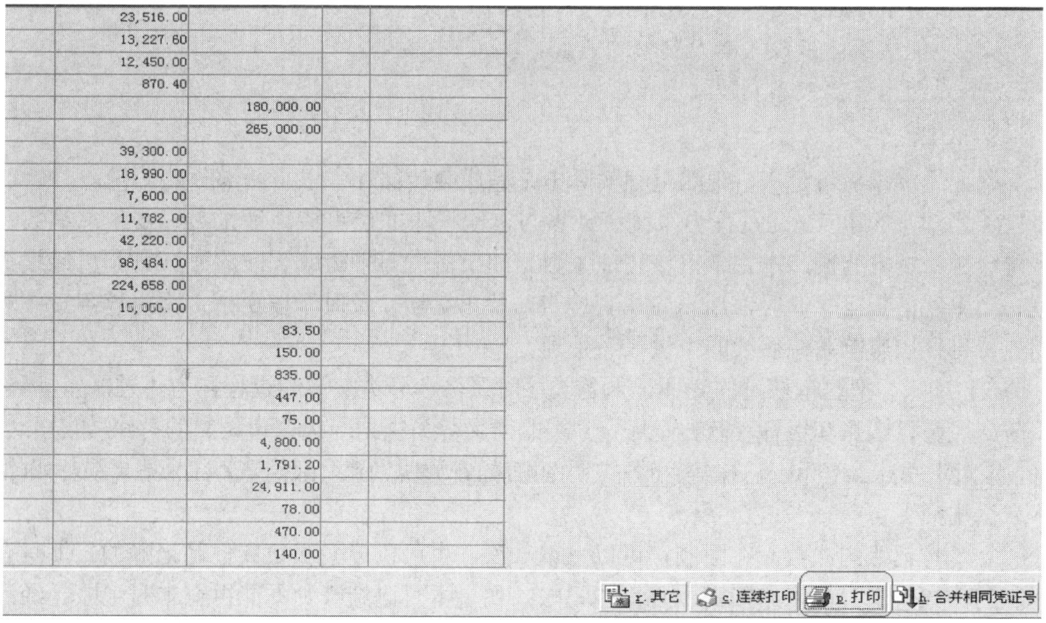

图 6-27 明细账打印窗口

在打印准备窗口中点击“调整列宽”按钮，如图 6-28 所示。

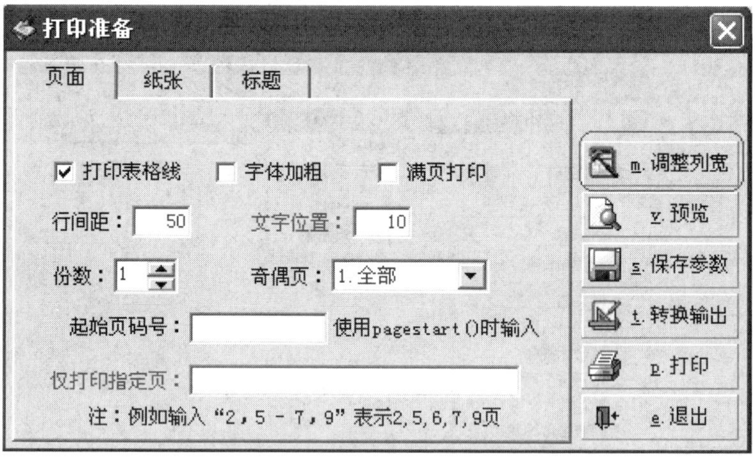

图 6-28 打印准备设置窗口

在弹出的调整列宽窗口中可对打印列的宽度进行调整(点住鼠标拉大或缩小)。在修改完列宽之后点击“确认”按钮返回打印准备窗口，点击“保存参数”，即可进行打印。

11) 备份恢复

点击进入“账务处理→系统管理→系统服务→备份与恢复”，如图 6-29 所示。

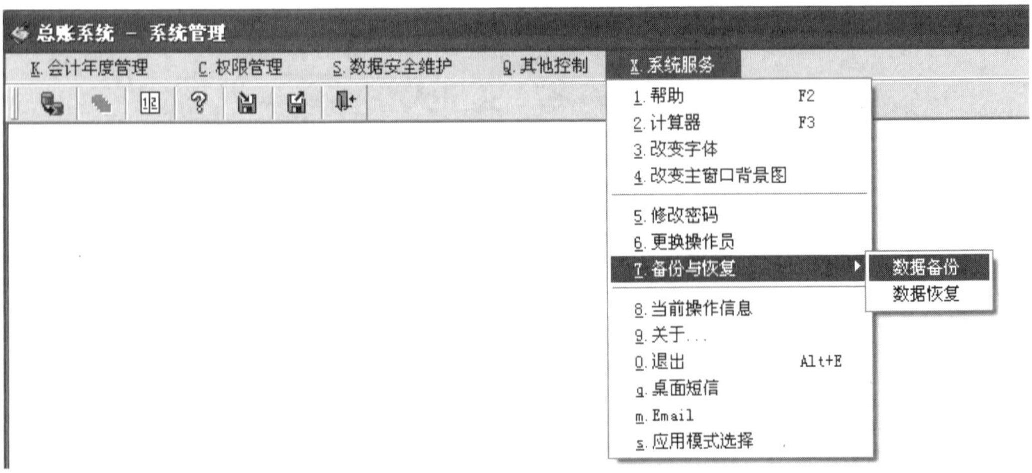

图 6-29　备份与恢复窗口

显示“数据备份”对话框，以备份数据在桌面为例：点击“放大镜”选择备份路径(备份前先在桌面上新建一个文件夹)，找到新建的文件夹，选中后点击“确定”按钮，再在“数据备份”对话框中点击“确认”按钮即可。数据恢复与备份操作基本一致，此处不再赘述。

参考文献

[1] 陈庆海，施锦明，宋生瑛. 政府预算与管理. 厦门：厦门大学出版社，2014.
[2] 倪志良. 政府预算管理. 天津：南开大学出版社，2013.
[3] 李燕. 政府预算. 北京：经济科学出版社，2012.
[4] 李炳鉴，王元强. 政府预算概论. 天津：南开大学出版社，2006.
[5] 马蔡琛. 政府预算. 大连：东北财经大学出版社，2007.
[6] 卢洪友. 政府预算学. 武汉：武汉大学出版社，2005.
[7] 王金秀，陈志勇. 国家预算管理.北京：中国人民大学出版社，2007.
[8] 胡乐亭. 国家预算. 北京：中国财政经济出版社，2002.
[9] 王雍君. 公共预算管理. 北京：经济科学出版社，2002.
[10] 林铃. 国家预算、政府预算、公共预算概念浅析. 现代商业，2016，(11)：66-67.
[11] 马蔡琛. 国家预算、政府预算和公共预算的比较分析.中国财政，2006，(2)：58-59.
[12] 蒲源清. 国家预算、政府预算和公共预算的内涵辨析.财政监督，2008，(15)：76-77.
[13] 孟金卓. 美国预算过程及其对我国预算制度改革的启示.南京审计学院学报，2015(2)：104-113.
[14] 胡志红，张亮. 中美预算编制的比较：差异与借鉴.新疆财经，2004(1)：59-61.
[15] 约翰 •L.米克赛尔. 公共财政管理：分析与应用. 6 版. 北京：中国人民大学出版社，2005.
[16] 戴新海，张庆. 国库会计核算发展历程与改革路径选择.财会通讯，2013(22)：46-48.
[17] 艾东. 政府会计改革趋势及路径研究：基于绩效导向的视角.财会通讯，2011(12)：44-45.
[18] 张光博. 基于绩效评价导向的政府会计改革研究.中国管理信息化，2016(10)：10-11.
[19] Barry White. Performance And Accountability Reports Revealing Government's Results，Journal of Government Financial Management，2005，54，131.
[20] Daniel R. Mullinns and Michael A. Pagano. Changing Public Budgeting and Finance: A Quarter Century Retrospective. Silver Anniversary Issue，Public Budgeting and Finance，Special Issue，2005，96.
[21] The Fiscal Affairs Department of IMF. Manual of Fiscal Transparency，Box9.This manual can be accessed through web of http: //www.imf.org，1998.
[22] Daniel Tommasi. Budge Execution. Edited by Anwar Shar，Budgeting and budgetary Institutions，overview. The International Bank for Reconstruction and Development/The World Bank，Washington，D.C. 2007，279.
[23] Daniel Tommasi. Budget Execution. Edited by Anwar Shar，Budgeting and Budgetary Institutions，overview.The International Bank for Reconstruction and Development/The World Bank.Washington，D.C. 2007，280.
[24] Michael C.Kristek. Auditing in the Terrorism Era，Journal of Government Finance Management Spring，2005，54(1).